绝响与巅峰

汉代民间资本研究

李一鸣 著

中国社会科学出版社

图书在版编目（CIP）数据

巅峰与绝响：汉代民间资本研究 / 李一鸣著. — 北京：中国社会科学出版社，2024. 7. -- ISBN 978-7-5227-3845-1

Ⅰ. F832.934

中国国家版本馆 CIP 数据核字第 2024CZ2627 号

出 版 人	赵剑英
责任编辑	吴丽平　胡安然
责任校对	张爱华
责任印制	李寡寡
出　　版	中国社会科学出版社
社　　址	北京鼓楼西大街甲 158 号
邮　　编	100720
网　　址	http://www.csspw.cn
发 行 部	010 - 84083685
门 市 部	010 - 84029450
经　　销	新华书店及其他书店
印　　刷	北京君升印刷有限公司
装　　订	廊坊市广阳区广增装订厂
版　　次	2024 年 7 月第 1 版
印　　次	2024 年 7 月第 1 次印刷
开　　本	710×1000　1/16
印　　张	17
字　　数	268 千字
定　　价	78.00 元

凡购买中国社会科学出版社图书，如有质量问题请与本社营销中心联系调换
电话：010 - 84083683
版权所有　侵权必究

目　　录

绪　论 ………………………………………………………………（1）
　　第一节　选题缘起与概念界定 ………………………………（1）
　　第二节　学术史回顾与研究思路 ……………………………（6）

第一章　汉代民间资本的投资方向和结构 …………………（14）
　　第一节　对农业的投资 ………………………………………（15）
　　第二节　对手工业的投资 ……………………………………（26）
　　第三节　对商业及其他行业的投资 …………………………（38）
　　第四节　投资流向的结构分析 ………………………………（54）

第二章　汉代民间资本的投资方式与管理方法 ……………（60）
　　第一节　汉代民间资本的投资方式 …………………………（60）
　　第二节　汉代的契约：汉代民间资本的经营保障 …………（71）
　　第三节　汉代的广告：民间资本的营销手段 ………………（79）
　　第四节　账簿与凭证：汉代民间资本会计方式的推测 ……（82）

第三章　汉代民间资本的消费结构 …………………………（108）
　　第一节　汉代民间资本的生活消费 …………………………（109）
　　第二节　汉代民间资本消费对社会经济的影响 ……………（117）

第四章 汉代民间资本与汉代国家及国家资本 (131)
- 第一节 民间资本与汉代国家 (131)
- 第二节 汉代民间资本与国家资本 (153)
- 第三节 政治理性与经济理性
  ——民间资本与国家及其资本的冲突与合作 (164)

第五章 汉代民间资本与汉代社会 (168)
- 第一节 汉代民间资本的社会阶层分布与流动 (168)
- 第二节 汉代民间资本的代际流转 (184)
- 第三节 民间资本与汉代城市社会 (199)
- 第四节 民间资本与汉代乡村社会 (208)
- 第五节 民间资本与汉代社会观念 (218)
- 第六节 结构性流动与流动性结构 (225)

结语 汉代民间资本的特征与历史地位 (229)
- 第一节 汉代民间资本的基本特征 (230)
- 第二节 汉代民间资本的权益保障与局限 (239)
- 第三节 汉代民间资本的历史地位 (243)

参考文献 (248)

后 记 (268)

绪　　论

民间资本，一般来说是一个经济学的概念。随着改革开放和市场经济体制的建设，这　概念作为社会总资本的重要组成部分才逐渐为人们所熟知。实际上，作为社会总资本的组成部分，民间资本在从古到今的各个时期，都以不同的形式存在着，也在不同时期表现出不同的特点，汉代的民间资本也是如此。本书以汉代民间资本为研究对象，在全书的开篇，笔者想应该先对本书的基本情况和研究思路做一简单的介绍。

第一节　选题缘起与概念界定

一　选题缘起

笔者对民间资本这一课题的研究兴趣，最早来源于大学时期。本科时期接受了系统的经济学教育，养成了关注社会现实问题的习惯。民间资本的利用和管理，在二十年前便是中国经济领域的热点问题，到今天依然方兴未艾。微观领域民间资本自身的运作，宏观领域民间资本与国家和社会的互动，这些都是经济学界研究的重点。带着对这一问题的兴趣，笔者在研究生阶段开始系统地学习汉代经济史的时候，自然会联想到汉代是否也有民间资本、汉代的民间资本是怎样的一种生存状态、又对当时的社会产生了哪些影响等问题。所以在确定硕士论文选题的时候，笔者就与导师马新教授进行了商议，最后选择了汉代民间资本的一个侧面，以"汉代借贷关系研究"为题，对汉代民间资本这一课题做了尝试性的研究。读博之后，笔者自然地就想到沿着之前的兴趣与研究基础，对汉代民间资本这一课题进行完整而系统的研究，最终以"汉代民间资本研究"为题完成了博士论文。博士毕业后，笔者继续沿着这个方向进行思考和探索，这次呈现在大家面前的这本书，便是在博士论文的基础上，加入笔者最近几年思考的成果。

除了笔者个人的研究兴趣外，"汉代的民间资本"这一课题本身，也是有其重要的研究意义的。

首先，汉代民间资本作为汉代社会总资本的重要组成部分，对这一课题的研究有助于更深入地了解汉代的经济情况。而目前学界对这一问题的研究还不够充分，尤其体现在对汉代民间资本具体的投资和管理行为的分析不够深入。同时，也很少有人关注汉代民间资本的投资结构和整个汉代经济结构之间的关系。

其次，汉代民间资本的所有者群体，是汉代重要的民间力量。其中既有"封君低首仰给"的民间资本所有者上层，也有数量众多、散布于汉代城乡各处的中下层。这样的一个群体或曰阶层，在管理运作手中的民间资本的同时，也深刻地影响着汉代国家、社会的方方面面。传统的研究中对这一群体的关注并不太多，尤其缺乏对其影响汉代国家、社会的路径、模式和机制的研究。

最后，以"民间资本"这一研究对象来说，汉代的民间资本在整个中国古代历史中，也处在特殊的地位。中国古代的民间资本产生于春秋战国时期"工商食官"制度的瓦解过程中，以子贡、范蠡、吕不韦为代表的一众时代弄潮儿，不仅活跃在经济领域，也直接影响了春秋战国的政治进程。他们不仅积累了巨量的财富，也在私有产权制度、社会流动性等方面推动了社会的变革。汉代民间资本上承春秋战国，并在政治、经济、社会生活等各方面深入参与社会变迁的进程。在经济层面，汉代民间资本投资于各个行业，创造了包括财务管理、宣传营销在内的各种新的经营方式；在政治层面，他们于"七国之乱"、汉武帝改革、西汉末年起义等重要历史节点上展示自己的力量，甚至以刘秀为代表的南阳新野民间资本集团，还达成了问鼎天下的成就；在社会层面，他们推动了汉代城乡之间的结构性流动，建立了层级性的流动性结构。可以说，产生于春秋战国时期的民间资本，至汉代迎来了发展的第一个"巅峰"。但遗憾的是，这最初的"巅峰"，也成为了中国古代民间资本发展最后的"绝响"。汉代是中国古代专制皇权制度初创的时期，其对民间社会的影响控制尚不及后世，这给民间资本的发展留下了大量的空间。汉代以后，随着专制皇权的强化，民间资本纵然能积累更多的经济财富，其在政治、社会层面的影响力却被一再削弱。民间资本逐渐沦为专制皇权的附庸与"钱包"，再无登上角逐天下大势的棋盘的资格。本书以"巅峰与绝响"为名，正是切中汉代民间资本发展的这一历史地位。

总之，本书以"巅峰与绝响"为名，以"汉代民间资本"为主要研究对象，一方面从宏观上梳理汉代民间资本投资的行业结构，从微观上透析汉代民间资本具体的经营和管理模式以及消费结构；另一方面从社会史的角度考察汉代民间资本与汉代官、民社会的互动，并试图剖析这种互动背后的动因与逻辑。同时，本书的问题意识来自于现实也观照现实，希望通过本书的研究，能够为解决现实社会中民间资本的问题提供一定的参考。

二 概念界定

首先，是关于资本的概念。"资本"是经济学的核心范畴之一，但是对于资本的概念，不同的经济学流派却有着巨大的分歧。如果按国内习惯的做法，将经济学粗略地分为西方经济学和马克思主义政治经济学，两者对资本的定义有很大的不同。

主流西方经济学一般把资本定义为一种生产要素，与劳动、土地、企业家才能等并列，共同投入生产并获得相应的要素报酬。如奥地利学派认为：资本在产品的价值中应该有相应的份额，"当土地、资本和劳动一道起作用的时候，我们必须能够从它们的共同产品中把土地的份额、资本的份额和劳动的份额分别开来"。[①] 又如萨缪尔森等认为："资本（capital）或资本品（capital goods）包括那些生产出来的耐用品，它

---

① [奥] 弗·冯·维塞尔：《自然价值》，陈国庆译，商务印书馆1982年版，第118页。

们在进一步的生产中被作为生产性投入。"① 西方经济学也是从这个角度出发，分析现实经济运行中资本的运动与变化的。

马克思主义政治经济学从社会生产关系的角度定义"资本"，进而研究在一定的历史阶段，资本的产生、发展、积累、再生产等历史过程。如经典作家有言："资本是资产阶级社会的支配一切的经济权力"②；"资本，即对他人劳动产品的私有权""资本是对劳动及其产品的支配权力"。③ 马克思主义政治经济学认为，从本质上说，资本是与社会生产力发展水平相适应的一种生产方式，即"资本是生产的，也就是说，是发展社会生产力的重要的关系。只有当资本本身成了这种生产力本身发展的限制时，资本才不再是这样的关系"④。

马克思主义政治经济学对资本概念的界定无疑是最深刻、最能揭示本质的，而西方经济学主要是着眼于资本的物质属性，研究其在现实经济运行中的运动变化，也因此被马克思主义政治经济学学者指为"庸俗经济学"。但是，在本书中，笔者主要还是使用了目前国内主流经济学界，也就是西方经济学的资本概念和范式体系。这主要是因为两个原因。

第一，本书的主要研究对象为"民间资本"，这一概念本身是从西方经济学中引入的。从经济学界尤其是国内经济学界的研究情况来看⑤，民间资本的研究兴起于 2000 年前后，使用的理论基本上是西方经济学的资本理论，极少见到政治经济学尤其是马克思主义政治经济学

---

① ［美］保罗·萨缪尔森、威廉·诺德蒙斯：《经济学》（第 18 版），萧琛主译，人民邮电出版社 2008 年版，第 232 页。
② 中共中央马克思恩格斯列宁斯大林著作编译局编译：《马克思恩格斯文集》（第 8 卷），人民出版社 2009 年版，第 31 页。
③ 中共中央马克思恩格斯列宁斯大林著作编译局编译：《马克思恩格斯文集》（第 1 卷），人民出版社 2009 年版，第 129、130 页。
④ 中共中央马克思恩格斯列宁斯大林著作编译局编译：《马克思恩格斯全集》（第 30 卷），人民出版社 1995 年版，第 286 页。
⑤ 国外经济学界其实比较少用民间资本（Private Capital）这个概念，一般类似的研究对象多使用民间投资（Private Investment）。

绪 论

的相关问题研究。这实际上也是与国内经济学界的基本研究状况相符的。本书的研究某种程度上可以说,是对民间资本这一课题的研究在汉代经济史领域的延续,既如此,笔者认为当遵循学界目前的研究习惯。

其次,关于"民间资本"的概念。本书所用"民间资本"这一概念,目前国内学界还没有统一的定义,笔者这里参考了《浙江统计年鉴(2004)》的规定,将民间资本定义为非政府拥有的资本,具体而言,民间资本就是民营企业的流动资产和家庭的金融资产。①

按照目前国内主流经济学界的研究习惯,本书中对当代民间资本的研究,在使用民间资本这一概念时一般包括以下内容:经营性民间资本,主要指民间法人投资和个人投资的实业资本,具体包括集体、联营、个体、私营、私人股份等;金融性民间资本,主要指城乡企业和居民持有的各类金融产品;现金性民间资本,指城乡居民和企业的手持现金总和;不动产性民间资本,指民间组织和个人所有的地产、房产等。②

由此可见,所谓"民间资本",不论其具体的存在形式如何,实际上是从所有权的角度与"国家资本"对称的概念。将此概念化用至汉代,学界常用"官营国有"四字来描述汉代的国家资本,这实际上是从所有权和经营权两个方面对国家资本进行的定义,即官方经营国家所有。而与之相对的民间资本,即可定义为"民营私有",也就是汉代所有民间经营私人所有的资本,不论其所有者的职业是官僚、商人、地主还是手工业者,都可称之为民间资本。

此外,为避免混淆,对于民间资本与民间资本所有者这一组概念,也有必要在此做一说明。实际上使用资本这个概念的时候,通常是有三种含义的:第一种是指物,比如常说的实物资本、借贷资本,实际上指的是物品或货币;第二种是指某种生产关系,比如资本主义;第三种是指人,比如人们常说的"资本的逐利性""资本来到世间,每一个毛

---

① 参见中国人民银行鄂尔多斯市中心支行课题组《民间资本如何支持资源型城市转型升级之探析——以鄂尔多斯市为例》,《内蒙古金融研究》2013年第10期。
② 参见赵晋《关于民间资本和民间金融基本问题的思考》,《中国证券期货》2010年第10期。

孔……"等。实际上无意识的物品是不会去追求利润的,也无所谓善恶是非,这里显然是使用修辞的手法,指的是资本的所有者。所以笔者在本书的写作中,对于民间资本和民间资本所有者这一组概念,也遵循一般的使用习惯,为避免行文冗余,通常不再进行刻意的区分。

第二节 学术史回顾与研究思路

以"汉代民间资本"为题进行的专项研究,目前学界还未有过。但笔者在梳理文献的过程中发现,学界一直以来对涉及汉代民间资本某一侧面的一些问题,还是有所关注的,也取得过一定的成果。由于这些成果都是在研究某个专项问题或者是在对汉代经济做总体研究的时候涉及民间资本,所以其分布显得非常的碎片化和零散。在这里笔者也只能选择成果相对集中的几个方面整理一番。

一 学术史回顾

"汉代民间资本"首先是一个汉代经济史的课题,故在传统的汉代经济史研究中,对民间资本的某些方面或者是民间资本所有者群体中的一部分涉及得比较多。这些成果当中,既有对整个汉代经济的纵论,也有对某个问题的专门研究。

前者如林甘泉的《中国经济通史·秦汉经济卷》[①]。林著作为秦汉经济史的总集性著作,对汉代的广义农业、手工业、商业、服务业的行业发展情况都做了非常详尽的分析和梳理;又如陈直先生的文集《两汉经济史料论丛》一书,该书以农业开篇,后述及手工业、商业、物价等诸多问题,其中既有官营部门,也有私营部门。[②] 这两部著作都是采用传统行业史的写法,对行业的发展状况作了细致入微的透视。这为笔者的研究提供了宏观的行业环境分析/背景,但由于观察角度的不同,

---

[①] 林甘泉:《中国经济通史·秦汉经济卷》,中国社会科学出版社2007年版。
[②] 陈直:《两汉经济史料论丛》,中华书局2008年版。

书中对于资本具体的运作行为并没有过多涉及。此外还有黄今言的《秦汉商品经济研究》①一书。黄著以"商品经济"为切入点,分析了秦汉时期农业、手工业、商业等诸多行业中的商品经济发展情况。商品经济作为汉代民间资本活动的环境,对笔者的研究有一定的参考价值。

后者多是针对某一行业或某一群体的研究,如张弘《战国秦汉时期商人和商业资本研究》一书将商业资本的流向分为经营商业、经营土地和高利贷、窖藏与浪费、流入国库和中饱私囊这几个方向,但是对整体的投资结构没有进行分析。②同时,商业资本是民间资本的组成部分,张著以商业资本为研究对象,对民间资本投资涉及的手工业、服务业等领域也未有涉及。又如吴慧主编的《中国商业通史》③。此书为关于整个中国商业史的通史性著作,其第1卷即为先秦至南北朝分卷。书中对汉代商业的相关问题多有论述,对两汉商业与商人的基本状况、特征,国家对商业的政策,与商人的互动都有详细的分析。但这本书依然是采用行业史的写法,更侧重于行业和从业群体基本情况的梳理和分析。

除了这些专著之外,在针对汉代某个行业进行研究的论文中,也有许多值得参考的作品。如芦敏在《人口增长与汉代农业发展的新趋势》一文中从人口的角度出发,认为汉代农业的多种化经营,是一种应对人口压力的方式,也是人口发展的结果,这是一种新颖的看法;④高敏在《秦汉时期的官私手工业》一文中认为秦汉时期存在着三种形式的私营手工业,并从盐铁、纺织、造纸等行业进行了研究;⑤施新荣在《试论两汉商业资本之流向及其对汉代社会之影响》一文中研究了汉代商业资本的流向以及其对汉代社会的影响;⑥等等。

上述论著在描述行业发展的基本情况之外,也有部分试图涉及更为

---

① 黄今言:《秦汉商品经济研究》,人民出版社2005年版。
② 张弘:《战国秦汉时期商人和商业资本研究》,齐鲁书社2003年版。
③ 吴慧主编:《中国商业通史》(第1卷),中国财政经济出版社2004年版。
④ 芦敏:《人口增长与汉代农业发展的新趋势》,《农业考古》,2014年第3期。
⑤ 高敏:《秦汉时期的官私手工业》,《南都学坛》(社会科学版)1991年第2期。
⑥ 施新荣:《试论两汉商业资本之流向及其对汉代社会之影响》,《新疆师范大学学报》(哲学社会科学版)1999年第3期。

具体的投资经营方法，如前述张弘和黄今言的著作中都谈及了商业资本的投资流向，此外还有冷鹏飞的《中国古代社会商品经济形态研究》一书中也分析了汉代农业、私营手工业、私营商业的生产模式等问题。① 但这些论著在分析这一问题时都存在一个普遍的缺陷，即"投资"的概念过于泛化，从而失去了分析的意义。在这些研究中，普遍是引用传世文献中有限的材料，来描述民间资本"从事"了某个行业，或者是引用一些文人言论，描述民间资本的"投资"用人如何多，规模如何大。而投资，实际上是民间资本获得利润的非常具体的一项行为，仅仅是这样大而化之的描述，并不足以清晰地回答"投资方式与方法"的问题。这不得不说是一项缺憾，也是笔者在这本书中试图弥补的。

民间资本是汉代社会总资本的重要组成部分，民间资本的所有者也是汉代民间重要的社会力量。在汉代民间资本及其所有者发生发展的过程中，除了其自身的生产经营，也不可避免地要与汉代的国家及国家资本发生互动联系。关于这些问题的研究，直接以民间资本为题的成果同样是没有的。目前所见到的，只是某些学者的专题研究中，涉及了部分民间资本所有者群体。其中成果相对集中的是有关汉代豪族的研究，这主要是因为汉代的豪族，与上层民间资本所有者有一定的身份上的重合。关于汉代豪强、豪族的研究，起于20世纪30年代。代表性的成果有杨联陞的《东汉的豪族》②、傅衣凌的《秦汉的豪族》③ 等。1978年后成果更是大量涌现，近年比较重要的有王彦辉著《汉代豪民研究》④，崔向东著《汉代豪族研究》⑤ 以及在此基础上更进一步的《汉代豪族地域性研究》⑥，王爱清著《秦汉乡里控制研究》⑦，等等。也有具体针对某一豪族的研究，如美国学者伊沛霞在《早期中华帝国的贵族家庭——

---

① 冷鹏飞：《中国古代社会商品经济形态研究》，中华书局2002年版。
② 杨联陞：《东汉的豪族》，商务印书馆2011年版。
③ 傅衣凌：《秦汉的豪族》，《现代史学》1933年第1期。
④ 王彦辉：《汉代豪民研究》，东北师范大学出版社2001年版。
⑤ 崔向东：《汉代豪族研究》，崇文书局2003年版。
⑥ 崔向东：《汉代豪族地域性研究》，中华书局2012年版。
⑦ 王爱清：《秦汉乡里控制研究》，山东大学出版社2010年版。

博陵崔氏个案研究》中探讨了崔氏家族从兴起到衰落的过程，并分析了其中的原因；① 王莉娜在《汉晋时期颍川荀氏研究》中谈到了豪族的经济资源在与政治势力的互动中发挥的作用。② 其他相关论文更是数量众多，限于篇幅不一一列举。这些成果中所涉及的汉代豪族，确实与一部分上层民间资本所有者，如贵族、大商人、大地主等有所重合。但若以本书"民间资本"的视角来进行考察，尚有一些可以深入探讨的地方：首先，民间资本及其所有者是外延更广的一个范畴，其中当然有掌握大规模资本的上层，但也有数量更多的中下层，他们与汉代国家社会的互动情况不应被忽视；其次，关于汉代豪族的研究，多数都重点研究豪族的"族"，如"族"的组织，"族权"的结构和运作方式等，作为以豪族为对象的研究这当然是正确的。但是对汉代的民间资本及其所有者来说，"族"只是其与汉代国家、社会互动中的一种组织形式，而不是全部。这里面有更多值得挖掘的东西。

至于民间资本与汉代国家资本的研究，学界关注的重点主要是国家资本一方，而对两者之间的关系，也往往是集中于国家资本对民间资本的干涉与压制。这方面的成果有很多，早一些的有陈直先生在《两汉经济史料论丛》（中华书局2008年版）一书中研究汉代屯田和官营工商业的一系列论文；后来有吴慧在《中国商业通史》（第1卷）（中国财政经济出版社2004年版）中系统分析了两汉的官营国有工商业体系；近年有吴太昌和武力的《中国国家资本的历史分析》（中国社会科学出版社2012年版）一书，书中有单章分析了中国封建社会政府对经济的直接经营，其中包括官营手工业、专卖制度、水利建设、直接土地经营等内容，汉代是其中重要的一个时段。这些成果对国家资本的研究是详尽而深刻的，但是也明显缺乏与民间资本的对比研究，汉代的民间资本与国家资本有哪些异同，站在民间资本的角度，其与汉代国家和国家资

---

① ［美］伊沛霞：《早期中华帝国的贵族家庭——博陵崔氏个案研究》，范兆飞译，上海古籍出版社2011年版。

② 王莉娜：《汉晋时期颍川荀氏研究》，博士学位论文，上海师范大学，2013年。

本有哪些矛盾与冲突，这些矛盾和冲突的深层次原因是什么，背后又遵循着怎样的行为逻辑差异？这些问题是既往的研究中很少涉及的，也是笔者在这本书中试图有所突破的地方。

除了汉代国家与国家资本之外，汉代的民间资本也深刻地影响着汉代的城乡社会。在这个问题上，传统的研究中多是关注到了汉代民间资本与城市社会或乡村社会其中一方的互动影响情况。关于城市社会，比较重要的成果有：高维刚在《秦汉市场商品来源与商业形式》[载《四川大学学报》（哲学社会科学版）2007年第5期]中探讨了私营工商业部门对市场商品的贡献；张弘在《战国秦汉时期商人及商业资本与城市经济的关系》（载《理论学刊》2001年第1期）中详细探讨了汉代商业资本对城市经济发展的作用以及城市发展对商业资本的限制；温乐平在《秦汉时期生活消费的特点及其影响》（载《中国经济史研究》2006年第2期）谈到了城市中民间资本的消费特点以及这种消费对城市商品经济、对社会观念的影响；王子今在《秦汉交通史稿》（中国人民大学出版社2013年版）中有专章探讨了汉代的商运和独立的民营运输业以及这些行业对城市物资供应的影响。关于乡村社会，最主要的当推马新教授的一系列成果，《两汉乡村社会史》（齐鲁书社1997年版）是汉代乡村社会史研究领域的代表性著作。在这本书中，马新教授详细梳理了两汉乡村社会中农业、手工业、商业的经营方式，并单列"两汉乡村社会的分野"一章，条分缕析了两汉乡村社会的各个阶层的情况。此外，在这本书中马新教授还通过对宗族组织的研究，分析了汉代乡村社会中"族权"的具体运作模式，这为笔者在本书中分析汉代民间资本对乡村社会的影响机制提供了重要的参考。在《两汉乡村社会史》成书之后，马新教授又多年笔耕不辍，撰写了一系列论文，更深入地剖析两汉乡村社会的某些侧面，如《商品经济与两汉农民的历史命运》（载《文史哲》1996年第6期）、《两汉乡村社会各阶层新论》[载《山东大学学报》（哲学社会科学版）1999年第1期]、《论两汉乡村社会中的宗族》（载《文史哲》2000年第4期）、《里父老与汉代乡村社会秩序略论》（载《东岳论丛》2005年第6期）等。这些既往的研究对汉代民间资本与城市社会、乡村社会各自的关系、影响都做了深入的探讨，但也存在着明显的薄弱环节或空白，比如，在城乡关系的把握上，分别研究城市社会和乡村社会，虽然可以使得论点更加集中，但也明显地忽视了城乡社会之间的联系，对于民间资本与城乡社会之间的关系和影响自然少有涉及。另外，城乡社会共同构成了汉代整体的社会结构，城乡之间的互动也是汉代流动性社会结构的重要表现形式。既往的研究在这一方面的关注不够，尤其在汉代民间资本与汉代社会结构之间的关系方面，也缺乏充分的研究。另外，城乡分别研究也只是观察汉代社会的一种视角。除此之外还有社会阶层的视角、长周期内的代际流转等视角。如果从这些视角去观察汉代民间资本在汉代社会中的移动，以及对汉代社会的影响的话，想必也会有新的发现。

以上是笔者对有关汉代民间资本的研究成果的梳理，限于学力和眼界，难免有所疏漏。通过回顾学术史，笔者发现从总体上研究汉代民间资本的成果目前还未得见，但也有部分既有成果在各自的研究领域中涉及了汉代民间资本的某一侧面。从总体上看，若以汉代民间资本为题，已有的成果中尚有以下几个方面可以继续完善和深入。

第一，关于汉代民间资本的通论性著作还未曾有过。在撰写学术史回顾的过程中，笔者阅读了大量的文献。实事求是地说，这些成果，其研究的核心和重点问题都不是民间资本，只能说在研究的过程中涉及了汉代民间资本的某一个侧面。以汉代民间资本这个课题来说，这种程度的"碎片化"研究，其深度显然是不足够的，也缺乏对汉代民间资本这个课题的总体认识。

第二，关于汉代民间资本的"投资"问题研究比较薄弱。已有的研究中在涉及汉代民间资本行业分布的问题时，多是采取了行业史的写法，这种写法对梳理行业的发展状况当然是有好处的，但涉及具体的行业运作方式和投资方法时就显得比较薄弱。少数学者注意到了这个问题，也试图以"资本流向"等题目探讨这个问题，但受限于理论方法的制约，其内容也往往只是引用传世文献中一些描述性的语句，如规模如何巨大，使用劳动力如何多等。"投资"是汉代民间资本获取利润的非常具体的行为，这样的描述使得"投资"的概念变得泛化，也失去了研究的意义。

第三，已有的研究缺乏对汉代民间资本与国家互动过程中的"主动性"的研究，也缺乏对汉代民间资本与国家资本的比较研究和分析。已有的涉及汉代民间资本与国家互动的研究，大多是站在国家的立场上，将民间资本（实际上是民间资本及其所有者的某一部分，如豪族、商人及商业资本等）视作是规制和管理的对象。但实际上如果换个角度，面对不同情况下与国家的实力对比差异，民间资本是有着"主动"的选择的，其中既有适应性的调整，也有主动进取和反抗。而在针对民间资本与国家资本关系的研究中，也存在着类似的问题，即由于缺乏将两者放在"对等"位置上的观察视角，一方面无法凸显二者的差异性，另一方面更无法揭示两者互动模式的内部机理。

第四，已有的研究中缺乏对汉代民间资本与汉代城乡互动，以及与汉代社会整体关系的关注。既往的研究多是涉及民间资本的某一部分，进而分别关注其与汉代城市社会或乡村社会的关系。这样的研究有助于相关问题的深入和专注，但也无形中割裂了城乡社会的联系，更无法从总体上把握汉代民间资本与汉代社会整体之间的关系。

最后，从研究的方法上来看，既往的研究成果更多的是采用历史学、社会学、法学等理论。以经济史这样的交叉学科来说，对经济学理论的应用并不太多，尤其是新制度经济学等现代的西方经济理论的使用较少。吴承明先生曾说："史无定法"，新的理论只要与研究的问题相切合，就可以提供观察问题的新视角，也可以使研究更有解释力，是应该尝试的。

二 研究思路

如前所述，"汉代的民间资本"这一课题，不仅仅是一个经济史的课题。除了汉代民间资本自身的投资和经营管理以及消费情况之外，这一课题还应当探讨汉代民间资本与整个汉代国家、社会的互动情况以及互动机制，最终概括出汉代民间资本的基本特点及其历史地位。故本书的研究思路大致包含以下两个方面。

第一，从宏观和微观两个角度，系统地梳理并分析汉代民间资本投资的行业结构、汉代民间资本在经营管理方面的具体方法以及汉代民间资本的消费结构。这一部分可以说是从经济史的角度，对汉代民间资本自身情况的剖析。通过这一部分的研究，笔者希望能够说清以下几个问题：汉代民间资本投资的行业结构是如何分布的；这种投资结构与汉代总体的经济结构之间是怎样的关系；在汉代民间资本投资经营的过程中，它们是如何获取生产资料，如何管理自己的财务、人力资源的；通过前述种种获取的财富，又是怎样消费出去的？这种消费行为和结构有什么问题？通过回答这些问题，可以对汉代民间资本自身的情况，有比较清晰的认识。这也是本书前三章计划完成的内容。

第二，如果将汉代社会分为"官""民"两个部分的话，汉代民间资本无疑是来自民间的。但在其发生发展的过程中，汉代民间资本活动的空间又不仅仅局限于民间。在这个过程中，汉代民间资本与汉代国家及国家资本，与汉代民间社会都有着深层次的互动。故在本书的第二部分，笔者试图梳理汉代民间资本与汉代国家、国家资本以及汉代社会的互动情况。通过这种梳理，笔者将努力探寻这种互动背后深层次的动力机制和底层逻辑，并进一步考察，通过这种互动，汉代民间资本对汉代国家与社会产生了哪些深刻的影响。这也是本书第四、第五两章计划完成的内容。

通过以上两部分的研究，笔者在本书中将试图提炼出整个汉代民间资本的特性，比较汉代民间资本与国家资本的差异，概括出汉代民间资本与汉代国家及国家资本的互动模式，最终通过全书的研究，体现出汉代民间资本在整个中国历史发展中的地位。

以上便是笔者对本书的写作缘起、基本概念、基于文献梳理的创新点以及基本的写作思路的简单总结。将其置于全书开头，一方面算是对全书的内容做一提纲挈领的介绍，另一方面也方便无暇通读全书的读者朋友，能对本书有个基本的了解。

是为绪论。

第一章

汉代民间资本的投资方向和结构

今天提到资本,人们首先想到的可能就是其逐利的本性。资本通过各种的投资活动获得利润,进而实现资本的积累。而如果把时钟拨回到汉代,这方面其实也是一样的。那么汉代的民间资本都有哪些投资方向,或者更通俗一点,它们都有哪些"赚钱"的路子,更进一步的,这些投资方向形成的投资结构,与汉代整体的经济结构有着怎样的关系?这些问题是观察汉代的民间资本的时候,首先要解决的。

今天常说国民经济有三大产业,即农业、工业、第三产业。这三大产业在汉代也都存在,而且都有一定程度的发展。当然作为古代社会,汉代三大产业的比重与今天肯定是不同的,农业在其中占据了主导的地位。在这种宏观的产业结构下,汉代民间资本的投资方向也是以包括林牧副渔在内的广义农业为主的。当然,就像《史记·货殖列传》里说的:"夫用贫求富,农不如工,工不如商,刺绣文不如倚市门"[1],手工业、商业在盈利能力方面有明显的优势,也吸引着民间资本的所有者,是他们重要的投资方向。下面本书就从这三大行业入手,详细看看汉代民间资本是如何投资的。

---

[1] (西汉)司马迁:《史记》卷一二九《货殖列传》,中华书局1959年版,第3274页。

第一章
汉代民间资本的投资方向和结构

第一节 对农业的投资

在中国古代社会,农业一直是社会经济中最重要的一个行业,两汉时期也不例外。时人将农业称作"天下之大业"①,上到皇帝官员,下到升斗小民,对农业都非常重视。说到古代社会的经济政策,大家都会想到一个词——"重农抑商"。具体到汉代,抑商与否在不同的时期是有变化的,但重农的政策却是一以贯之的。

在这种环境下,两汉时期的农业,包括农林牧副渔各个分支都取得了显著的进步。同时,农业既然是国民经济最重要的部门,自然意味着丰厚且稳定的投资收益,阡陌之间当然也就少不了汉代民间资本的身影。正如史家常引的太史公言:

> 陆地牧马二百蹄,牛蹄角千,千足羊,泽中千足彘,水居千石鱼陂,山居千章之材。安邑千树枣;燕、秦千树栗;蜀、汉、江陵千树橘;淮北、常山已南,河济之间千树萩;陈、夏千亩漆;齐、鲁千亩桑麻;渭川千亩竹;及名国万家之城,带郭千亩亩钟之田,若千亩卮茜,千畦姜韭:此其人皆与千户侯等。②

这段话经常用来说明汉代全国各地在农林牧副渔等各个领域出现的大规模的专业化生产。由此可见当时的民间资本在农作物种植业、林牧副渔以及综合经营等各个方向上都有投资。细究起来,每种方向上的投资方式也各有不同。此外,也有的民间资本直接将投资的触手伸向了农业的主要生产资料——土地。

一 农作物种植业

如果回到汉代,去观察西汉时大地主的农业经营,或东汉以后田庄

---

① (西汉)桓宽撰,王利器校注:《盐铁论·水旱》,中华书局1992年版,第429页。
② (西汉)司马迁:《史记》卷一二九《货殖列传》,第3272页。

中的农业生产，大概会看到这样三种经营投资的方式。

第一种是使用奴隶进行耕种。说到汉代，如果按传统的社会形态分类，自然当属封建社会。但社会形态的变化并不是一蹴而就的。先进的生产关系占据了主导，并不意味着落后的生产关系瞬间消亡。以奴隶制来说，秦汉时期的奴隶制生产虽然已经明显式微，但在很多行业里依然留有余绪。

传世典籍中记载了很多当时的名人曾卖身为奴，或者曾使用奴隶耕作的故事。比如西汉初年以"一诺千金"闻名的季布，早年间就曾与周氏的几个家僮一起被卖到了朱家。朱家的当家人看到他很有能力，就把他买回家，并告诫子孙："田间耕作的事，就听从这个奴隶的。"① 所以季布当时实际上是担任了朱家的奴隶管家，主家还相当器重他。再比如太史公司马迁的外孙杨恽，虽然被革除官职，但并不妨碍他"家居置产业"，家里有"奴婢歌者数人"，并且"身率妻子，戮力耕桑"。② 更有名的是西汉末年樊重的田庄，史书上说他使用了大量的奴隶，"开广田土三百余顷"，③ 规模相当大。

那么汉代的这些民间资本，从哪里获取奴隶呢？从传世文献和简牍材料中可以发现，当时是有奴隶交易的市场的。比如《风俗通义》中记载，三国时期凿井发了大财的庞俭，"行求老苍头谨信属任者，年六十余，直二万钱，使主牛马耕种"。④ 他在市场上花两万钱买了个老奴为他管理农田，后来发现这老奴竟是他失散多年的父亲。时人谓之："凿井得铜，买奴得公。"也算是相当戏剧性了。庞俭的父亲被卖了两万钱，或许是因为他有一定管理才能的缘故。因为从出土简牍上所载的价格来看，当时的奴隶身价从数千钱到一两万钱不等，要综合考虑年龄、能力等各方面。所以班固在《汉书》里还记载，当时就有人在卖

---

① 参见（西汉）司马迁《史记》卷一〇〇《季布列传》，第 2729 页。
② （东汉）班固：《汉书》卷六六《杨恽传》，中华书局 1962 年版，第 2894—2896 页。
③ （南朝宋）范晔撰，（唐）李贤等注：《后汉书》卷三二《樊宏传》，中华书局 1965 年版，第 1119 页。
④ （东汉）应劭撰，王利器校注：《风俗通义校注·佚文》，中华书局 2010 年版，第 593 页。

奴隶之前还要给奴隶好好打扮一番,①希望能卖出个更好的价钱。

但是从两汉总体来看,奴隶制作为已经落后的生产方式,其规模是在不断萎缩的。首先,也是最重要的一点,就是如果算经济账的话,在当时的大多数场景下,使用奴隶劳动其实是不划算的。林甘泉先生曾经比较过当时流行的租佃制和奴隶制的生产效率,得出的结论是:奴隶生产只有在"亩钟之田"这样的肥沃土地上才是有利的,在多数普通产量的土地上收益都不如租佃制。②其次,从当时国家政策来说,其实国家也不支持使用奴隶生产。因为奴隶不在政府的户籍控制之内,不直接承担政府赋役,所以从西汉到东汉,政府时常出台释放奴隶的政策,也在一定程度上打击了对奴隶的使用。

第二种是采用租佃制的方式进行耕种。租佃制是秦汉以来中国古代社会农业生产中主要的生产方式。西汉初期人地矛盾尚不尖锐的时候,租佃制还不太盛行。而随着土地兼并的加剧,租佃制也迅速成为了大土地所有者投资农作物种植业的主要方法。董仲舒在给武帝的上书中就提到了当时"见税十五"的地租率,并痛陈农民悲惨境遇,可见当时租佃制已经成为最主要的生产方式。比如汉武帝时有个酷吏叫宁成,他在因罪免官后,贷款买了千余顷陂田,然后招募了数千家贫民,数年就"致产数千金",③获利很大。东汉时期,租佃制进一步发展,佃户的身份不只是失去土地的贫民,甚至一些读书人也要"假田播殖"。如东汉大儒郑玄就曾自述:"年过四十,乃归供养,假田播殖,以娱朝夕。"④东汉末的仲长统也曾在《昌言·理乱》中说,他见到当时的大土地所有者"膏田满野,奴婢千群,徒附万计"。⑤这里的"徒附"即佃种土地的农民,数量远超过奴隶,是农作物种植业中的主要生产者。

---

① 参见(东汉)班固《汉书》卷四八《贾谊传》,第2242页。
② 林甘泉:《中国经济通史·秦汉经济卷》,第247页。
③ (西汉)司马迁:《史记》卷一二二《酷吏列传》,第3135页。
④ (南朝宋)范晔撰,(唐)李贤等注:《后汉书》卷三五《郑玄传》,第1209页。
⑤ (南朝宋)范晔撰,(唐)李贤等注:《后汉书》卷四九《仲长统传》,第1648页。

一般来说，两汉时期的地租率是1/2，也有高至2/3者。与汉代"三十税一"的田赋相比无疑是很高的，这也是时人批评租佃制的主要论据之一。但需要看到的是，汉代的田赋名义上是比例税，实际上是以某地一段时间粮食产量为标准的定额摊派。税负与实际的粮食产量关系并不强，具体到某一年的真实税负其实是不固定的。而且，汉代的税赋结构是轻田税而重人头税，而人头税的比例是随着国家财政压力的增加、汲取能力的下降而不断增加的。王莽就曾批判西汉的税制名为"三十税一"，实则"十税五"。所以租佃制的地租率是否过高，是不可一概而论的。

第三种是采用雇佣劳动的方式进行投资。史籍中经常见到由于家贫或其他原因为人佣耕的记载，最著名的莫过于《史记·陈涉世家》里讲的，陈胜年少时，"尝与人佣耕"，并发出了"燕雀安知鸿鹄之志"的感叹。① 这种记载还有很多，如《后汉书·循吏列传》中记载，京兆长陵人第五访"少孤贫，常佣耕以养兄嫂"；会稽上虞人孟尝，则"隐处穷泽，身自耕佣"。② 即便是在边郡张掖的居延县，也有雇佣关系的存在。如《合校》中就有：

□年廿八
庸同县千乘里公士高祈年卅一　　　　　　　　　　7·14③

需要注意的是，我们都知道农作物种植是季节性很明显的一个行业，有农忙便有农闲。所以在农作物种植业中，雇佣劳动多以短期雇佣为主，作为一种经营方式的补充而出现，长期的雇佣实际上是不太合算的。

在今天雇人打工要签合同，在汉代也是这样。出土的简牍材料中，

---

① （西汉）司马迁：《史记》卷四八《陈涉世家》，第1949页。
② （南朝宋）范晔撰，（唐）李贤等注：《后汉书》卷七六《循吏列传》，第2475、2473页。
③ 谢桂华等：《居延汉简释文合校》，文物出版社1987年版，第11页。后文中此书简称《合校》，凡引自此书者皆注简号，不另注。

还保留了许多当时雇佣劳动时签订的契约文书,为了解当时雇佣劳动的运作方式提供了第一手的资料,也说明了当时的雇佣劳动是受到国家法律的规范和保护的。如《新简》有:

吞北燧卒居延阳里士伍苏政年廿八　□复为庸数通亡　离署不任候望　　　　　　　　　　　　　　　　　E·P·T40：41①

万岁部居摄元年九月戍卒受庸钱名籍　　E·P·T59：573

《戍卒受庸钱名籍》是对戍卒受人雇佣所得报酬的登记名册,一方面,说明当时是允许戍卒在工作之余受人雇佣,获取一些额外的报酬的;另一方面,官方对这种行为有一定的管理,如果出现了"为庸数通亡"的情况,肯定是要追责的。

二　林牧副渔业

两汉时期,随着生产的发展和专业分工的细化,出现了许多投入大量资金和人力,专门从事某一类商品的生产和销售工作的专业化民间资本所有者。其中除了投资农作物种植业,也有不少民间资本投资林牧副渔等广义农业,而且生产规模巨大。比如林业就是汉代重要的生产部门。汉代的建筑主要是木质建筑,所以木材首先是最重要的建筑材料。如《汉书·地理志》记载:"天水、陇西,山多林木,民以板为室屋",②反映了当时老百姓使用木材建房的情况。而上层社会木材的消耗更是惊人,如东汉灵帝修建宫殿,要从太原、河东、狄道等很多郡县调用木材,宫殿连年不成,"材木遂至腐积"③。

除了用作建材之外,两汉时期随着交通运输业的发展,木材还被广泛地用作舟车的制作材料。此外在日常生活和手工业生产中,木材还是

---

① 甘肃省文物考古研究所等编:《居延新简》,文物出版社1990年版,第88页。后文中此书简称《新简》,凡引自此书者皆注简号,不另注。
② (东汉)班固:《汉书》卷二八下《地理志下》,第1644页。
③ (南朝宋)范晔撰,(唐)李贤等注:《后汉书》卷七八《宦者列传》,第2535页。

重要的能源，需求也十分巨大。另外木材还被用来制作木器、简牍、弓矢等器具。

巨大的需求催生了相应的供给行业，出现了一些专门"担束薪""艾薪樵，卖以给食"①的人，当然也吸引了民间资本的投资。当时有许多私营商人采用长途贩运的方式经营珍贵木材的生意。比如王符在《潜夫论》里就提到，当时在豫章（今南昌）附近有大量名贵木材出产，有人费尽千辛万苦采伐后沿河运数千里到雒（今洛阳），加工之后又运至乐浪（今朝鲜平壤）或者西域。这些木材用来做棺材，"功将千万。夫既其终用，重且万斤"，但是销路非常好，"万里之中，相竞用之"。②当然，这样的生意显然也不是一般人能做的，得是拥有雄厚实力的专业商人所为。

除了这些名贵的木材之外，木材还是普通百姓日常生活中重要的能源。普通百姓消费能力有限，所以普通的木材单价并不是很高，但是交易的数量非常巨大，总的利润也是比较可观的，也是当时重要的大宗商品。故也有些规模较小的民间资本采用短途贩运的方式经营普通木材的交易。如《合校》中就曾记载，一个叫子丽的人曾经到许这个地方，卖了三百钱木材，后来还发生了纠纷。（《合校》142·28A）

除了木材，家禽家畜也是很好的投资方向，只要规模够大，同样能获得不菲的利润。传世文献中有不少投资于畜牧业的民间资本的记载。比如班氏的先祖班壹，就曾经避难于楼烦，经营畜牧业"致马牛羊数千群"③。又如汉武帝时的名臣卜式，曾经入山放牧，"十余年，羊致千余头，买田宅"④。在这些大商人的推动下，同时也因为在生产生活中的作用巨大，牛、马、羊等大型牲畜也成了当时市场上流通频繁的重要大宗商品。在目前出土的汉代简牍中，就留下了不少当时牲畜交易的记

---

① （东汉）班固：《汉书》卷六四《朱买臣传》，第 2791 页。
② 参见（东汉）王符著，（清）汪继培笺，彭铎校正《潜夫论笺校正》，中华书局 1985 年版，第 134 页。
③ （东汉）班固：《汉书》卷一〇〇《叙传》，第 4197 页。
④ （东汉）班固：《汉书》卷五八《卜式传》，第 2624 页。

第一章 汉代民间资本的投资方向和结构

录。如《合校》有：

元延二年七月乙酉居延令尚丞忠移过所县道河津关遣亭长王丰
以诏书买骑马酒泉　　　　　　　　　　　　　　　　170·3A
☐昭三年五月中卖牛一肩水金关☐　　　　　　　　　116·1
☐书曰大昌里男子张宗责居延甲渠收庤燧长赵宣马钱凡四千九
百二十　　　　　　　　　　　　　　　　　229·1，229·2

《悬泉汉简》和《凤凰山汉简》也有：

已校左部中曲候令史黄赏，以私财买马一匹。①
建毂丞行为郡买马②

其他类似的记载，如市场上"买马""买骑马""买牛""买马牛""买羊"等还有很多，这说明当时这类商品的交易确实非常频繁。

鱼类是汉代人们普遍喜食的食物。两汉时期渔业也有了长足的进步。除了官营的渔业之外，汉代也有些大商人专营渔业，采用规模化经营的方式同样可以获得不菲的利润。如《史记·货殖列传》中所述每年"水居千石鱼陂"的大商人。张守节《正义》云："言陂泽养鱼，一岁收得千石鱼卖也。"这样每年的收入可比"千户之君"③。而居延汉简《候粟君所责（债）寇恩事》中记载，寇恩为候粟君贩鱼，一次就有5000条，亦可见其规模。

两汉的经济作物中，除了林业外，蔬果染料等作物的种植也有相当的规模。《史记》中对此也有些概略性的描述。如前引安邑种有"千树枣"，燕、秦有"千树栗"，蜀、汉、江陵有"千树橘"，还有些地方种有"千亩

---

① 胡平生、张德芳编撰：《敦煌悬泉汉简释粹》，上海古籍出版社2001年版，第131页。
② 李均明、何双全编：《散见简牍合辑》，文物出版社1990年版，第64页。
③ （西汉）司马迁：《史记》卷一二九《货殖列传》，第3272页。

厄茜、千畦姜韭",等等。除此之外,史籍中还有一些专营园圃业的民间资本的记载。比如《史记·萧相国世家》中记载,有一个叫召平的人,曾经是秦的东陵侯,秦灭之后家道中落,就在长安城东边种瓜,他种的瓜质量上乘味道甜美,成了"名牌产品",当地人称之为"东陵瓜"①,想必也是获得了不菲的收入。又比如三国时期东吴将军李衡,在武陵龙阳汜洲上作宅,种了几千株橘子作为遗产留给儿子,橘子成熟后"岁得绢数千匹"。②

可见民间资本投资园圃业,按规模不同也有不同的投资方式,召平种瓜应当算小规模的民间资本,他就需要亲力亲为参与商品的生产和销售过程;李衡是东吴的将军,资本实力雄厚,数千株橘子,"遣客十人"种植、管理,使用的是类似家奴的依附人口规模化生产的方式。甚至当时在有些地区,还形成了某种经济作物的专业化种植区域,如赵岐曾见到陈留"人皆以种蓝、染绀为业。蓝田弥望,黍稷不植"③。

由于这类生鲜产品运输不便,所以大多集中在城市周边地区。随着两汉时期城市规模的扩大及数量的增多,园圃业也有了长足的进步。除了给人们带来更丰富的食品和经济作物外,大规模的经营也可以获得较好的经济效益。如《氾胜之书》中说,种瓜的收入就能达到"亩万钱"。

三 农业投资领域的混合经营

以上笔者说的多是专营某一行业的情况。实际上在两汉时期,除了专门投资于某一个细分行业外,大部分民间资本在投资农业的时候采用的是混合经营的模式。将手中的资本同时投向农林牧副渔中的多个领域,既可以分散风险,又可以提高资本利用的效率。如《史记》中记载,汉代有个叫桥姚的人,趁着官府开边塞的机会,农牧并举,"致马千匹,牛倍之,羊万头,粟以万钟计"④。又如司马迁的外孙杨恽,在

---

① 参见(西汉)司马迁《史记》卷五三《萧相国世家》,第2017页。
② (北魏)贾思勰撰,石声汉校释:《齐民要术今释》,科学出版社1957年版,第8页。
③ (东汉)赵岐:《蓝赋》,载(清)严可均《全后汉文》卷六二《赵岐》,商务印书馆1999年版,第636页。
④ (西汉)司马迁:《史记》卷一二九《货殖列传》,第3280页。

获罪免官后"以财自娱","身率妻子,戮力耕桑,灌园治产,以给公上"①,兼营农业、副业、园圃业等。尤其是西汉中期以后,这种混合经营逐渐开始采用田庄经营的模式,并在东汉得到进一步发展,逐步建立了比较完整的复合式经营体系,比如最著名的樊重田庄。樊重是西汉末年人,光武帝刘秀的外公,非常会做生意。史载他的庄园"皆有重堂高阁,陂渠灌注。又池鱼牧畜,有求必给"②。可以说是多业并举,非常符合后世对地主庄园"自给自足"的想象。

为什么说是想象呢?这与农业的行业特质有关。农业产品从作用上来说首先是满足人们的吃、用的需要。从资本追求增值的本性来说,五口之家的小农生产满足自用之后的剩余很少,利润的规模很低,所以民间资本的分布是较少的。农业产品要创造可观的利润,就要有相当的生产规模,所以农业中的民间资本主要分布在这些大规模的庄园里。这些田庄占地广大,生产虽然以农产品种植为主,但是往往兼营林、渔、园圃和副业。其产品极为丰富,据《四民月令》载,几乎包括了生活中的衣食住行方方面面,这也给人们造成了一种地主庄园自给自足,排斥商品交换的印象。

实际上,有学者曾经做过估算,以樊重的田庄为例,300顷土地一年产粮可供2500人食用,这显然是要有大量的富余产品的。③再加上还有林、牧、渔、园圃等产品的收入,必然要求将剩余的产品投入市场以获得商业利润。而巨额的商业利润又反过来刺激庄园主维持并扩大这种经营模式。所以史籍中记述庄园主多种经营的同时,也往往提到"好货殖"一类的行为,这实际上也揭示了田庄生产和民间资本积累的内在逻辑关系。

四 对土地的投资

除了以上几种对具体行业或专营或兼营的投资之外,汉代民间资本

---

① (东汉)班固:《汉书》卷六六《杨恽传》,第2894页。
② (南朝宋)范晔撰,(唐)李贤等注:《后汉书》卷三二《樊宏传》,第1119页。
③ 参见黄今言《秦汉商品经济研究》,人民出版社2005年版,第80页。

还会直接投资于农业生产的基本生产资料，也就是土地。汉代民间资本投资于土地，主要采用兼并的方式。说到土地兼并，过去学者一般习惯从阶级的角度进行分析。但兼并行为，首先还是一种经济行为。所谓兼并，即是通过一定的方式直接吞并同行的资本，在继承、整合原有资本的基础上扩大自有资本的规模，从而实现资本的增值。这种行为不管是在古代，还是在现代的企业经营中，都是很常见的。而兼并的发生，是有一定的条件的。只有以较低的价格兼并实际价值较高的资产从而实现自己资本规模的扩张，这种兼并行为才是划算的。这里又牵扯到一个概念，就是价值。如果把价值看作是一种积极的效用或者有用性的话，那么某一个东西对其所有者的价值，其实是变动的，这取决于这件东西能够给持有者带来的经济回报，以及持有这件东西的成本。那么所谓的兼并，就是要想办法从改变持有者的成本和收益方面入手，也就是一种价值低估行为。

汉代的民间资本在兼并土地的时候，也是遵循着这样一套逻辑。

首先，可以等某些自然、政治环境变化导致土地价值降低时，逢低买入。这是汉代民间资本兼并土地最常用的做法。汉代政府在一定程度上是允许土地交易的，在传世文献和出土材料中也能见到土地交易的记载，还有规定格式的交易契约。如《东汉建宁二年怀县王未卿买田铅券》载：

> 建宁二年八月庚午朔廿五日甲午，河内怀男子王未卿从河南街邮部男袁叔威买皋门亭部什三陌西袁田三亩。亩贾钱三千一百，并直九千三百。钱即日毕。时约者袁叔威，沽酒各半。即日丹书铁券为约。①

买地券是流行于汉魏时期的一种随葬品，在时人的观念里，所谓侍死如侍生，人活着的时候需要购买土地，到了阴间也需要买地以供

---

① 张传玺主编：《中国历代契约会编考释》，北京大学出版社1995年版，第47页。

"生活"，买地就需要立下契约。买地券中的交易，虽然不一定是现实生活中真实发生的，但其券文的形式，却是按照真实契约的格式来写的。这也为今人了解当时的土地交易记录，留下了第一手的资料。但需要注意一点，在汉代，土地对一般的自耕农家庭来说，不仅仅是一种生产资料，甚至也是生活资料。汉代的自耕农通常没有其他的谋生技能，迁徙也受到户籍制度的限制，所以主观上极少有自耕农主动出卖土地的。只有当自耕农占有土地的成本超过了土地的收益的时候，才会被迫出卖土地。因此汉代大规模的土地兼并，往往都伴随着天灾人祸。自然灾害导致土地收益的下降，而高额的赋税则提高了自耕农占有土地的成本。就像王莽就曾经批判过西汉时期的土地赋役制度，名义上是三十税一，但徭役很重，还有"豪民侵陵，分田劫假，厥名三十，实什税五也"①。也就是说真实的负担，可能会达到50%。在这种情况下，自耕农继续持有土地的价值就降低了，而将土地出卖后寄身于豪富之家，一方面见十税五的税收负担也未必比两汉政府的赋税徭役更重，同时还能获得一定的秩序保障等隐含收益，这种隐含的收益，可能在天下动荡失序的时候更加宝贵。

其次，也可以通过一些非经济的手段，想办法提高被收购一方继续持有土地的成本。汉代的上层民间资本所有者在拥有雄厚的经济实力的同时，有些还拥有很大的政治实力。这些人或者是身居官位，抑或在地方上有较强的政治经济势力。所以，这些人在兼并土地的时候，所采用的往往就不仅仅是经济的手段，而是依靠掌握的政治权力强行兼并。如西汉初萧何就曾"贱彊买民田宅数千万"，惹得民众"道遮行上书"②。这种方式可以显著地提高目标土地原主人继续持有土地的成本，事实上也就压低了目标土地的价值。③

---

① （东汉）班固：《汉书》卷二四《食货志》，第1143页。
② （西汉）司马迁：《史记》卷五三《萧相国世家》，第2018页。
③ 参见李一鸣《制约与反向强化：汉代民间资本投资与汉代经济结构》，《求索》2017年第9期。

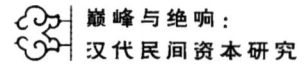

第二节 对手工业的投资

汉代在官府手工业体系之外，还广泛存在着民间私营的手工业。由于经营手工业同样可以获得可观的利润，所以也吸引着民间资本大量投资。从经营规模和方式来说，汉代民间资本在手工业主要有两种方式：第一种为独立的私营手工业者经营，如王莽"博征天下工匠"以建九庙，征发的便是这种手工业者；第二种为大手工业主的规模化经营。这种手工业主雇佣大量的工人或役使奴隶，进行大规模的手工业生产，其中尤以盐铁铸钱等行业为典型，此类型在《史》《汉》等典籍的货殖传或列传中多有记载。

所谓手工业，即手工劳动进行工业生产和生活用品生产的活动。可以想见这实际上是一个非常宽泛的说法。其具体的行业有很多，如纺织业、冶铁业、制盐业以及陶器、漆器等手工产品制造业等。在汉代的这些行业中，都可以看到民间资本的身影。下面就选择较重要的几个行业分析汉代民间资本的投资与组织方式。

一 纺织业

纺织业主要解决人们穿衣的问题，不论是上层社会穿的华服还是底层劳动人民穿的裋褐，在相当大程度上都要依靠市场的供给。而且与盐铁等大型手工业相比，纺织业的门槛较低，原材料容易获得，不需要太多的资本就可以经营，所以纺织业成为汉代社会分布最广泛的行业之一。

从纺织业的资本构成来说，汉代的纺织业除了少部分专供上层社会的官营纺织业之外，大部分还是由民间资本投资经营的。从其规模和投资经营方式来说，又可以分为小型的独立手工业者经营和大手工业规模经营。

首先来看独立手工业者，从资本规模来说，他们当属小型的民间资本。这些独立的手工业者一般都有市籍，在城市中从事专门的纺织品生产。这种小规模的投资一般是以一家一户为主要的组织形式,建立一个小规模的手工作坊。在实际生产中,一般有一两台织机,作坊主亲自参与劳动,有时也可能有少量的雇工。

在投资的过程中,这些民间资本的所有者通常兼具着生产者和商人的双重身份,自己生产产品之后拿到市场上销售。魏晋时期著名的文学家左思曾游历成都,并写下了著名的《蜀都赋》。诗中有言:"阛阓之里,伎巧之家。百室离房,机杼相和。贝锦斐成,濯色江波。黄润比筒,籯金所过。"① 可见当时的成都,有大量的小型的纺织作坊,产品质量很高,收益也是相当不错。

不过这种相当不错的收益,其实挣的也都是辛苦钱。因为从生产要素投入的结构来说,汉代的纺织业还是以劳动力的投入为主,资本投入占比较小,属于典型的劳动密集型产业。小型民间资本的资本规模有限,在劳动力的投入方面无法太多地增加劳动力数量,于是便只能通过延长劳动时间的做法获得更高的产量。史载:汉时,"冬,民既入,妇人同巷,相从夜绩,女工一月得四十五日。必相从者,所以省费燎火,同巧拙而合习俗也。"② 女工工作到深夜,非常辛苦。同时也能看出,为了节约生产中的照明成本(省费燎火),采用了各家各户集中劳动的方式。这实际上也反映了小型民间资本规模上的限制。

两汉时期也有许多大型的民间资本投资于纺织业。正所谓"其帛絮细布千钧,文采千匹……此亦比千乘之家"③,当纺织业的生产规模达到一定程度之后,也能带来可观的利润。

在这些大型民间资本的投资过程中,有的是遵循劳动密集型产业的发展规律,依靠自身资本实力,投入尽可能多的劳动力数量来获取利润。如宣帝时期的名臣张安世,贵为公侯,家中有万户食邑,但是"身衣弋绨,夫人自纺绩,家童七百人,皆有手技作事,内治产业,累

---

① (南朝梁)萧统编,(唐)李善注:《文选》卷四左思《蜀都赋》,上海古籍出版社1986年版,第185页。
② (东汉)班固:《汉书》卷二四《食货志》,第1121页。
③ (西汉)司马迁:《史记》卷一二九《货殖列传》,第3274页。

积纤微"①,张安世把这些家僮生产的产品拿到市场上出售,获得了大量的利润,甚至比大将军霍光还要富有。

除了这种"简单粗暴"地增加劳动人手,当时的民间资本中也有人在注重规模扩张的同时,注重生产设备和技术的改良,通过提高生产效率获得更高的利润。如著名的陈宝光妻,陈宝光妻是河北巨鹿人,但其产品和名气已经传到了西安的霍光家,史载她:"机用一百二十镊,六十日成一匹,匹值万钱"。②史家专门强调了"机用一百二十镊",想必这是当时一种先进的纺织设备,再配合其高超的纺织技术,产品价值自然也是很高的,能从河北行销到西安,还能进入顶级显贵的视野,可见其生产规模和产品销路都非常可观。

二 盐铁等"重工业"

在两汉时期,冶铁、制盐以及西汉初期的铸钱业是利润最高的手工业。由于这几个行业需要较多的劳动力和资本投入,借用今天的概念来说,可以称为资本密集型、劳动密集型的"重工业"。

(一) 汉代"重工业"投资环境的变化

重工业由于资本规模大、沉没成本高,从行业来说进入和退出都比较困难。故民间资本在投资决策的时候需要更加慎重,除了考虑自身的因素之外,往往还要考虑投资的环境。在今天市场经济条件下,这种投资环境是以市场环境为主,政策环境为次,但在古代社会,政策环境显然更加重要。

在两汉之前,秦自商鞅变法以来"颛山泽之利,管山林之饶",之后又设立盐铁市官及长、丞等,可见盐铁业是官营的。秦始皇统一货币,"币为二等:黄金以溢为名,上币;铜钱质如周钱,文曰'半两',重如其文"③。除了币值与形制之外,这条常见的史料也反映了秦朝时

---

① (东汉) 班固:《汉书》卷五九《张安世传》,第2652页。
② (东晋) 葛洪撰,周天游校注:《西京杂记》卷一《霍显为淳于衍起赠金》,三秦出版社2006年版,第33页。
③ (东汉) 班固:《汉书》卷二四《食货志》,第1152页。

货币的铸造权也是统一于政府手中的。

秦末战争和楚汉争霸之后，天下凋敝，司马迁在《史记》中说："自天子不能具钧驷。"① 连皇帝出行都找不出四匹一样颜色的马，普通人的日子就可想而知了。为了恢复经济稳定统治，西汉初年采用了以黄老思想为指导的经济恢复政策。这种政策的核心就是"无为而治"，放松政府对经济运行的干预。史家常引《史记·货殖列传》中的这句描述："汉兴，海内为一，开关梁，弛山泽之禁，是以富商大贾周流天下，交易之物莫不通，得其所欲。"② 可见民间资本迎来了发展的好时机。后来到汉文帝时期，"纵民得铸钱、冶铁、煮盐"，虽然对民间铸钱的政策在吕后时期有过短暂的反复，但总体来说，汉初政府放松了对私营工商业的限制，为当时的民间资本在盐、铁、铸钱等"重工业"的投资创造了宽松的环境。

但民间资本的好日子到了汉武帝时期面临了巨大的挫折。汉武帝的一系列改革意味着帝国的经济方针迎来了巨大的转向，盐铁业被纳入官营国有体系，铸币权也在统一使用五铢钱后收归国有。至汉武帝一朝，民间资本在这些重工业领域的投资面临了巨大的困境。不过与今人通常理解的不同，但实际上，除了货币铸造业之外，盐铁官营政策严格执行的时间并不算太长，随着吏治败坏及中央政府对基层控制力的衰退，到西汉后期，这些政策逐渐沦为具文。即便是货币铸造权的垄断，到西汉后期也逐渐松动。

到了东汉之后，武帝时确立的盐铁官营制度便在实际上被废止了。虽然机构设置上依然延续前朝，在各地设立盐官、铁官，甚至数量上还有所增加，但在实际操作上已不具有组织生产的职能，只是收税而已。这在实际上一定程度上恢复了武帝之前纵民煮铸的制度。

(二) 以大型民间资本为主的行业投资格局

盐铁等重工业对资本规模的要求很高，进入的门槛也很高，所以从

---

① （西汉）司马迁：《史记》卷三十《平准书》，第 3261 页。
② （西汉）司马迁：《史记》卷一二九《货殖列传》，第 3261 页。

整个行业的格局来说，是以大型民间资本为主的。

西汉初年的国内市场上活跃着一大批以盐铁铸钱起家的富商大贾，太史公于《史记·货殖列传》中多有记载。冶铁起家的如邯郸郭纵"以铁冶成业，与王者埒富"；蜀卓氏"即铁山鼓铸，运筹策，倾滇蜀之民，富至僮千人"；程郑"亦冶铸，贾椎髻之民，富埒卓氏，俱居临邛"；曹邴氏"以铁冶起，富至巨万"。① 煮盐起家的如猗顿"用盬盐起……与王者埒富"②。当时的文学作品中这样描述煮盐的景象："若其大利，则海滨博诸，溲盐是钟。皓皓乎若白雪之积，鄂鄂乎若景阿之崇。"③ 至于铸币，西汉初年有"吴、邓氏钱布天下"的说法。④ 吴即吴王刘濞。史载："吴有豫章郡铜山，即招致天下亡命者盗铸钱，东煮海水为盐，以故无赋，国用饶足。"⑤ 邓即文帝的男宠邓通，文帝"赐通蜀严道铜山，得自铸钱，'邓氏钱'布天下"⑥。除此之外，齐王刘肥和他的继承者也经营铸钱、煮盐和冶铁。

汉武帝盐铁官营的经济改革导致了民间资本一段时间的沉寂，但随着政策的松动，大型民间资本在"重工业"的投资又重新活跃起来。如西汉后期的大商人罗裒"擅盐井之利，期年所得自倍，遂殖其货"，最终"资至巨万"⑦。即便是货币铸造业，在西汉后期随着吏治的腐坏和政策的多变，再加上巨额利润的诱惑，也有所抬头。如西汉元帝时，贡禹就曾说当时"民坐盗铸陷刑者多"⑧。到王莽时更是"铸钱抵罪者，自公卿大人以至庶人，不可称数"⑨。

到了东汉以后，在政府"宽商"政策的放任下，民间资本在"重

---

① （西汉）司马迁：《史记》卷一二九《货殖列传》，第3259、3277、3278、3279页。
② （西汉）司马迁：《史记》卷一二九《货殖列传》，第3259页。
③ （东汉）徐幹：《齐都赋》，（清）严可均《全后汉文》卷九三《徐幹》，第938页。
④ （西汉）司马迁：《史记》卷三十《平准书》，第1419页。
⑤ （东汉）班固：《汉书》卷三五《吴王传》，第1904页。
⑥ （西汉）司马迁：《史记》卷一二五《佞幸列传》，第3192页。
⑦ （东汉）班固：《汉书》卷九一《货殖传》，第3690页。
⑧ （东汉）班固：《汉书》卷二四《食货志》，第1176页。
⑨ （东汉）班固：《汉书》卷二四《食货志》，第1179页。

工业"的投资有了进一步的扩展。比如远在江南的桂阳郡,这里"县出铁石,佗郡民庶常依因聚会,私为冶铸",后来循吏卫飒为了防止流民聚集,便在这里设立了铁官加强管理,同时也增加了政府的财政收入。①

所有这一切,除了西汉初诸侯王经营的盐铁铸币业有一定的王国资本成分之外,都是当时民间资本的佼佼者,资本规模巨大是其共同的特点。实际上即便是诸侯王资本,由于独立于官营国有体系,也可以视作是民间资本的一种类型。高敏先生即指出:王国的君主,实际上是"大的盐铁业主"②。

两汉国土广袤,大型民间资本虽是两汉"重工业"的投资主体,但其覆盖面积就全国来说毕竟有限。在广大的基层市场上,也留下了许多中小型民间资本投资的空间。这些中小型资本主要是以小作坊的形式组织经营,广泛地分布在乡间里聚,有些是个体生产者经营,也有些属于田庄复合经营的一部分。这些个体作坊主要生产一些日常需要的生活用具和农具,一些田庄中的作坊也会生产少量武器。虽然从技术水平和产品质量上来说与大型手工业相去甚远,但由于贴近普通百姓生活而自有其价值。《盐铁论·水旱》中记载的"家人相一,父子勠力,各务为善器,器不善者不集。农事急,挽运衍之阡陌之间。民相与市买,得以财货五谷新币易货,或时贳民,不弃作业"③,便是这类小作坊。近世以来的考古发现也发现了许多这类小作坊的产品。如 1972 年在山东莱芜就发现过汉代农具铁范 24 件,上有李、汜等姓氏文字,按当时的习惯,这应该是小作坊工匠的姓氏。④

(三)"重工业"的投资与生产组织方式

总体来说,汉代的民间资本不论规模大小,一般采用手工作坊的形式。劳动力的使用方面则是以雇佣劳动为主,也有少量使用奴隶。但若

---

① (南朝宋)范晔撰,(唐)李贤等注:《后汉书》卷七六《循吏列传》,第 2459 页。
② 高敏:《秦汉时期的官私手工业》,《南都学坛》(社会科学版)1991 年第 2 期。
③ (西汉)桓宽撰,王利器校注:《盐铁论·水旱》,第 430 页。
④ 山东省博物馆:《山东省莱芜县西汉农具铁范》,《文物》1977 年第 7 期。

具体考察，则不同身份的资本所有者，其"重工业"的投资方式又有不同。

首先，投资各类"重工业"的主体中有大量的专业商人。西汉初年见诸史籍的大商人、大盐铁主，主要都是各类的专业商人。如前述郭纵、程郑、曹邴氏、刁间、猗顿等人。这些专业的大商人，是两汉初期民间资本投资盐铁等行业的主要力量。但随着汉武帝对民间资本的打击，民间资本开始转变经营方式，一方面加强对政治势力的渗透以寻求保护，如前述罗裒等；另一方面也开始转向兼业经营的方式，如西汉后期以来的各类田庄。

其次，"重工业"高额的利润也吸引了各类高官显贵的参与。高官显贵除了拥有庞大的资本实力之外，因其身份还具备政治方面的影响力。相比于商人这是巨大的优势，对于盐铁等"重工业"的投资也是非常重要的。西汉初期的王国资本便属此类。时至东汉，随着民间资本对官吏阶层的渗透，一些高级官吏甚至皇亲国戚也利用手中的权力涉足盐铁业。如光武时郭况"累金数亿，家僮四百人，黄金为器，功冶之声震于都鄙。时人谓郭氏之室不雨而雷，言铸锻之声盛也"[①]。

最后，随着两汉时期家族—宗族势力的发展，尤其是西汉后期以来田庄经营的出现，以家族组织为单位投资"重工业"的形式也开始出现。如在相对偏远的四川，时人记述"家有盐泉之井，户有橘柚之园"[②]，又云"家有盐铜之利，户专山川之材"[③]。以经营重工业来说，这里的"家"显然不可能是五口之家的小农家庭，而是指大型的家族。

三 其他手工业

除了盐、铁、铸钱、纺织之外，汉代的民间资本还广泛地投资于当

[①] （北宋）李昉编纂，孙雍长等校点：《太平御览》卷八三三引《王子年拾遗记》，河北教育出版社1994年版，第753页。

[②] （南朝梁）萧统编，（唐）李善注：《文选》卷四左思《蜀都赋》，第181页。

[③] （西晋）常璩撰，刘琳校注：《华阳国志校注》卷三《蜀志》，巴蜀出版社1984年版，第225页。

第一章
汉代民间资本的投资方向和结构

时手工业的各个领域，正如太史公所说："通邑大都，酤一岁千酿，醯酱千瓨，浆千甔，屠牛羊彘千皮，贩穀粜千钟，薪稾千车，船长千丈，木千章，竹竿万个，其轺车百乘，牛车千两，木器髹者千枚，铜器千钧，素木铁器若卮茜千石……此亦比千乘之家，其大率也。"① 限于本书的篇幅，无法一一详述，只能选择其中几个行业，对民间资本在汉代手工业中的投资情况管窥一二。

（一）酿酒业

私人酿酒业在先秦时期就已经出现。《韩非子·外储说右上》中记载："宋人有酤酒者，升概甚平，遇客甚谨，为酒甚美，县帜甚高。"② 到了汉代，饮酒的风气更盛，当时的饮酒不仅是一种饮食消费，还有着一定的礼制意义，所以当时有"百礼之会，非酒不行"③的说法。巨大的市场需求带来了商机，也吸引着民间资本投资于这个行业。

汉代民间资本对酿酒业的投资，依照资本规模的不同，有不同的投资方式。

首先是单纯贩卖酒水的行商，这也是资本量最小的投资方式。由于工艺的要求，经营酿酒业是需要一定的前期资本投入的。司马相如开个小酒馆也要"尽卖车骑"才能"买酒舍"，莫说是那些"日售万钱"的大酒家了。所以在汉代还有一些出不起本钱，没有酿造条件而纯粹贩卖酒水的行商。他们或肩挑或车载，将酒水送到社会的各个角落。比如东汉时期的鲁相史晨，为了方便百姓买酒买肉，专门在昌平亭下"立会市"，招徕行商进行交易，还在孔庙留下碑刻记录这件事。④

其次，如果手中有一定资本，则可以开一个小酒肆。这种小生产者经营的酒肆，既是生产场所，也是销售场所，在当时数量众多，分布广

---

① （西汉）司马迁：《史记》卷一二九《货殖列传》，第3274页。
② （清）王先慎撰，钟哲点校：《韩非子集解》卷十三《外储说右上》，中华书局1998年版，第322页。
③ （东汉）班固：《汉书》卷二四《食货志》，第1182页。
④ 碑文："史君念孔渎、颜母井去市辽远，百姓酤买，不能得香酒美肉，于昌平亭下立会市。"引自（南宋）洪适撰《隶释·隶续》卷一《史晨飨孔庙碑》，中华书局1985年版，第24页。

泛。虽然个体的资本规模有限,但因其数量而成为当时酿酒业的主体部分。如司马相如和卓文君私奔至临邛后,"尽卖车骑,买酒舍,乃令文君当垆。相如身自著犊鼻裈,与庸保杂作"①,需要老板亲自劳作,可见规模不会太大,当为小酒肆。汉乐府诗中也有"胡姬年十五,春日独当垆"的胡姬卖酒的故事,诗中描写胡姬"长裾连理带,广袖合欢襦。头上蓝田玉,耳后大秦珠。两鬟何窈窕,一世良所无。一鬟五百万,两鬟千万余"②。这穿着打扮固然是文学作品的夸张修辞,但也说明私营酒家的收益或许不错。

汉代小生产者的酒肆经营,在出土的石砖壁画中有更直观的反映。如四川彭县出土的汉代酿酒画像砖(图1-1),从画像中可以看到,汉代的酿酒作坊是制售一体的小规模经营,下方有三个陶罐,有人在操持着酿酒。中间是店家向酒客卖酒,左边有人推一小车,不知是在进货还是要外送。

图1-1 四川新都新农出土画像砖拓片③

---

① (东汉)班固:《汉书》卷五七《司马相如传》,第2531页。
② (东汉)辛延年:《羽林郎》,(宋)郭茂倩编《乐府诗集》卷六三《杂曲歌辞》,中华书局1979年版,第909页。
③ 图引自曾磊《四川地区出土"酒肆"画像砖解读》,《四川文物》2016年第5期。

最后，汉代也有大型民间资本投资于酿酒业。《史记·货殖列传》中所谓"通邑大都，酤一岁千酿"说的即是这类人。《列仙传》中也有梁市上酒家卖酒"日售万钱"的记载，可见规模相当大。吕母"家素丰，资产数百万，乃益酿醇酒，买刀剑衣服"①，进而为报子仇起义反莽，能够拉起一支起义队伍，可见酿酒积累的家底是相当丰厚的。不独民间商人，酿酒业高额的利润也吸引了一些高官贵胄的参与。如《汉书·赵广汉传》载，赵广汉为京兆尹，霍光死后抄了霍光儿子霍禹的家，"搜索私屠酤，椎破卢罂，斧斩其门关而去"②。与小型的酒肆相比，大型民间资本投资于酿酒业，不仅产业规模扩大，生产经营方式与技术自然也有进一步的发展。如汉代田庄兼营的酿酒业，一般是涵盖了从原材料的生产到酒水生产销售的全产业链。又如《通雅》云："秦时有程林、乌金二家，善酿。南岸曰上若，北岸曰下若，故名若下酒。"③能成为"名酒"，一方面自然是因为随着资本投入量的增加而进行的技术改良，另外想必在营销方面的资本投入也是不可少的。

不论生产规模的大小，当时的酿酒业由于工艺的要求或多或少都采用雇佣劳动。如前述司马相如"与庸保杂作"④，又如东汉李燮"乘江东下，入徐州界内，令变名姓为酒家佣"⑤等。

(二) 制陶业

制陶业是中国最古老的手工业之一，一直到秦汉时期，陶器依然由于其经济耐用的特点受到广大百姓的青睐，制陶业也依然作为一个重要的手工业部门吸引着民间资本的投资。

相比于盐、铁等"重工业"，制陶业的技术、资金门槛相对较低，所以更适合中小型民间资本的作坊式生产。据王春斌研究："近年来出土的一些陶窑遗迹也多表现出产品多样化、小批量的特点，产品也多以

---

① （南朝宋）范晔撰，（唐）李贤等注：《后汉书》卷十一《刘玄刘盆子列传》，第477页。
② （东汉）班固：《汉书》卷七六《赵广汉传》，第3204页。
③ （明）方以智：《通雅》卷三九《饮食》，中国书店1990年版，第471页。
④ （西汉）司马迁：《史记》卷一一七《司马相如列传》，第3000页。
⑤ （南朝宋）范晔撰，（唐）李贤等注：《后汉书》卷六三《李固传》，第2090页。

民间日常生活用品为主,可以推定是民间的私窑生产。"①

不过,小规模的私窑生产不代表技术水平和利润低下。相反,陶器是汉代社会各个阶层普遍使用的生活用品,巨大的需求一方面带来潜在的利润,另一方面也使得这个行业的竞争非常激烈。这种竞争也促进了汉代民间资本在投资、经营的过程中不断改善生产技术和组织方式。从现有的考古发现中可以看出,汉代的民用陶器在生产中逐步使用了标准化、模具化的生产方式,这无疑是一种技术的进步。下面本书就以汉墓中使用的陶砖、陶俑等为例作简单说明。

陶砖在汉代墓葬中主要的作用是营造墓室,用来封门、砌棺、覆排水沟等,外形有长有方,也有弧形。从考古发现中可以看出,陶砖的形制和纹饰虽然多种多样,但都是模制的。模制化的陶砖可以方便消费者就大小、形制等进行选择,也方便生产者进行大规模的生产。当然,汉代墓葬中用到的陶砖,也有定制的产品,比如用来记述墓主生平的铭文砖便属此类,只是从用量上来说仅占少数。

陶砖可以模具化地量产,而陶砖上简单的纹饰,如方格纹、云纹等,也可以模具化生产。帅希彭在研究彭县出土的画像砖时就指出:"因为汉代制陶已进入模具生产时代,生产画像砖亦用模具,成批烧制,产量较高。画像砖成为商品,可供用户选购,并不全为某用户单独烧制,所以四川发现同模砖就不足为奇了。"② 更多的考古发现也证明了他的观点,如四川绵阳双碑白虎嘴的崖墓群。该墓群时间跨度从王莽至东汉,出土各类墓砖两千匹以上,但形制纹饰只有十几种。③ 可见多是模具化、标准化量产的。

在汉代的墓葬中,尤其是西汉中期以后的墓葬中常出土大量陶制冥器,包括各种容器以及陶俑、陶塑模型等,这些陶制冥器也都是模制的,由一个器物模具生产许多相同的产品。这类产品在考古发掘中多有发现。比如:

---

① 王春斌:《汉代陶器生产技术研究》,博士学位论文,吉林大学,2013年。
② 帅希彭:《彭山近年出土的汉代画像砖》,《四川文物》1991年第2期。
③ 唐光孝:《试析四川汉代葬俗中的商品化问题》,《四川文物》2002年第5期。

绵阳吴家孔雀村汉代一崖墓中的 2 件庖厨俑、2 件执物俑都分别为同模产品①；1996 年在成都西郊西窑村清理的一座砖室墓中，也发现 6 件同一模具制作的女立俑②；在陕西扶风一座汉代砖室墓中，2 件吹排箫女俑，3 件二人连体俑和 3 件三人连体俑的制作都是"一模压制而成"③。甚至在不同的区域内都发现过同模的产品，如绵阳安县出土的摇钱树与陕西城固出土的就非常相似，"其形制、大小、尺寸、布局完全相同，当出自同一粉本"④。这说明当时的制陶业不仅采用模具化量产商品，其产品的覆盖范围也有所扩展，产品的销路已经扩展到其他地区。

（三）漆器制造业

漆器是将生漆涂在各种器物上制成的日常用具或工艺品。由于生漆有耐潮、耐高温、耐腐蚀等特殊功能，又可以配制出不同色漆，既实用又美观，从而受到从普通百姓到上层贵族的青睐，也吸引了民间资本的投资。

漆器既可以做成简朴的日用品，也可以做成精美的工艺品，由于其产品附加值高，往往可以卖个高价，从而吸引着民间资本的投资。《盐铁论·散不足》篇说"一文（纹）杯得铜杯十"，说明有些漆器是颇为贵重的。《史记·货殖列传》中也有"木器髹者千枚……漆千斗……"的记载，木器和生漆都是制作漆器的原料，市面上有大量的木器和生漆交易，说明当时民间投资的漆器制造业的规模应当不小。

汉代民间资本投资漆器制造业，与其他手工业类似，一般也是采取手工作坊的形式。按当时惯例，产品上一般要刻印产地或工匠的名字。比如：1978 年在临沂县城北洪家店村刘疵墓中出土部分写有"当道北里"字样的漆器；⑤ 1973 年江苏连云港发掘的西汉霍贺墓出土了 1 件漆奁，内书篆书

---

① 季兵：《绵阳市吴家汉代崖墓清理简报》，《四川文物》1994 年第 5 期。
② 成都市文物考古工作队：《成都西郊西窑村 M3 东汉墓发掘简报》，《四川文物》1999 年第 3 期。
③ 罗西章：《陕西扶风县官务汉墓清理发掘简报》，《考古与文物》2001 年第 5 期。
④ 唐光孝：《试析四川汉代葬俗中的商品化问题》，《四川文物》2002 年第 5 期。
⑤ 临沂地区文物组：《山东临沂西汉刘疵墓》，《考古》1980 年第 6 期。

"桥氏"二字;① 1980 年江苏邗江胡场 5 号汉墓出土漆器中有 1 件双层漆笥,在上层放 5 件漆盒,漆笥和漆盒均盖有"中氏"戳印。②

至于在漆器手工业的组织模式,目前还没有特别普遍的资料,有待于进一步的考古发现,不过以工艺流程推测,应该与制陶业差不多。不过在朝鲜出土的 2 件漆盘,为相关研究提供了某种可能性。这两件漆盘上都有铭文,其中一件是:"永平十二年,蜀郡西工夹柠行三丸,宜子孙,卢氏作。"另一件则是:"永平十二年,蜀郡西工夹柠行三丸,治千二百,卢氏作,宜子孙,牢。"③两件铭文中都提到了"西工",当是蜀郡的工官,属于官营手工业系统。"行三丸"等当为工艺和数量,"宜子孙"是汉代手工业产品上常见的吉祥话,"牢"是牢固的意思。值得注意的是,这两件漆盘上还题了工匠作坊的名称,即"卢氏作"三字,这是汉代私人作坊产品常见的题名习惯。可见这两件漆器是采用了某种官私合作的方式生产的,或许是工官只负责监管,将工作委托给了私人作坊。在其他手工业行业中,目前还没有见过采用这种"公私合营"方式的例子,但既然漆器手工业中存在,至少为今人研究提供了一种可能性。

漆器制造业的生产需要一定的规模,工艺也比较复杂,使用雇佣劳动是比较常见的,如申屠蟠就曾"家贫,佣为漆工"④。

第三节　对商业及其他行业的投资

除了上述的农业和手工业之外,民间资本实际上还广泛地投资于两汉社会的各个行业。本书限于篇幅和材料无法面面俱到地描述,只能选择商业、贳贷业和交通运输业这三个在国民经济中比较重要且牵连广泛的行业为例,管窥一二。

---

① 南京博物院等:《海州西汉霍贺墓清理简报》,《考古》1974 年第 3 期。
② 王勤金等:《江苏邗江胡场五号汉墓》,《文物》1981 年第 11 期。
③ [日]梅原末治:《汉代漆器纪年铭文集录》,转引自宋治民《汉代的漆器制造手工业》,《四川大学学报》(哲学社会科学版) 1982 年第 2 期。
④ (南朝宋)范晔撰,(唐)李贤等注:《后汉书》卷五三《申屠蟠传》,第 1751 页。

第一章 汉代民间资本的投资方向和结构

一 商业

人们常用"重农抑商"来表述中国古代的商业政策,似乎商业在古代社会的地位是无足轻重的。但事实并非如此,古代社会的精英阶层对商业的重要作用,其实是有着清楚的认识的。比如太史公就曾说:"农不出则乏其食,工不出则乏其事,商不出则三宝绝,虞不出则财匮少。"[1] 可见在司马迁看来,商业与前述农业、手工业一样,是社会生活中不可缺少的一个部门。中国古代商业起源很早,先秦时期就有"工商食官"的制度,至春秋战国随着经济结构的变化,商业领域的民间资本也随之发展壮大起来,范蠡、子路等大商人的事迹在传世典籍中也多有记载。

汉代民间资本投资商业,以投资方式来说主要有以下三种。

(一)自产自销的兼营方式

自产自销的兼营商业是古代社会中最早出现的商业形式,正如《史记·平准书》所云:"古人未有市,若朝聚井汲水,便将货物于井边货卖,故言市井也。"不论是最早的物物交换,还是后来的以货币为媒介的交换,都是生产者将自己生产的产品直接卖给消费者,这种情况下他们其实是兼具了商人和生产者的双重身份。

至两汉时期,依然有民间资本采取这种兼营商业的形式,并且遍布各种生产规模和行业。汉代民间资本不论是投资于大手工业还是小手工业,亦不论是投资于复杂的工业制成品还是简单的手工业产品,都可以采用兼营商业的形式。

就大手工业来说,如西汉初期的冶铁业就有很多大冶铁主在经营冶铁生产的同时组织商品的直接销售。如卓氏"即铁山鼓铸,运筹策,倾滇蜀之民",程郑"亦冶铸,贾椎髻之民"。[2] 这些大手工业主利用雄厚的资本贯通生产、销售的全部环节,实现产销的纵向一体化,可以更好地了解市场行情,同时减少中间环节,有助于节约分销的成本,从而获

---

[1] (西汉)司马迁:《史记》卷一二九《货殖列传》,第3255页。
[2] (西汉)司马迁:《史记》卷一二九《货殖列传》,第3277、3278页。

得更高的利润。

而小规模的手工业作坊，为了节约销售的成本，贴近市场，往往也采取这种直销的形式。如史家常引的《盐铁论·水旱》中小冶铁作坊的例子：

> 家人相一，父子戮力，各务为善器。……农事急，挽运衍之阡陌之间。民相与市买，得以财货五谷新币易货，或时贳民，不弃作业。①

小铁器作坊直接将生产的农具送到田间地头销售，交易的方式也比较灵活，使得农民"不弃作业"，买卖双方都各得其所。又如一些其他和日常生活相关的小手工业，像食品加工、编织、制陶等，也多采用这种兼营商业的形式。像《三辅决录》中记载东汉孙晨"居社城中，织箕为业"②，编草鞋斗笠要住在城里，当然也是为了靠近市场。

（二）专营商业

除了由生产者兼营的商业形式之外，在两汉广阔的市场上，还有很多纯粹的商人，他们不从事生产活动，而是将投资专注于流通领域。他们通过将商品从有余的地方贩运到不足的地方，利用地区之间供求关系导致的产品差价赚取商业利润，典籍或简牍中一般将他们称作"贩贾""行贾"等。这些人可以称为"专业商人"。

专业商人的渊源也比较早，在春秋战国时期，随着各国交往的增多，商人的流动及商品的流通逐渐发达起来。著名的如秦相吕不韦，早年"往来贩贱卖贵，家累千金"③。这些商人"倍道兼行，夜以续日"④地"负任担荷，服牛辂马，以周四方"⑤，在追求利润的同时，也将各地的特产带到全国，而商税也成了东方各国重要的财政收入。

---

① （西汉）桓宽撰，王利器校注：《盐铁论·水旱》，第430页。
② （东汉）赵岐撰，陈晓捷注：《三辅决录》卷一，三秦出版社2006年版，第22页。
③ （西汉）司马迁：《史记》卷八五《吕不韦列传》，第2505页。
④ 黎翔凤撰，梁运华整理：《管子校注》卷一七《禁藏》，中华书局2004年版，第1015页。
⑤ 黎翔凤撰，梁运华整理：《管子校注》卷八《小匡》，第402页。

第一章
汉代民间资本的投资方向和结构

到了两汉时期,统一的中央王朝的建立为商业的发展创造了更好的条件。但从两汉四百年的较长时期来看,随着中央王朝商业政策的变化,这些专业商人的投资情况也有一个发展变化的过程。

西汉初期,政府为了恢复和发展经济,奉行比较宽松的"黄老之学",政策上具体表现为"开关梁,弛山泽之禁""弛商贾之律""除关,无用传"等。这些比较宽松的经济政策使得专营商业的投资方式可以获得可观的利润,也出现了一批颇有成就的大商人,其"章章尤异者"也在《史记·货殖列传》等正史中留名后世。

但是汉初的商业政策到汉武帝的时候发生了重大的转变。汉武帝改革的具体政策前人论述颇多,在此不赘述。就结果而言,这次政策的转型对专业商人的经营造成了比较严重的打击。武帝的经济政策在昭宣之后逐步松动,使得专营商业又得到恢复和发展,并且在西汉后期又涌现出一批富商大贾,见于文献的有罗裒、杨恽等人。时人形容当时的郡国富人"兼业专利,以货赂自行,取重于乡里者,不可胜数"①,可见当时专营商业的发展势头。值得注意的是,此时的民间资本,尤其是大规模的资本所有者,对商业的投资方式与武帝改革之前相比已经有了一些不同的苗头。汉武帝剧烈的经济政策变动,尤其是算缗、告缗等带有掠夺性质的政策,使得民间资本所有者意识到单纯的经营商业积累财富风险是比较高的,这种风险既包括商业本身的市场风险,更包括政策风险。为了规避这种风险,一方面他们选择将资本投向保值性更好的土地,探索分散风险的方法;另一方面也开始为自己谋求一个官吏的身份,或者寻求官吏的保护。所以从西汉中后期开始,民间资本在商业的运营方式上出现了变化:一方面加强了对官吏阶层的渗透,官商的结合更加紧密和主动,如前述罗裒就是很典型的例子;另一方面,类似西汉前期那种纯粹的专业商人开始减少,"以末致财,用本守之",越来越多的民间资本开始选择农业、手工业、商业兼业经营,从分散风险的角度来说,这不失为一种好办法。最终到东汉发展出田庄这种复合式经营的运营方式。

---

① (东汉)班固:《汉书》卷九一《货殖传》,第3694页。

东汉立国后，由于东汉政权本身一定程度上就是在民间资本的支持下建立起来的，所以终东汉一朝基本上实行了宽商的政策。这种政策使得民间资本在专营商业领域的发展更为顺畅。例如：吴汉"以贩马为业，往来燕、蓟间"①；第五伦早年也曾"载盐往来太原、上党"②；东汉末年曾资助过刘备的张世平、苏双"赀累千金，贩马周旋于涿郡"③；等。从具体的经营模式来说，东汉时期的民间资本在专营商业领域延续了西汉后期的趋势并继续深入。中小规模的民间资本所有者继续着专营商业的模式，他们贩运着从衣食住行到各地特产的各种商品，往来于郡县乡里之间，追逐着商业的利润。而大资本所有者则延续了西汉末年兼营的趋势，并最终确立了以田庄为主的经营方式，通过向政权的渗透谋取更多的利益。

(三) 囤积商业

汉代的商品市场，虽然由于时代条件的限制达不到近代市场经济条件下的竞争程度，但总体上来说多数商品的价格依然是由商品的供求关系决定的。汉代的民间资本在经营商业的过程中，不管是专营还是兼营，对供求和价格的关系也都有清醒的认识，所谓"司时""待乏""与时俯仰"之类的经验之谈也经常出现在传世典籍之中。而民间资本在利用供求关系的过程中除了前述兼营、专营两种商业运作模式之外，还有一种比较极端的投资方式，即经营囤积商业。

囤积商业，在当时的文献中一般有"废居""积居""积蓄"等多种类似的叫法，一般就是指民间资本通过对市场形势的敏锐观察，对商品供求形势的变化作出预判，在商品低价时大量采购，高价时再"乘时射利"的一种做法。

囤积商业的起源也比较早。春秋后期，当时兴起不久的民间资本就已经采取这种方式获得商业利润了。如范蠡在陶"治产积居……十九年之中三致

---

① （南朝宋）范晔撰，（唐）李贤等注：《后汉书》卷一八《吴汉传》，第675页。
② （南朝宋）范晔撰，（唐）李贤等注：《后汉书》卷四一《第五伦传》，第1396页。
③ （西晋）陈寿撰，陈乃乾校点：《三国志》卷三二《先主传》，中华书局1982年版，第872页。

千金";子贡"废著鬻财于曹、鲁之间,七十子之徒,赐最为饶益"①;等。

到西汉初期,随着经济政策的宽松,这种方式更加盛行。当时有很多知识分子站在王朝统治的立场上对这种做法展开批判,称这些经营囤积商业的商人为"不轨逐利之民",认为这些人"蓄积余业以稽市物",从而导致了市场物价大幅度上涨,"米至石万钱,马一匹则百金"②。

一直到汉武帝继位之后,《史记·平准书》中依然记载当时:

(元狩三年)县官大空。而富商大贾或蹛财役贫,转毂百数,废居居邑,封君皆低首仰给。

(元狩中)商贾以币之多变,多积货逐利。……诸贾人末作贳贷卖买,居邑稽诸物。③

汉武帝改革之后,囤积商业和民间资本的其他运营模式一样受到了一段时间的抑制,但到西汉后期和东汉又兴盛起来。如《后汉书·仲长统传》就说当时的豪人"废居积贮,满于都城。琦赂宝货,巨室不能容"④。

除了这些一般性的描述之外,传世典籍和出土简牍中还记录了一些民间资本通过经营囤积商业暴富的具体案例。有些故事颇具传奇色彩,比如宣曲的一位大商人任氏,他的祖先在秦朝的时候是一个管理仓库的小官。秦末诸侯争霸,大家都争抢金银财宝,而任氏的祖先却趁机囤积了大量的粮食。到了楚汉争霸的时候,战乱导致农业废弃,米价腾涌至一石万钱,之前豪杰们抢到的金银财宝最后都落入了任氏的口袋,任氏由此开始发家致富。⑤ 甚至有些胆大的商人把主意打到了皇帝身上。《汉书·酷吏传》中有一个故事,说茂陵富人焦氏、贾氏花了大量的钱财偷偷囤积了一批炭苇等皇帝葬礼用的东西,汉昭帝去世的时候,葬礼

---

① (西汉)司马迁:《史记》卷一二九《货殖列传》,第3257、3258页。
② (西汉)司马迁:《史记》卷三十《平准书》,第1417页。
③ (西汉)司马迁:《史记》卷三十《平准书》,第1425、1430页。
④ (南朝宋)范晔撰,(唐)李贤等注:《后汉书》卷四九《仲长统传》,第1648页。
⑤ 参见(西汉)司马迁《史记》卷一二九《货殖列传》,第3280页。

临时需要大批这类商品,然后这些商人就趁机提价,以求暴利。①

《合校》中还有官商勾结囤积获利的例子:

> 国安枭粟四千石请告入县官贵市平贾石六钱得利二万四千又使从吏高等持书请安
> 20·8

这应该是当时的一条法律文书,说是一个叫国安的人,一次性高价出售了四千石粟,比官方规定的价格每石高了六钱,不当得利两万四千钱,这个过程中还与名叫高的胥吏有所勾连。

二 贳贷业

两汉时期,贳贷业主要做的是货币借贷,借钱收利息赚钱,是最早的金融业,反映了中国古代人们之间的货币借贷关系。

中国古代的贳贷业产生较早,在先秦时期就已产生。周代有泉府这个机构专门管理商业和货币借贷,根据《周礼》中的记载:"泉府掌以市之征布敛市之不售货之滞于民用者,以其贾买之……凡赊者,祭祀无过旬日,丧纪无过三月。凡民之贷者,与其有司辨而授之,以国服为之息。"②这说明泉府管着市场上的税收,收走市场上卖不出去的东西,用它们来做生意。老百姓如果需要用钱,可以向泉府申请贷款,根据用途的不同规定了不同的借贷期限,收取一定的利息。但是当时的贳贷业,还只是"工商食官"制度下的附属,属于官营体系的一部分。到了春秋战国时期和秦朝,随着民间资本发展起来,经营环境也变得宽松一些,民间资本也开始做起了贳贷业这个有利可图的生意,私人投资的贳贷业也兴起了。《国语·晋语》中记载栾桓子"骄泰奢侈,贪欲无艺,略则行志,假贷居贿,宜及于难",这里的"假贷"实际上具有高利贷的性质。③《战国

---

① 参见(东汉)班固《汉书》卷九十《酷吏传》,第3665页。
② (清)孙诒让撰,王文锦、陈玉霞点校:《周礼正义》卷二八《泉府》,中华书局1987年版,第1095—1098页。
③ 参见魏悦《先秦借贷活动探析》,《中国社会经济史研究》2004年第2期。

策·齐策四》中记载冯谖在薛邑烧毁债券后对孟尝君说:"今君有区区之薛,不拊爱其子民,因而贾利之。"杜勇指出:"冯谖把孟尝君放债看作与商人一样的求利行为,足见当时富商大贾经营货币贳贷是司空见惯的事情。"① 后来的秦朝更是就私人借贷制订了明确的法律规范。如1975年底在湖北云梦睡虎地秦墓中出土的竹简《法律问答》中就规定:"百姓有责(债),勿敢擅强质,擅强质及和受质者,皆赀二甲。"②

时至汉代,民间资本对贳贷业的投资,就投资方式来说主要可分为抵押借贷和信用借贷两大类。虽然在汉代的贳贷业中,这两类借贷方式谁占主要地位学者们仍存有争议,③ 但笔者觉得至少可以说这两种方式都是汉代民间资本投资贳贷业的主要方式。

(一) 抵押借贷

汉代民间资本投资的贳贷业与后世一样,存在抵押借贷的经营方式。依抵押品的不同可分为三种方式。

首先是动产抵押。动产抵押在汉代很常见,常用"质"表示。《说文解字》解释"质"为:"以物相赘。"而释"赘"则是:"以物质钱,从敖贝,敖者犹放,贝当复取之也。"出土简牍中有当时动产抵押的记载,如"易永元十七年中,以由从惠质钱八百。由去,易当还惠钱"④,借贷八百钱显然不会押上房屋土地,当是以服饰等动产作为抵押物。而实际生活中的例子也比较多见,比如贪财残暴的东汉大外戚梁冀,在抢掠别人钱物时,就采取了动产抵押的形式。他见扶风人孙奋家富,于是送给奋一匹马为抵,"从贷钱五千万,奋以三千万与之",被拒绝后梁冀大怒,将奋兄弟诬陷死于郡县狱中,"悉没赀财亿七千余万"⑤。

---

① 杜勇:《春秋战国时期商人资本的发展及其历史作用》,《四川师范学院学报》(哲学社会科学版)1996年第1期。
② 睡虎地秦墓竹简整理小组编:《睡虎地秦墓竹简》,文物出版社1978年版,第127页。
③ 参见秦晖《汉代的古典借贷关系》,《中国经济史研究》1990年第3期;刘秋根《关于汉代高利贷的几个问题——与秦晖同志商榷》,《中国经济史研究》1991年第4期。
④ 长沙文物考古研究所等编:《长沙五一广场东汉简牍选释》,中西书局2015年版,第157页。
⑤ (南朝宋)范晔撰,(唐)李贤等注:《后汉书》卷三四《梁冀传》,第1181页。

其次，是不动产抵押。两汉政府在一定程度上允许土地买卖，由此两汉时代以土地、房产作为抵押物的现象也是比较常见的。这方面的案例在目前出土的简牍或碑刻文献中非常多。比如在四川郫县出土的东汉残碑碑文中就有记载：

田八亩，质四千，上君迁王岑鞠田

舍六区，直卅四万三千，属叔长

田卅亩，质六万。下君迁故

五人，直廿万；牛一头，直万五千；田□顷

五亩贾□十五万；康眇楼舍，质五千。王奉坚楼舍□千

王岑田□□，直□□万五千；奴田、婢□、奴白、奴鼠、并五人万

田顷五十亩，直卅万，何广周田八十亩，质□五千

奴田、□□、□生、婢小、奴生、并五人，直廿万，牛一头，万五千

元始田八□□，质八万。故王汶田，顷九十亩，贾卅一万，故杨汉

奴立、奴□、□鼠、并五人，直廿万；苏一头，万五千；田二顷六十

田顷卅亩，质□□万；中亭后楼，贾四万。苏伯翔谒舍，贾十七万

张王田州八亩，质三万；奴俾、婢意、婢最、奴宜、婢宜、婢营、奴调、奴利，并①

从这段碑文中可以看出，以房屋、土地等不动产进行抵押的行为是比较常见的。并且，从碑文中还可以大致推算出，质的价格比买、直等要低些。以土地为例，在6条涉及地价的材料中，每亩土地质500文、质200文、买30000文、直2000文、贾1578.9文、质1000文，质的

---

① 碑文引自秦晖《郫县汉代残碑与汉代蜀地农村社会》，《陕西师大学报》（哲学社会科学版）1987年第2期。

价格是最低的。究其原因，笔者认为可以考虑这几种行为的含义。所谓"质"，《说文解字》的意思是"以物相赘"，亦即抵押的意思。"直"通"值"，指价值，是一种买卖关系。与碑文中所记之"买""贾"等行为都可以理解为一种土地所有权的完全的转移，代表一次交易的结束。而"质"既然是抵押的意思，就暗含着卖方还有赎回的可能，土地所有权的转移是不完全的，所以买方支付的价格自然要低一些。

最后，是人身抵押。人身抵押这种行为，在战国时期已经比较常见。秦朝为打击奴隶主势力，曾立法力行禁止。秦律说："百姓有责（债），勿敢擅强质，擅强质及和受质者，皆赀二甲。"① 但实际的结果却是禁而不止。到了汉代这种情况仍然比较常见。汉代常见的人身抵押行为为"出赘"。应劭解释"出赘"是"出作赘婿也"。颜师古疏曰："赘，质也，家贫无有聘财，以身为质也。"② 这实际上就是一种变相的人身抵押。今人熟知的孝子董永卖身葬父的故事，体现的也是一种人身抵押行为。董永是西汉时人，母亲早亡，父亲独自将其抚养长大。父亲去世后，董永无力为其操办葬礼，从就别人那里借了一万钱，并且承诺说："后若无钱还君，当以身作奴"③ 董永的行为可以看做典型的"以身为质"，为了从他人处贷得葬父的资金，以自己的人身作为抵押。如若不能顺利还贷，则要沦为债权人的债务奴隶。

（二）信用借贷

汉代是中国古代社会信用借贷④发展的一个重要时期，信用借贷也是民间资本投资于贷贷业的一种重要的方式。如汉代普遍存在的高利贷，"子钱家"们将一笔钱的财产权予以让渡，以交换在将来的某一特定时刻对另一笔更多的钱的所有权。譬如无盐氏就通过将一笔钱的所有权让渡给列侯封君，在七国之乱平定之后，获得了"十倍之息"的收

---

① 睡虎地秦墓竹简整理小组编：《睡虎地秦墓竹简》，第214页。
② （东汉）班固：《汉书》卷四八《贾谊传》，第2244页。
③ （北宋）李昉编纂，孙雍长等校点：《太平御览》卷四一一，引刘向《孝子图》，第430页。
④ 所谓信用借贷，《新帕格雷夫经济大辞典》的定义是：把对某物（如一笔钱）的财产权予以让渡，以交换在将来的某一特定时刻对另外的物品（如另外一部分钱）的所有权。

入。至于这个"十倍",断然不是一般通行的高利贷利率,而是无盐氏由于这笔借贷的风险较高而特别厘定的。这说明在汉代高利贷具体运行的过程中,依据不同风险,出贷一方会制定不同的利率,反映了汉代的信用借贷已经发展到了比较高的水平。

另外,汉代民间资本在投资赁贷业的过程中,还建立起了比较完善的债务登记、担保制度,笔者将在本书的第二章中详细展开探讨,此处暂且从略。

三 交通运输业

商业从诞生开始,就与交通运输有着密不可分的关系。所以在《说文》中会将商人称之为"行贾"。汉代民间资本大量投资于商业,所谓"富商大贾,周流天下",这个过程中自然也对交通运输能力提出了很高的要求。汉代政府治理国家,物资的运转也需要相应的运力支撑。大型民间资本在投资商业的过程中一般会有自己的商运团队,汉代政府也有官方的运输队伍,但若放之全国,这样的运输能力显然是不够的。面对这种巨大的市场需求空间,民间资本也敏锐地发现了其中的商机。

两汉时期,除了商业经营里面包含的运输之外,民间资本对交通运输业[①]这个单独的行业的投资,主要有两种方法:一种是经营独立的个体运输业;另一种是以合伙的形式成立运输组织。

(一)独立的个体运输业

两汉时期,民间比较广泛地存在着以一人一车(船)替人运输而取利的活动,即民间的个体运输业。《淮南子》有云:"今夫僦载者,救一车之任,极一牛之力,为轴之折也。"[②] 居延汉简中有关僦载僦人的简文,也多以一两为单位。可以看出两汉时期刚刚起步的民营运输业,还是以个体运输为主要形式。而投资这个行业的民间资本,从规模

---

① 交通运输的行为自古就有,如商业活动中商人自己组织的商运,政府物资调配中的运输,但这些都只是商业的附属或政府行为,并不属于独立的一个行业。
② 何宁撰:《淮南子集释》卷十三《氾论训》,中华书局1998年版,第978页。

第一章
汉代民间资本的投资方向和结构

上看也多是小型的。

在汉代典籍中，这种运输业中的雇佣关系一般被称作"僦"，而经营运输业的人即被称作"僦人"。居延汉简中有许多关于"僦"的记录，如《合校》有：

　　□受訾家延寿里上官霸就人安故里谭昌　　　　214·125
　　訾家安国里王严　车一两　九月戊辰载就人同里时襃　267·16

从业务内容看，汉代民间资本投资个体运输业，主要有给政府做事的"对公"业务和给商人做事的"对私"业务。

首先，是承担政府工程的"对公"业务。两汉政府在施政过程中曾多次借助民营运输业的运力，尤其是在军粮转运和一些大型工程的建设方面。西汉初期北边军备紧张，军粮运转不及，于是文帝听从晁错的建议，"募民能输及转粟于边者拜爵"①。后来武帝时期桑弘羊主持经济工作，也实行过"令民得入粟补吏……不复告缗。它郡各输急处"②的政策，这一政策与算缗、告缗同期执行，可见西汉政府对商运和民营运输业的区别对待。在一些工程建设过程中，如营建帝陵的时候也会募民运输，比如汉昭帝大行时，"大司农取民牛车三万两为僦，载沙便桥下"③。

北方的僦载一般用车，而南方则以船运为主。2010年，湖南长沙五一广场即出土了一份涉及雇佣民船运载军粮案件的简牍：

　　船师王皮当偿彭孝夫文钱。皮船载官米财。遣孝家从皮受钱。……皮船载米四千五百斛……亭长姓薛不知名夺收捕皮，縠（系）亭。案：军粮重事，皮受僦米六百卅斛，当保米致屯营。④

---

① （西汉）司马迁：《史记》卷三十《平准书》，第1419页。
② （东汉）班固：《汉书》卷二四《食货志》，第1175页。
③ （东汉）班固：《汉书》卷九十《酷吏传》，第3665页。
④ 长沙市文物考古研究所：《湖南长沙五一广场东汉简牍发掘简报》，《文物》2013年第6期。

涉案主要人物王皮既欠孝钱，同时又承担用船运送 4500 斛粮食至军营的重任。而官员或因债务问题拘押了王皮，致使送军粮的任务被耽搁，最终由官府找人代替王皮完成了运粮的任务。

其次，是承接商运任务的"对私"业务。民间的私营运输业除了为官府运粮、建材外，更多的时候还是承接商运的生意赚取收入。如《后汉书·光武帝纪》载：王莽天凤中，刘秀去长安上学，因为手头紧，于是"与同舍生韩子合钱买驴，令从者僦，以给诸公费"①。而居延汉简中《建武三年候粟君所责寇恩事》② 中记载的寇恩为候粟君贩鱼也当属此类。

汉代民间资本对交通运输业的投资收益，也就是付给僦人的报酬，叫"僦值"。前面说过长沙王皮的例子中有"载米四千五百斛……僦米六百卅斛"的记载。居延汉简里关于僦值的记录更多，比如《合校》有：

出钱□□二　□月丁□□□长忠取　二月食就直　　155·16
一两取就直卅☐　　　　　　　　　　　　　　　　214·83

在实际操作的过程中，僦值一般是以一里若干钱的形式来计算的。如《九章算术》中有汉时运车载重规格和僦值计算的问题："一车载二十五斛，与僦一里一钱。"裘锡圭曾经辑录过一册名为《将转守尉所赋僦人钱名》的散简，简文曰：

·凡五十八两用钱七万五千七百七十四钱不亻適就☐③

计算下来大约每车僦值 1347 钱。王子今先生核算了简中运输任务的里程后估算僦值约一里三钱。④

---

① （南朝宋）范晔撰，（唐）李贤等注：《后汉书》卷一《光武帝纪》注引《东观记》，第 2 页。
② 简文参见甘肃居延考古队简册整理小组《"建武三年候粟君所责寇恩事"释文》，《文物》1978 年第 1 期。
③ 裘锡圭：《汉简零拾》，载裘锡圭《古文字论集》，中华书局 1992 年版，第 575 页。
④ 参见王子今《秦汉交通史稿》，中国人民大学出版社 2013 年版，第 381 页。

第一章
汉代民间资本的投资方向和结构

私营运输业作为一种服务业,与大多数商品一样,其价格是受到经济形势、运输条件等供求因素影响的,所以僦值的多少也并不稳定。汉代中央政府对僦值有一定的规定,如《敦煌》有:

唯诒所以前数收就钱与平如律令　　　　　　　敦煌1628①

但实际上与汉政府的其他平贾政策一样,现实中的僦值也是浮动的。有时候官方的平贾低于市场价也会出现雇不到人的情况。如《敦煌》中有:

安定大守由书言转粟输嘉平仓以就品博募贱无欲为☐　敦煌619
☐粟输渭仓以僦品贱无欲为者愿☐　　　　　　　敦煌1262

所谓"僦品贱",自然就是官方开价太低,没人愿意干。这时官方可能会选择经过一定手续后提高僦值标准。如《新简》载:

居延都尉德丞延寿以令增就劳百七☐　　　　　E·P·T56：199

目前见到的简牍材料中,居延汉简中《建武三年候粟君所责寇恩事》和前引长沙五一广场简是两例比较系统地反映两汉时期"僦载"这个行业的案例。两份简牍一北一南,一私一官,恰好反映了两汉民间资本经营交通运输业时"对私"和"对公"两大类主要业务。

在寇恩简②中可以看到,寇恩拥有自己的大车,"大车半侧轴一,直万钱"。就其身家来说,相当于比较富裕的农户。寇恩为候粟君载鱼5000条去觻得,承诺卖鱼得钱40万。"粟君以所得商牛黄特齿八岁、

---

① 吴礽骧等释校:《敦煌汉简释文》,甘肃人民出版社1991年版,第169页。此书后文简称《敦煌》,后文所引敦煌汉简皆出此书,以敦煌×××号标识,不另注。
② 甘肃居延考古队简册整理小组:《"建武三年候粟君所责寇恩事"释文》,《文物》1978年第1期。

以穀廿七石予恩雇就直",共计谷 87 石,当时居延地区谷价腾贵,返回途中寇恩曾给候粟君妻业买肉 10 斤,"直穀一石,石三千"。所以,在这笔生意中,寇恩的僦值约为 26.1 万钱。

据黄今言估算,当时一般自给小农家庭年收入折粮约 187 石,[①] 则寇恩这笔生意的僦值约为一般农户年收入的 46%,而从居延到觻得单程"行道廿馀日",这一个多月的报酬可谓相当不菲。

在五一广场简中,王皮有自己的船,为官府"载米四千五百斛","受僦米六百卅斛",僦值为 630 斛米,同样相当不菲。

此外,在裘锡圭辑录的《将转守尉所赋僦人钱名》中,距离 500 里左右一次运输活动,按当时牛车的日行里程 50 里计,[②] 单程 10 天有近 1400 钱的收入,与种地相比亦不能算少。

从这几个案例中可以看到,汉代民间资本经营的个体运输,就资产来说大约相当于比较富裕的自耕农家庭,以僦值论收入也不菲。但不能忽视的一点是,商业也好,运输业也好,其风险要远高于农业。这种风险在寇恩的例子里面体现得十分充分。看似收入不菲的一笔生意,往返月余,奔波两千余公里,在当时的条件下辛苦自不待言,而结果却令人唏嘘:市场的价格风险令寇恩折了本,而后还要面对候粟君的诬陷,民在官面前身份与权力的劣势显露无遗。

(二)合伙制运输组织

除了这些个体运输业之外,当时也出现了民间资本建立合伙制的运输组织的情况,江陵凤凰山汉墓出土的《中舨共侍约》即是这种合伙组织的合伙契约:

(正面)中舨共侍约
(背面)□□(年)辛卯中舨:(贩)长张伯石兄秦仲、陈伯等十人相与为贩约人贩钱二百 约二·会钱(备)不(备)勿与

[①] 黄今言:《秦汉商品经济研究》,第 84 页。
[②] 《九章算术·均输》云:"空车日行七十里,重车日行五十里。"

同贩即贩直行共侍于前谒病不行者罚日卅毋人者庸（佣）贾器物不具物责十钱·共事以器物毁伤之及亡贩共负之于其器物擅取之罚百钱·贩吏令会不会：（会）日罚五十会而计不具者罚比不会为贩吏余（集）器物及人·贩吏秦仲。①

从简文的内容看，这应该是一个合伙制船运组织的合伙契约。规定了张伯、石兄、秦仲、陈伯等共计 10 人成立了一个联合船运组织，每人出 200 钱。这共计 2000 钱应当是作为组织的运营费用，也可能是入伙的保证金之类。这是因为，一方面，以当时的物价，这点钱实在做不了什么生意；另一方面契约中还规定了每个合伙人的义务与违反的惩罚，如"病不行者罚日卅""共事以器物毁伤之及亡贩共负之于其器物擅取之罚百钱"等，这些罚款的金额上限不过百钱，作为约束实在算不上强力。在组织日常运行经营过程中，这一合伙组织还强调对日常经营的记录，如"贩吏令会不会：（会）日罚五十会而计不具者罚比不会"。另外，在同批出土的简牍中也发现了一些记录的实例：

郭、乙二户　儋行　少一日
寇□都二户　兼行　少一日
□、昆论二户　善行　少一日
越人□二户　唐行　少一日②

从这些记录中可以看到这个合作组织每一笔生意都是两户出行，既有合作又有监督，另外每次贩运基本都是一日的路程，可见业务规模和资本水平不高。

---

① 转引自黄盛璋《江陵凤凰山汉墓简牍及其在历史地理研究上的价值》，《文物》1974 年第 6 期。
② 裘锡圭：《湖北江陵凤凰山十号汉墓出土简牍考释》，《文物》1974 年第 7 期。

第四节　投资流向的结构分析

如前文所述，今天所谓的三大产业，即广义农业、工业（汉代是手工业）、服务业在汉代都有存在。但从产业规模结构来说，汉代作为一个传统的农业社会，其产业结构与古代社会的其他文明一样，都是以农业为主，手工业和服务业的比重依次降低。汉代民间资本投资的行业结构自然也符合汉代社会的一般情况。但这也只是从宏观上看静态的行业结构，若从微观考察，情况则又有不同。

一　行业结构与投资顺序——再论"以末致财，用本守之"

太史公曾在《史记·货殖列传》中用"以末致富，用本守之"来形容民间资本由工商业向农业的投资转移。后世往往将这句话作为当时土地买卖的论据，或者用以说明土地兼并的严重情况。①但实际上，考之全句：（素封）"皆非有爵邑奉禄弄法犯奸而富，尽椎埋去就，与时俯仰，获其赢利，以末致财，用本守之，以武一切，用文持之，变化有概，故足术也"②，太史公只是在承接上文案例，总结当时民间资本中的佼佼者们的经营方式而已。

而民间资本由工商业向农业的转移，从农业与工商业的行业特点考量，本也是一种合理的投资选择。工商业利润率高但风险大，农业利润率低但收益稳定。这种行业特性的区别决定了：从资本资产优化组合的角度来说，在经历了资本积累之后，当资本规模达到一定程度，工商业资本向农业转移是一种正常的选择。反过来说，当农业资本积累到一定程度之后，也会在保证本业的基础上，考虑部分涉入商业领域追求更高的利润。《史记·货殖列传》中说，（经营农、林、牧、副、渔等广义农业）"不窥

---

① 王彦辉：《东周秦汉时期的工商政策与豪民兼并——兼论"以末致财，用本守之"》，《东北师大学报》（哲学社会科学版）1999 年第 3 期。
② （西汉）司马迁：《史记》卷一二九《货殖列传》，第 3281 页。

市井，不行异邑，坐而待收"，实际上也只是描述了这些行业的生产过程而已。想来"牛蹄角千，千足羊""千亩漆""带郭千亩亩钟之田"云云，如此大的生产规模，总不能是自己消费的。民间资本想要真正实现"岁万息二千"，还是要将产品投入商业领域。所以，如果把民间资本从工商业向农业的转移称作是"以末致财，用本守之"，对应的反向移动也可以称作是"以本聚物，用末散之"，资本在行业之间是双向移动的。

这种民间资本在农业与第二、第三产业之间的双向移动，在两汉时期是普遍存在的，但不同的阶段也有不同的特点。西汉初年"开关梁，弛山泽之禁"[1]，政府又放弃了"官山海"的传统政策，民间资本迎来了一个相对独立发展的黄金时期。尤其是之前由官府垄断的各类"重工业"，在高额的利润下吸引了大量的民间资本投入其中。这一时期虽然也存在民间资本在工商业与农业之间的资本流动，但总体来说，工商业的经营相对独立，行业之间的界限是比较清晰的。之后经历了汉武帝的经济改革，盐铁、铸币等"重工业"重新被国家垄断，国家资本又建立了以均输平准为代表的官营工商业体系。虽然这些官营国有工商业在武帝之后逐渐松弛，但对当时的民间资本，无论是从投资渠道方面，还是资产安全性方面，都造成了很大的打击，从而加速了民间资本由工商业向农业的转移。汉武帝的经济改革也因此成为了汉代民间资本发展中的标志性事件。在这之后农业与第二、第三产业的互动中，产业的界限开始逐渐模糊，工商业与农业开始结合，逐步发展出以田庄为代表的混合型经营模式，并延续到两汉之后。

二 双重制约与反向强化——汉代民间资本投资流向与汉代经济结构

汉代的经济结构中，农业在三大产业中占据绝对优势地位。这种优势地位，宏观上决定了民间资本在三大产业间的投资比重与结构，在微观上也影响了民间资本在第二、第三产业的投资特性。

一般来说，古代社会的农业经济具备以下两个基本特点：第一，投

---

[1] （西汉）司马迁：《史记》卷一二九《货殖列传》，第3261页。

资回报率比较稳定,在一段时期内,在技术条件和自然环境不发生大的变化的前提下,农业的投资回报率是基本固定的,这也是其投资安全性的来源;第二,在投资回报率稳定的前提下,农业的投资收益表现出与生产规模高度相关的特点。在近似的投资回报率下,[①] 拥有"千亩亩钟之田"的大土地所有者可以成为"素封",而有几十亩土地的小农家庭只能勉强维持温饱。农业的这两个特点,以及汉代以农业为主的经济结构,从以下两个方面制约着民间资本投资的行业结构。

首先,总需求的上限制约了工商业的投资规模。古语有云:"用贫求富,农不如工,工不如商。"[②] 这实际上是讲的投资效率的问题。同样的资源投入,农业的回报不如工商业。当然造成这个结果的原因很多,但说到底还是行业的特性不同。这种投资效率的不同,也可以理解为同等资源投入下,行业发展速度的区别,在此可以用图1-2来表示这种区别,曲线1和曲线2,分别表示工商业和农业的投资效率。

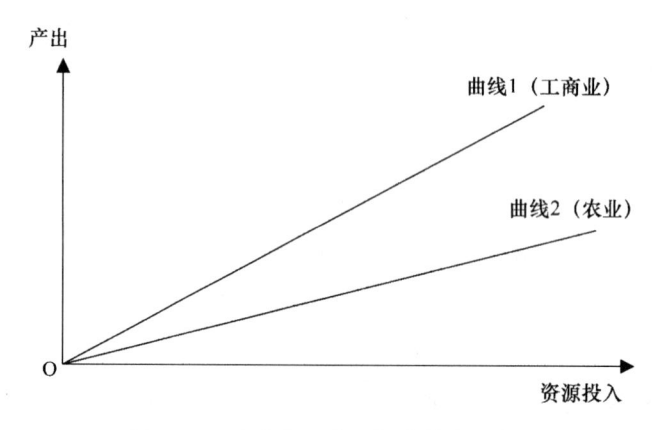

图1-2 农业和工商业投资效率示意图

[①] 事实上,大土地经营与小农家庭经营在投资回报率上也是有差异的。大土地经营可以使用更多的大型牲畜、大型水利灌溉设施,更先进的耕作组织方式(如代田法),生产效率比小农家庭要高。这也是农业生产与规模高度相关的进一步表现。

[②] (西汉) 司马迁:《史记》卷一二九《货殖列传》,第3274页。

然后来探讨汉代工商业的规模问题。工商业市场的实际规模是由总供给和总需求两个方面共同决定的,供求相等的时候就达到了均衡的市场规模。总供给就是投入一定资源生产的产品数量,实际上就是前面的曲线1。而宏观上的总需求通常由国民收入决定。国民收入的核算方式有多种,这里笔者采用常见的行业法,也就是把农业、工业、商业等各行业的收入加起来。借用经济学中的公式,以 Y 表示国民收入,A、I、C 分别表示农业、工业和商业的总收入,国民收入的核算公式可以表示为:

$$Y = A + I + C$$

但是在中国古代,农业在行业结构中是占绝对优势的,汉代当然也是如此。这种情况下,可以做一个近似的估算,就让 Y = A。也就是国民收入近似地等于农业的总收入。工商业的总供给,是按照工商业的投资效率去增长的。工商业的总需求,是由收入 Y 决定的,而 Y 近似等于农业的产量 A,那么总需求的增加速度,就近似于农业产量 A 的增加速度,实际上就是曲线2,在此可以用图 1-3 来描述这个过程。

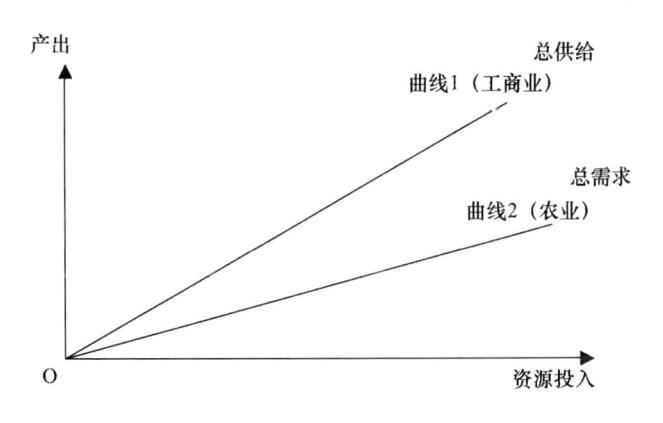

图 1-3　农业和工商业投资供需示意图

所以可以得出结论:对汉代这种农业占绝大多数的经济结构(这是能够让 Y 近似等于 A 的逻辑前提)来说,总收入,以及由其决定的对工商业需求的增速低于工商业供给的增加速度。这就为工商业的发展设定了一个宏观上的上限。

近世的学者在探讨民间资本对非农产业的投资的时候,时常会提到,它们从总体上来说,扩大再生产的动力是不足的。当投资规模达到一定程度后,"却仅在流通领域内流转,或投向土地,或转化为高利贷资本,或窖藏起来,或挥霍浪费,或被封建国家及贪官污吏所剥夺侵吞"①。为什么工商业主不愿意继续投资扩大工商业的生产规模,换句话说,为什么不继续增加工商业产品的社会总供给?答案是,总需求有限,即主要由农业产量决定的总收入和这个总收入能支撑的总需求规模有限。这是传统经济结构对工商业的第一重制约。

其次,农业投资的利润与规模高度相关,导致了小农家庭消费能力有限,农村市场虽然较前代有了一定的发展,但依然表现出"粗创型个性"②。因此,民间资本在非农产业的投资是高度依赖于城市市场的。这是传统经济结构对工商业的第二重制约。

汉代的城市市场的消费者主要由官僚、贵族、富商以及各类小生产者组成。这些消费者对三大产业的产品都有需求,这也引导着民间资本在不同产业上都有投资。但是,城市消费者的消费特性与能力是不一样的。下层小生产者的主要需求是生产的原材料和生活必需品,但消费能力较低,导致产品的利润有限。如司马相如与卓文君私奔之后,开了一间小酒肆,史载他"身自著犊鼻裈,与保庸杂作,涤器于市中"③,可见生活还是比较艰难的。而城市上层的富商贵胄,消费能力强,虽然也需要生活必需品,但由于其一般都或多或少兼营农业,生活必需品的市场供给率比较低,故其主要通过市场来满足的是对各类高档奢侈品的需求。如《盐铁论·散不足》所言:"今富者积土成山,列树成林,台榭连阁,集观增楼""逐驱歼罔置,掩捕麇鷇,耽湎沈酒铺百川"。④巨大

---

① 张弘:《战国秦汉时期商业资本流向略论》,《山东师大学报》(社会科学版)1997年第6期。
② 黄今言:《秦汉商品经济研究》,第154页。
③ (西汉)司马迁:《史记》卷一一七《司马相如列传》,第3000页。
④ (西汉)桓宽撰,王利器校注:《盐铁论·散不足》,第353、349页。

的需求带来了高额的利润,"一文杯得铜杯十","纨素之贾倍缣"①。这种利润率的差别,引导着民间资本在非农产业的投资大量地涌入高档奢侈品的生产,导致了其产品结构的缺陷。

汉代的经济结构是汉代民间资本投资决策的宏观环境。汉代民间资本在三大产业之间的投资结构,既受到了经济结构的制约,反过来也进一步强化了这种结构。

首先,从宏观来看,主要由农业决定的收入水平限定了非农产业规模的上限,在长周期内使得农业的发展成为了非农产业规模扩张的前提条件。民间资本对非农产业的投资,从总量到结构都依附于城市经济,而由于中国古代城乡一体、以乡为土的社会经济结构,汉代的城市经济本身就是"乡村的城市,是乡村的集合和代表"②。农业从消费能力和市场两个维度制约着非农产业的发展。这种"双重制约"使得汉代以农业为主的经济结构自身就具备了自我强化的能力:工商业若想发展,必须以农业的发展为前提。从而也使得汉代以至整个古代社会的非农产业被"锁定"在了低水平增长的路径上。

其次,以微观来说,民间资本由非农产业向农业流动,进而与农业结合,虽然在一定程度上弱化了工商业资本短期盈利的能力,但由于农业的行业特点,实际上在长期内增加了资本运作的安全性。许倬云先生在《汉代农业》中提出的汉代农村经济的"Z模式",即农村经济依据外部环境的变化而随时调整与市场关系的弹性结构,正是这种安全性的体现。这种安全性形成的微观主体的投资意愿,反过来又进一步地强化了汉代以农业为主的经济结构。

---

① (西汉)桓宽撰,王利器校注:《盐铁论·散不足》,第351、350页。
② 齐涛主编:《中国古代经济史》,山东大学出版社2011年版,第12页。

第二章

汉代民间资本的投资方式与管理方法

在上一章,本书以行业为序,对汉代民间资本的投资流向以及在不同行业的投资情况做了大致的梳理,并分析了汉代民间资本的投资结构及其与汉代经济结构的关系。这可以说是从比较宏观的层面对汉代民间资本的发展状况以及其对汉代经济运行的渗透做了分析与总结。但是,仅仅从这种宏观层面进行描述和分析显然是不够的,汉代民间资本的投资具体是如何进行的?受限于传统的理论工具,既往的研究中对这一问题往往流于对生产过程的描述,从而将"投资"的概念泛化,缺乏具体深入的探讨。所以在这一章中,本书试图通过引入西方经济学中的投资函数分析方法,将"投资"的过程具象为要素投入的过程,通过研究汉代民间资本在投资过程中各种生产要素的投入方式,具体地梳理汉代民间资本的投资方式。

此外,在各行各业的经营过程中,汉代民间资本是如何管理人力资源,如何宣传推广自己的产品,如何管理资金的往来以及如何在法律层面为具体的交易寻求保障?这些对现代民间资本运营十分重要的基础问题,对汉代的民间资本也同样重要。而要回答这些问题,就需要对汉代民间资本的投资方式与管理方法进行更加细致深入的分析。

第一节 汉代民间资本的投资方式

追逐利润是资本的本性,汉代的民间资本也不能例外。而投资,正是民间资本获得利润,进而实现资本积累的主要方式。按现代经济学习惯的分析方式,一般使用生产函数来分析生产者投资和产出的数量关系。例如函数 $Y = f(L; K; N; E)$,其中 Y 表示产出,L、K、N、E 分别代表常用的四种生产要素,即劳动力、资本、土地和企业家才能[1],生产函数则用来表示在既定的技术条件下,这四种要素的投入所能实现的最大产出的变化。由于数据资料的缺失,无法以常用的建模方式构建准确的汉代民间资本投资的生产函数。但通过生产要素投入方式的分析,依然可以比较好地回答"汉代民间资本是如何进行投资的"这一问题。同时,由于对土地要素的投资,笔者在第一章农业投资部分已经有了详细的论述,在这里便不再重复。下文中笔者将重点论述汉代民间资本对劳动力、资本以及企业家才能三种生产要素的投资方式。

一 劳动力要素

不论经营什么行业,"人",也就是劳动力,都是生产经营中重要的生产要素,尤其在资本、技术对劳动力的要素替代率不高的汉代社会更是如此。汉代民间资本在投入劳动力要素的时候,一般有两种方式,使用自有劳动力和购买劳动力。

自有劳动力的投入主要出现在中小规模民间资本的投资中,如小商业、小手工作坊等。像汉代的纺织业中有"妇人同巷,相从夜绩,女工一月得四十五日"[2];冶铁业中有"家人相一,父子戮力,各务为善器"[3] 等描述。当然,传世文献中也有一些大型民间资本亲自参与生产的记录,如张安世"夫人自纺绩,家童七百人,皆有手技作事"[4],但这种参与更多的功能是对生产过程的管理,应当属于企业家才能的

---

[1] 企业家才能是英文 Entrepreneurship 的译文,作为术语,其指的是作为管理者在生产过程中组织管理各要素的能力以及创新的能力。所以这个概念虽然是诞生于现代的经济学和管理学,但其表述的对象是从古到今都存在的,因而不必纠结于"企业家"这个表述。

[2] (东汉)班固:《汉书》卷二四《食货志》,第1121页。

[3] (西汉)桓宽撰,王利器校注:《盐铁论·水旱》,第430页。

[4] (东汉)班固:《汉书》卷五九《张安世传》,第2652页。

范畴。

更多的民间资本所有者在投入劳动力要素的时候，还是采用购买的方式。其中又包含雇佣劳动力和购买奴婢两种具体的方法。

(一) 雇佣劳动力

两汉时期，不论是官营资本还是民间资本，对雇佣劳动的使用都比较频繁。对于雇佣劳动的称谓，两汉的史料中有许多不同的叫法，如"仆赁""庸作""赁作""佣赁"，这些都是对雇佣劳动的泛称。如果具体到从事某种工作的雇佣劳动，则往往在"佣"或"赁"字后加一个表示工作的词，如"佣耕""佣书""赁舂"等。

虽然说汉代民间资本在各个行业都通过雇佣的方式获得劳动力资源，但汉代毕竟是农业为主的社会，所以农业当中的雇佣劳动应当是最多的。对此史书当中也不乏记载，如陈胜年轻时，就"尝与人佣耕"，后世史家对这句话有很多解释，比如司马贞说所谓佣耕，就是"役力而受雇值也"[①]。《汉书》相似内容后面也有颜师古的注："与人，与人俱也。佣耕，谓受其雇值而为之耕，言卖功佣也。"[②] 为人耕种获得报酬，又是与人一起，可见当时农业中的雇佣劳动当有一定的规模。又如西汉时的倪宽"时行赁作，带经而锄"[③]，受雇为人锄地，也是农业活动的一种。除了种地之外，农业中一些比较繁重的工序也经常采用雇佣劳动，比如舂米，很多知名人士就都做过，如《后汉书》记载："公沙穆来游太学，无资粮，乃变服客佣，为祐赁舂"[④]。"赁舂"，就是受雇给人舂米了。除此之外，一些经济作物的种植为了达到理想的生产规模，也往往通过雇佣的方式补充劳动力人手，比如东汉后期的大臣施延，年轻时家贫母老，就曾经到处受雇给人打工，"常避地于庐江临湖县种瓜"[⑤]。

---

① （西汉）司马迁：《史记》卷四八《陈涉世家》，第1949页。
② （东汉）班固：《汉书》卷三一《陈胜传》，第1785页。
③ （东汉）班固：《汉书》卷五八《倪宽传》，第2628页。
④ （南朝宋）范晔撰，（唐）李贤等注：《后汉书》卷六四《吴祐传》，第2100页。
⑤ （南朝宋）范晔撰，（唐）李贤等注：《后汉书》卷四六《陈忠传》，第1558页。

第二章
汉代民间资本的投资方式与管理方法

除了农业之外，民间资本在手工业、商业等许多领域都使用雇佣劳动。手工业方面主要是豪强大家所经营的以商品生产为目的的手工作坊和手工工厂。武帝盐铁官营之前，卓氏、孔氏、吴王、邓通等见于史籍的大盐铁主，为了满足"重工业"的劳动力需求，除了少部分奴婢外，更多的劳动者都是"放流人民"①，也就是雇来的各地流民。贾谊上书给文帝时也说："法使天下公得顾租铸铜锡为钱"，师古注曰："顾租，谓雇庸之值，或租其本。"② 可见当时民间的铸币业，也是大量使用雇佣劳动的。

商业领域的雇佣劳动也很常见。如栾布穷困时曾"赁庸于齐，为酒人保"③。司马相如与卓文君到临邛后，开了一家酒舍，"相如身自著犊鼻裈，与庸保杂作，涤器于市中"④，酒店里的服务人员，很多都是雇佣来的。其他如交通运输业、贳贷业等行业的雇佣劳动，在上一章介绍行业状况时也都有所涉及，在这里就不重复了。

汉代民间资本雇人劳作，自然要支付报酬，这种报酬一般称为雇值。从史料的记载来看，一般情况下报酬以货币的形式支付，如居延汉简中的"僦值"，通常是若干钱的形式。但由于两汉时期货币经济不够发达，在特定时期币值波动得比较剧烈，所以也存在以粮食支付雇值的情况，著名的居延汉简《建武三年候粟君所责寇恩事》中就有"市庸平贾大男日二斗"的记载，每天的报酬是二斗粮食。

除了支付雇值之外，对于一些长期雇佣的劳动者，资方还要提供必要的吃住条件。如《韩非子·外储上》提到的雇人耕地的情况，"主人费家而美食"⑤，为了让雇员好好干活，主人家要好吃好喝供应。秦国时期如此，至汉朝雇佣劳动更加发达，自当不会有什么变化。东汉夏馥

---

① （西汉）桓宽撰，王利器校注：《盐铁论 复古》，第78页。
② （东汉）班固：《汉书》卷二四《食货志》，第1153页。
③ （西汉）司马迁：《史记》卷一〇〇《栾布传》，第2733页。
④ （东汉）班固：《汉书》卷五七《司马相如传》，第2531页。
⑤ 陈秉才译注：《韩非子·外储说左上》，中华书局2007年版，第169页。

避祸于林虑山为冶家佣，其弟找寻到他后，就曾"追随至客舍，共宿"①。这客舍显然不会是夏馥租的旅店，当是冶家为其提供的住处。

这些雇值是怎么支付的呢？在两汉时期，雇值一般还是采用先劳后得的方式，劳动者全部完成受雇工作后获得报酬。《史记》中曾记载了名将周亚夫的儿子，雇人运送甲楯，"取庸苦之，不予钱"的故事②，可见雇佣报酬也是在受雇者运送甲楯完毕后再支付的。当然，一些周期非常长的雇佣关系，通常是阶段性结算雇值的，如《太平经》中记载的受雇于富家的雇工"一岁数千，衣出其中，余少可视，积十余岁，可得自用还故乡"③。给主家打工十几年，能攒下不少家底，最后回乡养老，这与今日的"打工人"颇有些相似。当然十余年的雇佣关系自然不可能最后结算，而是每年计薪的。

按现在来说，劳动力市场上劳资双方的议价能力，主要受供求关系影响。汉代虽然没有近代的市场经济，但一些基本的道理是相通的。具体到薪资的数量和支付方式上，对于一些紧缺的工作，资方或者要先付钱，或者给出更高的报酬。比如《管子》里就曾说，在春耕时期，因"耕耨者有时，而泽不必足"，劳动力缺口巨大，雇主就要"倍贷以取庸"④，也就是要提出更好的条件。

一般来说，民间资本与雇佣劳动者之间，是一种比较单纯的交换关系，这就意味着资方在处理劳资关系的时候，要本着一个比较平等的态度。反映这种平等关系的典型例证，当属《韩非子》中的这段论述："夫买庸而播耕者，主人费家而美食，调钱布而求易者，非爱庸客也，曰：'如是，耕者且深，耨者熟耘也。'庸客致力而疾耘耕者，尽巧而正畦埒陌者，非爱主人也，曰：'如是，羹且美，钱布且易云也。'"⑤不论是主人家的好吃好喝供应，还是受雇一方的努力工作，都是一种经

---

① （南朝宋）范晔撰，（唐）李贤等注：《后汉书》卷六七《党锢列传》，第2202页。
② （西汉）司马迁：《史记》卷五七《绛侯周勃世家》，第2079页。
③ 王明编：《太平经合校》卷一一四《大寿戒》，中华书局1960年版，第618页。
④ 黎翔凤撰，梁运华整理：《管子校注》卷一五《治国》，第925页。
⑤ 陈秉才译注：《韩非子·外储说左上》，第169页。

济关系，与人情无关。其他像司马相如作为酒店雇主，"与庸保杂作"；杜根"为宜城山中酒家保。积十五年，酒家知其贤，厚敬待之"①。甚至夏馥在为冶家佣的时候，在劳动间隙还可以自由出行，他的弟弟"乘车马，载缣帛，追之于涅阳市中。遇馥不识，闻其言声，乃觉而拜之"②。这些都反映了劳资双方在相处的过程中比较平等的一种状态。③

（二）对奴婢的使用

除了雇佣劳动之外，汉代某些行业的民间资本还会使用一定数量的奴婢，这与汉代整个社会奴婢使用的情况是一致的。

汉时民间资本使用的奴婢，主要是从奴婢市场上买来的。王莽曾指责秦朝"置奴婢之市，与牛马同兰"④，可见秦朝有奴婢市场的存在。那么汉朝在普遍使用奴婢的情况下，应当也有类似的交易场所。而且在汉代的奴婢交易中，有些时候卖家还会将奴婢包装一番，以求卖个好价钱，如史载"今民卖僮者，为之绣衣丝履偏诸缘，内之闲中"⑤。可见奴婢完全被当作一种商品，与牛马无异。

在各行业中，依然以农业当中的奴婢使用最为普遍。上到大土地所有者，下到一般小农都有可能拥有奴婢。史籍当中经常形容当时的大土地所有者"多畜奴婢，田宅亡限"⑥，或曰"豪人之室，连栋数百，膏田满野，奴婢千群，徒附万计"⑦。当然这里的奴婢不仅仅是用于生产，还有一些负责各类家务杂事的。汉代砖文也有"牛马烦（繁），奴婢王（旺）"⑧的记载，反映了时人对农业生产与奴婢关系的认识。至于一般

---

① （南朝宋）范晔撰，（唐）李贤等注：《后汉书》卷五七《杜根传》，第1839页。
② （南朝宋）范晔撰，（唐）李贤等注：《后汉书》卷六七《党锢列传》，第2202页。
③ 在这一小节的写作中，笔者参考了孙刚华的《汉代雇佣劳动研究》，硕士学位论文，上海师范大学，2010年。
④ （东汉）班固：《汉书》卷九九《王莽传》，第4110页。
⑤ （东汉）班固：《汉书》卷四十八《贾谊传》，第2242—2243页。
⑥ （东汉）班固：《汉书》卷十一《哀帝纪》，第336页。
⑦ （南朝宋）范晔撰，（唐）李贤等注：《后汉书》卷四九《仲长统传》，第1648页。
⑧ 王树枬编：《汉魏六朝砖文》（下），转引自王思治《再论汉代是奴隶社会》，《历史研究》1956年第9期。

小农家庭，从出土的汉代以及稍前的秦代居民财产登记簿中也能看到一些诸如"臣大男""妾大女"之类的记载。"臣""妾"都是对奴婢的称呼。

除了农业之外，还有其他一些行业也存在使用奴婢生产的情况。窦皇后的弟弟"家贫，为人所略卖……为其主入山作炭"①，被掠为奴采薪，属于林业的分支。张安世"家童七百人，皆有手技作事，内治产业，累积纤微，是以能殖其货"②，此为手工业中的奴婢。至于王褒的《僮约》中则用比较夸张的文学手法描述了当时奴婢可能从事的各种工作："种姜养芋，长育豚驹，粪除堂庑。喂食马牛……舍后有树，当裁作船……绵亭买席，往来都洛。当为妇女求脂泽，贩于小市……持斧入山，断辂裁辕"③，可见奴婢的使用是比较广泛的。

二 资本要素

作为生产要素的资本，主要有货币资本和实物资本两大类。货币资本，按照资本所有者身份的不同，主要有两种获取渠道，即权力的渠道和经济的渠道。

权力的渠道主要是指那些有机会靠近甚至掌握政治权力的人获取货币资本的一种渠道。从具体的身份上说，这些人主要是两汉时期的官僚和贵族。汉代官僚、贵族投资工商业是比较普遍的现象，如赵王彭祖"使使即县为贾人榷会，入多于国经租税"④；赵广汉"客私酤酒长安市"⑤等。这些人获取货币资本的具体方式，既有合法的方式也有非法的方式。

合法的方式主要是指汉代官僚的俸禄、赏赐收入以及贵族封地的租

---

① （西汉）司马迁：《史记》卷四九《外戚世家》，第1973页。
② （东汉）班固：《汉书》卷五九《张安世传》，第2652页。
③ （西汉）王褒：《僮约》，（清）严可均《全汉文》卷四二《王褒》，商务印书馆1999年版，第434—435页。
④ （西汉）司马迁：《史记》卷五九《五宗世家》，第2098页。
⑤ （东汉）班固：《汉书》卷七六《赵广汉传》，第3204页。

税收入。汉代官吏的俸禄标准按官吏级别悬殊，如万石月俸是350斛，二千石为120斛，最低的佐史月俸仅有8斛。① 具体发放的时候，或是为了操作方便，或是为了便于官吏使用，通常采用的是部分货币部分粮食的方式，如东汉殇帝延平年间有官吏俸禄发放的记录："中二千石奉钱九千，米七十二斛。真二千石月钱六千五百，米三十六斛。比二千石月钱五千，米三十四斛"。②

除了俸禄，有功劳的官吏还有可能获得大量的赏赐，如卫、霍北击匈奴，汉武帝赏赐大量的黄金。此外，汉代的王侯贵族还有封地的租税收入。汉代的王国问题虽然在汉武帝时期基本得到了解决，王侯没有了政治权力，但还是保留了一定的封地，"纳租于侯，以户数为限"③。还有没有封地的关内侯，则是寄食在某个县，"民租多少，各以户数为限"④，就是从当地的财政收入里，按户数分得一部分。

民间资本对利润的追求是永无止境的。当合法的来源无法满足其投资或消费的需要的时候，自然会想到动用手中的权力，以非法的手段攫取资本。其中主要有强行掠夺和收受贿赂两种方式。前者如梁冀掠夺孙奋，"悉没赀财亿七千余万"⑤；后者如罗裒发家时引为靠山的曲阳侯、定陵侯，岁裒数年间致财富千余万，"裒举其半赂遗曲阳、定陵侯"⑥，要把一半的收入"上贡"，当然回报也是丰厚的。

不过，能够掌握权力的民间资本毕竟是少数。大部分人还是要遵循本分，通过经济的渠道，即生产经营赚取利润，作为其货币资本的来源。早年如范蠡在陶"治产积居……十九年之中三致千金"⑦；后来如卜式"入山牧，十余年，羊致千余头，买田宅"⑧，经营畜牧业赚到钱

---

① 参见安作璋、熊铁基《秦汉官制史稿》（下），齐鲁书社2007年版，第941页。
② （南朝宋）范晔撰，（唐）李贤等注：《后汉书》志二八《百官志五》，第3633页。
③ （南朝宋）范晔撰，（唐）李贤等注：《后汉书》志二八《百官志五》，第3631页。
④ （南朝宋）范晔撰，（唐）李贤等注：《后汉书》志二八《百官志五》，第3631页。
⑤ （南朝宋）范晔撰，（唐）李贤等注：《后汉书》卷三四《梁冀传》，第1181页。
⑥ （东汉）班固：《汉书》卷九一《货殖传》，第3690页。
⑦ （西汉）司马迁：《史记》卷一二九《货殖列传》，第3257页。
⑧ （东汉）班固：《汉书》卷五八《卜式传》，第2624页。

之后投资于农业，之后还"邑人贫者贷之"①，可见又将利润作为货币资本投资贳贷业。

除了货币资本之外，生产经营中还要投入大量的实物资本，主要包括生产经营场所、原材料、生产设备等实物形式。

民间资本对于生产经营场所的投资，主要有外购和使用自有场所两种方式。外购即从市场上购买用于生产的房产物业。如司马相如"尽卖其车骑，买一酒舍酤酒，而令文君当垆"②，自己出钱购买酒舍，既是生产场所，也是经营场所。又如长沙五一广场简中有商人购买商肆的记录：

> 不处年中仲昌买上头缯肆一孔，直钱十二万，复买下头缯肆一孔，直钱八万。③

商铺以"孔"为单位，售价按具体情况有不同，但总体来说也是不菲的。

也有使用自有房产作为生产经营空间的例子，如光武郭皇后的弟弟郭况，"累金数亿，家僮四百人，黄金为器，功冶之声震于都鄙。时人谓郭氏之室不雨而雷，言铸锻之声盛也"④。皇亲国戚有大量的庄园田产，自然可以在自己家里组织生产。

民间资本及其所有者对原材料的投资，同样有自己生产以及从市场购买两种方式。王褒《僮约》中有"舍后有树，当裁作船""奴老力索，种莞织席"⑤等，田庄中部分手工业的原材料供应是可以实现自给的。但这种自给不可能是绝对的，汉代市场上也存在着大量的原料交易，供民间资本各取所需。如《史记·货殖列传》中有"木器髹者千

---

① （西汉）司马迁：《史记》卷三十《平准书》，第1431页。
② （西汉）司马迁：《史记》卷一一七《司马相如列传》，第3000页。
③ 长沙市文物考古研究所等编：《长沙五一广场东汉简牍选释》，第190页。
④ （北宋）李昉编纂，孙雍长等校点：《太平御览》卷八三三引《拾遗记》，第753页。
⑤ （西汉）王褒：《僮约》，（清）严可均《全汉文》卷四二《王褒》，第435页。

枚……漆千斗"的记载，木器和生漆都是制作漆器的原料，市面上有大量的木器和生漆交易，说明当时民间资本投资漆器制造业的规模应当不小。

最后，是民间资本及其所有者对于生产设备的投资。生产设备是将原材料转化为产品的必要手段，不同行业的技术要求不同，生产设备的复杂程度也就不同。从最简单的农具，到相对复杂的织机、酿酒设备，以及盐铁行业使用的重型设备，不同行业有不同的需求。这些设备有的是从市场上购入成品，如（剑、斧）"以之补履，曾不如两钱之锥"①，补鞋的锥子是从市场上买的；也有的是购入相关原材料由工匠加工而成，如东汉王逸《机赋》中有"于是乃命匠人，潜江奋骧，逾五岭，越九冈，斩伐剖析，拟度短长"②的记载。文学作品难免夸张，一般织机的制造当然不可能"逾五岭，越九冈"，但这也说明织机乃是请专业匠人购置材料制作的。

三　企业家才能要素

太史公曰："富无经业，则货无常主，能者辐凑，不肖者瓦解。"③民间资本在投资的过程中，除了投入的劳动力、资本、土地等要素的数量质量之外，决定其投资效果的还有一个重要的要素，即组织生产经营的能力，也就是企业家才能要素。

笔者在前面论述囤积商业的时候，引用过《史记·货殖列传》中宣曲任氏的例子，很好地说明了企业家才能对投资的重要性：

> 宣曲任氏之先，为督道仓吏。秦之败也，豪杰皆争取金玉，而任氏独窖仓粟。楚汉相距荥阳也，民不得耕种，米石至万，而豪杰金玉尽归任氏，任氏以此起富。④

---

① （西汉）刘向撰，向宗鲁校证：《说苑校证》，中华书局1987年版，第417页。
② 转引自李强等《东汉王逸〈机赋〉中的织机考辨》，《服饰导刊》2014年第3期。
③ （西汉）司马迁：《史记》卷一二九《货殖列传》，第3282页。
④ （西汉）司马迁：《史记》卷一二九《货殖列传》，第3280页。

后世史家、学者常以此批判囤积商业的暴利。但从另一个角度来说，所谓"乘时射利"，任氏在"豪杰皆争取金玉"时能够"独窖仓粟"，正体现了他在"乘时"方面的杰出才能。

而企业家才能的获取，与其他可以短期内通过购买来获得的物质生产要素不同，需要更长时间的教育、训练以及实践经验的积累，即今人常说的人力资本的投资。《管子·小匡》曾这样描述商人之间的父子相袭，他说商人们"旦夕从事于此，以教其子弟。相语以利，相示以时，相陈以知贾"，这种父子相袭的经验传承，其实正是人力资本的主要来源。汉代民间资本一般都比较注重对人力资本的累积，尤其是在大型的民间资本中，特别重视对后代的教育培养。其中除了儒家经典的知识、伦理内容之外，也自然包含着生活和经营的技能。

让后代们学会民间资本具体的经营运作方式，是民间资本得以发展进而长期存续的重要条件。如何耕种田地，如何经营庄园，如何在适当的时间进行商品的交易等，这些技能是十分琐碎但又是非常重要的。这一方面在汉代著名豪族博陵崔氏的家族发展中表现得十分明显：虽然不清楚崔氏家族到底有多少田产，但通过其成员的著述可以看出，历代的崔氏代表人物都通晓农事，熟悉田庄的经营。① 崔骃在《博徒论》中对贫民的生活有生动的描述：

> 子触热耕芸，背上生盐，胫如烧椽，皮如领革，锥不能穿，行步狼跋，蹄戾胫酸。②

崔骃子崔瑗在担任汲令的时候"为人开稻田数百顷"③，崔寔的《四民月令》更是包括了当时所有重要农事的时间表，并在《政论》中介绍了新的耕作农具三脚耧。

---

① [美]伊沛霞：《早期中华帝国的贵族家庭——博陵崔氏个案研究》，范兆飞译，上海古籍出版社2011年版，第54页。
② （东汉）崔骃：《博徒论》，（清）严可均《全后汉文》卷四四《崔骃》，第445页。
③ （南朝宋）范晔撰，（唐）李贤等注：《后汉书》卷五二《崔瑗传》，第1724页。

这些生活的技能，不仅在家族发展顺利的时候保证了民间资本的顺利运作，更让子孙在家族遇到困境的时候能够活下去，为以后的再起留下机会。如崔瑗去世后崔氏进入了衰败期，崔寔卖田葬父，之后又经营酿酒等生意。这些技能使得他的家庭得以存续。

第二节　汉代的契约：汉代民间资本的经营保障

不论经营何种行业，汉代的民间资本基本上都是通过交易的形式来获取利润的。而既然是交易，为了约束和保证交易各方的权利责任义务，自然就产生了对契约的需求。中国古代契约的萌芽很早，《周礼》当中即有规定："听称责以傅别""听卖买以质剂""听取予以书契"①，也就是说对借贷、买卖、赠与行为分别规定了不同形式的契约。至汉代这些形式的契约依然存在，并随着实践的发展逐渐过渡到统一的文书形式。此外，从本质精神上来说，契约实际上代表了一种约定的精神，所以除了正式的书面形式之外，交易过程中口头上达成的约定也可以从较宽泛意义上看作契约的一种。

从目前发现的材料来看，汉代民间资本在交易过程中，多数的零售交易，因为是一手交钱一手交货，而且一般的单价都比较低，从而违约的风险较低，所以通常是采用口头契约的形式。而比较正式的书面契约形式，主要是在两种情况下使用：一种是像赊购或者货币借贷这种，商品与货币的转移在时空上不同步的时候；另一种是涉及土地房屋等不动产交易时。不动产交易金额巨大、商品存续时间长并可作为遗产传至后世，所以交易双方采用可以长久保存的书面契约的形式。下面笔者便对书面契约的具体内容略作梳理。

一　契约的形式

汉代政府为了规范交易行为制定了相应的法律规范。民间资本不论

---

① （清）孙诒让撰，王文锦、陈玉霞点校：《周礼正义》卷五《小宰》，中华书局1987年版，第167页。

是专营的贳贷业还是商品贳买贳卖，通常都要订立契约。契约写在竹木简牍上，称"券"。其一式两份，债权人、债务人各执一份。债权人讨债时要凭券，并且当债权人放弃债权或清偿结束后，也要将券销毁或予以注明，诸如焚烧、折毁等。东汉初樊宏曾将"假贷人间数百万"的文契"焚削"，文献中又称之为"折券"。而对于这种"券"的制式，汉代政府也制定了通行的规范。那么这种"券"是什么样的呢？张家山汉简《奏谳书》中有关于当时商人使用券齿的反映，对券的描述比较详细：

券齿百一十尺，尺百八十钱，钱千九百八十。①

这是通过券齿表示契约数额的记录。而通过券书刻齿，还可以甄别券文是否真实，是否被篡改过等。比如曾有一份债务券，债券正背两面内容不一致，"入"字一面写有"广麦小石一石五斗"，而"出"字一面却写有"广麦十石五斗"。这时候就可以通过券齿来判断到底哪一面出了问题。从刻齿看，有一个表示"十"的缺口，有五个表示"一"的缺口，十斗为石。如果刻齿正确的话，则"入"字一面准确，而"出"字一面却写错了，券书只好废弃不用。② 这说明汉代政府对契约的真实性要求是比较严格的。

二 契约的抵押担保

汉代政府为了保障交易的顺利完成，还要求设立见证人作为担保。出土的汉简为今人提供了大量这一时期契约的真实记录，如：

元延元年三月十六日师君兄贷师子夏钱八万约五月尽所子夏若

---

① 张家山二四七号汉墓竹简整理小组编著：《张家山汉墓竹简［二四七号墓］》（释文修订版），文物出版社 2006 年版，第 109 页。

② 胡平生：《木简券书破别形式述略》，载西北师范大学文学院历史系、甘肃省文物考古研究所编《简牍学研究》第 2 辑，甘肃人民出版社 1998 年版，第 55 页。

第二章
汉代民间资本的投资方式与管理方法

□卿奴□□□□□□□丞□时见者师大孟季子叔①

此简记录了此次借贷行为的甲乙双方师君兄和师子夏,并写明了借贷数额八万钱,还款期限是五月底,最后还有见证人的姓名,是一份比较完整的私人借贷契约。又如土地交易契约:

建元元年夏五月朔廿二日乙巳,武阳太守大邑荣阳邑朱忠,有田在黑石滩,田二百町,卖于本邑王兴圭为有。众人李文信。贾钱二万五千五百。其当时交评。东比王忠交,西比朱文忠,北比王之祥,南比大道。亦后各无言。其田王兴圭业。田内有男死者为奴,有女死者为妣。其日同共人,沽酒各半。②

这则契约实际上是一份买地券,是随葬的明器。当时人认为人死后与在阳间一样,也需要买地买房有个居所,所以就仿照人间的契约形式制作了这种买地的契约。虽然买地券上的交易不是真实发生的,但形式与真实的土地交易契约是一样的,交易的时间、人物、价钱、土地四至都记录清楚,也规定了买主对土地及附属物的所有权。

另外除了见证人外,汉代的契约中很多时候还要有担保人,在汉简中一般称为"任者"或"旁人"。担保人是债务人向债权人所作的债务担保,和债权人债务人双方相处甚好,多是同里之人,他是确保债务关系成立的必要条件和媒介。担保人具有见证和担保的双重责任。居延汉简中关于"任者"的记载很多,比如《新简》中有:

戍卒东郡聊成孔里孔定
(以上为第一栏)

---

① 连云港市博物馆等编:《尹湾汉墓简牍》,中华书局1997年版,第127页。
② [日]仁井田陞:「中国法制史研究」(土地法、取引法)、东京大学出版会1960年版,第335页。

贳卖剑一直八百觻得长杜里郭稺君所舍里中东家南入任者同里杜长完前上

（以上为第二栏）　　　　　　　　　　　　　E·P·T51：84

这是觻得杜里一位叫郭稺君的小官，从来自东郡聊成孔里的一位叫孔定的戍卒那里，赊购了一把剑，价值800钱，见证人是同里的杜长完。又如土地交易契约：

光和元年十二月丙午朔十五日，平阴都乡市南里曹仲成，从同县男子陈胡奴买长谷亭部马领佰北冢田六亩，千五百，并直九千钱，即日毕。田东比胡奴，北比胡奴，西比胡奴，南尽松道。四比之内，根生伏财物一钱以上，皆属仲成。田中有伏尸，既□男当作奴，女当作婢，皆当为仲成给使。时旁人贾、刘皆知券约。他如天帝律令。①

除了交易的双方，土地的位置、四至，契约中也有"旁人"的角色，这就是交易的担保人。

除了具有担保人之外，汉代的借贷契约中，还普遍存在着抵押贷款的内容。没有债务抵押之人是借不到钱的。如陈汤和主父偃均曾因"家贫"而"假贷无所得"。可见缺乏经济实力，没有可靠担保是很难借到钱的。

三　汉代契约的违约惩罚

对于因各种原因不履行契约的，汉代政府也依不同情况作了规定。具体的处理方式有这么几种，"从契约"、债务抵押和求助官府。

（一）制定"从契约"

所谓"从契约"，是相对于交易双方签订的主契约而言的，类似于

---

① ［日］仁井田陞：「中国法制史研究」（土地法、取引法）、第335页。

现在的补充合同条款,即在主合同之后,补充关于违约惩罚金额的条款。如 1977 年在玉门花海汉代烽燧遗址出土的汉简中记载:

> 元平元年七月庚子,禽寇卒冯时卖橐络六枚杨卿所,约至八月十日与时小麦七石六斗,过月十五日,以日斗计。盖卿任。①

这是一份贳卖交易的契约,约定八月十日之前付款,此处"过月十五日,以日斗计"当为在主合同之后补充的关于逾期的罚款,也就是从契约。

(二)债务抵押

除了从契约这种罚金性质的处罚之外,债务抵押也是汉代普遍存在的一种违约处理形式。汉代史籍和出土文献中经常见到债务抵押的记载,而抵押的对象从财物到劳务甚至一直到妻、子再到自己,无所不有。汉代"赘子"的出现便是债务抵押的产物,如《汉书·严助传》云:"数年岁比不登,民待卖爵赘子以接衣食"。也有夫妻自押以抵债的状况,如《新简》中有:

> □贷钱三千六百以赎妇当负臧贫急毋钱可偿知君者谒报敢言之
> E·P·T56:8

更有甚者还有抵押自身的,比如著名的孝子董永卖身葬父的例子。

(三)求助官府

当双方对交易契约的解释存在分歧,或交易双方处于异地时,也可以请求当地官府处理。

先说异地纠纷的处理情况。汉简中有这样的记载,如《新简》中有:

---

① 嘉峪关市文物保管所:《玉门花海汉代烽燧遗址出土的简牍》,载甘肃省文物工作队、甘肃省博物馆编《汉简研究文集》,甘肃人民出版社 1984 年版,第 28 页。

戍卒东郡聊成昌国里恋何齐　贳卖七稷布三匹直千五十屋兰定
里石平所舍在郭东道南任者屋兰力田亲功临木隧　　E·P·T56：10

　　这是一条因贳买形成的债务契约，从东郡来居延的名字叫恋何齐的戍卒，在由东郡前往居延的途中，即在屋兰定里石平的家中，贳卖了七稷布三匹，价值1050钱。石平的家在"郭东道南"，证人是屋兰县的"力田"名字叫"亲功"。临木隧，是文书形成时恋何齐戍守的烽燧名，属于居延都尉的甲渠候官。因为交易双方不在一地，所以后来可能是因为纠纷而报了官，所以在居延的烽燧中留下了这样一条处理的记录。

　　而因为其他情况产生纠纷而受到惩罚的情况也有不少记载。欠债不还或延期偿还，汉律名之曰"假借不廉"，不论为吏为民，一律治罪。比如元狩二年（前121）周阳侯彭祖"坐当归与章侯宅不与罪，国除"①；又如"永平时，诸侯负责，辄有削绌之罚。此其后皆不敢负民"②。诸侯尚且如此，况乎一般百姓了。

　　而对于因缔约一方死亡而无法履行契约的情况，汉代政府也有专门的法律规定。一般情况下，由债务人的家人或由担保人负责。比如有些债务文书中就约定，如《合校》有：

　　石十石约至九月枲必以即有物故知责家中见在者　　273·12

又如玉门出版简有：

　　卖帛布复袴即不在知责家③

　　而由"任者"负责的例子目前还没有发现，但是从"任者"的字

---

① （西汉）司马迁：《史记》卷十九《惠景间侯者年表》，第1024页。
② （东汉）王符著，（清）汪继培笺，彭铎校正：《潜夫论笺校正》，第229页。
③ 嘉峪关市文物保管所：《玉门花海汉代烽燧遗址出土的简牍》，载甘肃省文物工作队、甘肃省博物馆编《汉简研究文集》，第28页。

面含义也应当能推断得出。"任"即担保的意思,《论衡·祸虚》中载司马迁"身任李陵,坐下蚕室"[1]。可见身为"任"者,如果所担保的人出了问题,是要被追究责任的。而且,如果没有这方面的规定,任者的设置也就没有意义了。

四 契约的终止

如果交易双方的权利义务关系宣告结束,那么契约也就终止了。汉代契约的终止主要分为三种情况,即自然终止、约定终止和法律终止。

(一) 自然终止

所谓自然终止,指的是交易双方分别完成了各自的权利义务,交易契约在没有任何纠纷下终止的最自然的状态。比如《敦煌》中记载:

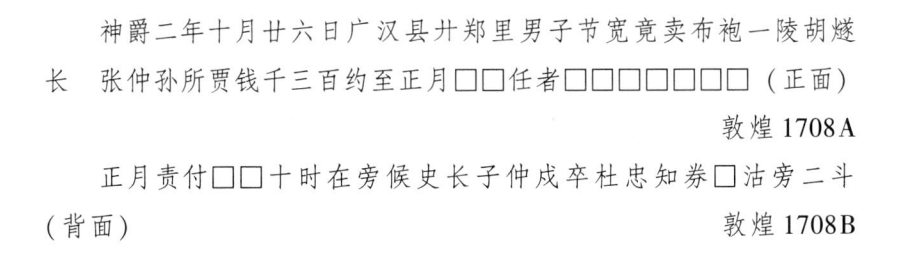

神爵二年十月廿六日广汉县卅郑里男子节宽竟卖布袍一陵胡燧长　张仲孙所贾钱千三百约至正月□□任者□□□□□□□ (正面)

敦煌1708A

正月责付□□十时在旁候史长子仲成卒杜忠知券□沽旁二斗 (背面)

敦煌1708B

此简记载了张仲孙赊购郑里男子布袍的信息,包括金额、还款期限、任者等。另外,当债务偿还完毕,债务关系确定终止之后,还要在简牍的背面注明。

(二) 约定终止

契约的约定终止,指的是缔约双方经过协商之后,债权人因为某种原因放弃自己的部分或全部讨债权利的情况,之后双方的契约亦宣告终止。如史载刘邦为亭长时,经常去王媪、武负等人那里赊酒喝,"岁竟,此两家常折券弃责"。师古注曰:"以简牍为契券,既不征索,故

---

[1] 黄晖撰:《论衡校释》卷六《祸虚》,中华书局1990年版,第276页。

折毁之，弃其所负。"① 也就是两家放弃了这笔债务。

（三）法律终止

契约的法律终止，指的是缔约双方在发生债务纠纷之后，诉诸公堂，经过法律裁定之后，双方服从并执行法律判决，契约宣告终止。比如《新简》中记载：

甲渠戍卒淮阳始□□宁□　自言责箕山燧长周祖从与贷钱千已得六百少百　　　　　　　　　　　　　　　E·P·T4：92

这是债权人由于债务人不及时还款而向上级机关上诉并请求干预的记载。而对于这类债务纠纷，汉代官方是给与关注和干预的。一般在收到上诉后，要对债务人移书验问，比如《新简》中有：

贷甲渠候史张广德钱二千责不可得书到验问审如猛言为收责言谨验问广德对曰迺元康四年四月中广德从西河虎猛都里赵武取谷钱千九百五十约至秋予　　　　　　　　　　　　　E·P·T59：8

有一个叫赵武的人控告甲渠候史张广德，说借给他2000钱要不回来。于是当地司法部门就传张广德问询，张广德也如实交代了欠债的事实。然后，根据契约双方的证言，汉代官府要做出相应的处理，处理之后对于执行的情况还要求下级向上级官署报送爰书。如《新简》中有：

神爵二年六月乙亥朔丙申令史□敢言之谨移吏负卒赀自证已毕爰书一编敢言之　　　　　　　　　　　　　E·P·T56：275

这是之前关于"吏负卒赀"一事的调查记录，"自证已毕"也就是问询清楚了，于是要向上级管理部门汇报。

---

① （东汉）班固：《汉书》卷一《高帝纪》，第2页。

第三节　汉代的广告：民间资本的营销手段

民间资本通过对劳动力、土地、资本及企业家才能的投资，将商品生产出来之后，最终还要通过交易将商品出售才能实现商品的价值。现今商品生产出来要进行各种广告宣传，在汉代当然也是这样。汉代的广告主要有以下几种形式。

一　实物广告

实物陈列可说是最古老的广告形式了，自从商品交易诞生起这种最简单易行的起到"广而告之"效果的广告形式就已经出现，也叫作实物招幌。①《晏子春秋·内篇杂下》中就有"悬牛首于门，而卖马肉于内也"的记载，反映了当时悬挂牛头招徕顾客的事实，当然这有可能也是最早的"挂羊头卖狗肉"的记载。张衡《西京赋》中也有"置互摆牲"的记载，这都是一种实物的陈列。

两汉时期的城市规划中一般有专门的市场区域，同时规定同类商品的商家要在同一区域内经营，划分为不同的肆列，《西都赋》中描述的"九市开场，货别隧分，人不得顾，车不得旋"②即是当时市场交易的情景。《古今注·都邑》对肆的解释即为"所以陈货鬻之物也"③，可见当时的市列中各个店铺陈列实物于店前招徕顾客是通行的做法。"家贫无书"的王充曾"游洛阳市肆，阅所卖书"④，可见书籍交易也是将书陈列在店里，供士人翻阅，亦有广告宣传的意思。

除了真实的商品展示之外，也有些店铺会采用一些象征性的物品陈列作为宣传，可以称为象征性招幌。如司马相如卖酒，令文君"当

---

① 韩帅：《秦汉"广告"刍议》，《鲁东大学学报》（哲学社会科学版）2011 年第 2 期。
② （南朝宋）范晔撰，（唐）李贤等注：《后汉书》卷四十上《班彪传上》，第 1336 页。
③ （西晋）崔豹撰，牟华林校笺：《〈古今注〉校笺》，线装书局 2015 年版，第 50 页。
④ （南朝宋）范晔撰，（唐）李贤等注：《后汉书》卷四九《王充传》，第 1629 页。

垆"。颜师古注解说:"卖酒之处累土为卢以居酒瓮。"① 可见此垆就是放酒罐子的土台,后来也就有了"此处卖酒"的象征意义。同时卓文君以美貌传世,令文君当垆,还可起到近世"美女代言"的作用。《后汉书·方术列传下》中亦载一故事:"市中有老翁卖药,悬一壶于肆头,及市罢,辄跳入壶中",壶里面"玉堂严丽,旨酒甘肴,盈衍其中"②,后来费长房跟老翁学了仙术,成为有名的方士。这一故事也是成语"悬壶济世"的起源,悬壶也成为医药行业的象征。

二 声音广告

单纯的实物陈列受限于传播距离短,内容单一,并不能很好地起到宣传的作用,所以除了陈列之外,商铺的经营者也通过口头吆喝的方式,向消费者有针对性地具体介绍自己的商品。这就是和实物广告几乎同步诞生的声音广告。先秦时期最著名的声音广告当属《韩非子》中"自相矛盾"的故事了,两个商家都在大声地向顾客推销自己的产品,不过吹得过头闹了笑话。出土的汉代画像石砖中也描述了市井中吆喝叫卖的真实面貌,如广汉出土的《市井》图砖,左侧有门,门内灶台旁有人正在一边操作一边挥手呼应,高声叫卖的形象呼之欲出。

除了叫卖之外,汉代还有通过击打某种器物发出声响吸引顾客的方法。清人姜亮夫在注释《离骚》"吕望鼓刀"时说:"今屠人尚存此习,鼓其刀而声自扬,则买者纷集矣。"③ 而《史记》中记载樊哙时也曾说其"鼓刀"屠狗,可见这是一种长期延续的广告手法。汉儒郑玄在注《诗经·周颂》"既备乃奏,箫管备举"一句时也曾说道:"箫,编小竹管,如今卖饧者所吹也。"④ 可见当时卖甜点(饧即糖稀)的小贩有吹奏竹管吸引顾客的做法。

---

① (东汉)班固:《汉书》卷五七《司马相如传》,第2532页。
② (南朝宋)范晔撰,(唐)李贤等注:《后汉书》卷八二下《方术列传下》,第2743页。
③ 姜亮夫:《姜亮夫全集》,云南人民出版社2002年版,第100页。
④ (清)阮元校刻:《十三经注疏》,中华书局1980年影印本,第595页。

图 2-1　四川广汉市井画像砖①

三　文字广告

从出土的大量汉代文物来看，汉代的许多商品上都刻有生产者的姓名，有时还刻有一些吉祥话，这实际上具备了文字广告的意义。刻有自己的名字有保证质量的意味，而吉祥话则更多的是为了打动人心，劝说消费者购买，与现代的广告语性质类似。

汉代的文字广告，所见最多的是在出土的生活用品如陶器、铁器和铜镜上面。如 1972 年莱芜出土的汉代铁范，上有"李""氾""山"等姓氏刻印，当是工匠的姓氏；② 1974 年临沂出土的汉代铁刀上则有"永初六年五月丙午造卅涑大刀吉羊"的铭文，③ 记录了锻造的时间、工艺，意在说明产品质量上乘。

汉代是中国古代社会"青铜时代"最后的余晖，民间生活当中青铜器的使用较多，尤以铜镜最为常见。出土铜器中常有一些"工""牢"等表示产品质量上乘的铭文，如"永和六年朱提堂狼工""永初

---

① 图引自刘志远《汉代市井考——说东汉市井画像砖》，《文物》1973 年第 3 期。
② 山东省博物馆：《山东省莱芜县西汉农具铁范》，《文物》1977 年第 7 期。
③ 刘心健、陈自经：《山东苍山发现东汉永初纪年铁刀》，《文物》1974 年第 12 期。

元年堂狼造作牢"① 等。而铜镜上的铭文更是常见，如宣传产品质量的"汉有善铜出丹阳，取之为镜清如明""新有善同（铜）出丹阳，和以银锡"②；也有比较有名的工匠直接刻上名字为商品质量"背书"的，如"王氏作镜真大好"③；另外祝福家人子孙的吉祥话也比较常见，如"宜子孙，乐无忧""君宜官秩家大富"④ 等。

第四节 账簿与凭证：汉代民间资本会计方式的推测

汉代的民间资本"周流天下"，分布于各个行业。不论是哪个行业，在日常经营的过程中都需要通过一定的方法，对财物的出入往来作出记录整理，对内为经营管理工作提供支持，对外也要应对政府税务等部门的清查，这也就是所谓的会计工作。汉代的会计工作，尤其是民间资本的会计工作是如何进行的？长久以来，传世典籍中只有一些概略的描述。直到近世以来汉代简牍的大量发现，才让今人对官厅会计的情况有了比较清楚的认识。但对于汉代的民间会计，限于材料学界一直没有比较详细的研究。但是笔者认为，就会计方式这一具体的问题而言，官厅会计与民间会计虽有差别，但作为同一时代的近似工作，应该是有着比较密切的联系的。所以在这一部分，笔者想尝试着利用出土的官厅会计简牍，结合其他材料，对汉代民间资本的会计方式推测一二，虽不够准确，但相信也能说明一定问题。

一 关于推测可行性的探讨

研究历史讲究一分证据一分话，实事求是亦是数千年来史家的传

---

① 李春龙、牛鸿斌点校：《新纂云南通志》卷八二《金石考二》，云南人民出版社 2007 年版，第 35 页。
② 董波：《几面有广告铭文的汉丹阳镜》，《文物春秋》2007 年第 1 期。
③ 孔祥星、刘一曼：《中国古代铜镜》，文物出版社 1984 年版，第 77 页。
④ 孔祥星、刘一曼：《中国古代铜镜》，第 77 页。

第二章
汉代民间资本的投资方式与管理方法

统。但史家追记前事也一直面临着史料不足的问题，似太史公作《史记》亦感慨"周道废，秦拨去古文，焚灭诗书"只能"略推三代"①，何况今天的人去研究两千年前的汉代呢。所以先秦秦汉史的研究，史料不足乃是常事。在史料不足的情况下，不得已依据有限的材料进行合理的推测，从而尽可能地接近历史真相，在古代史尤其是先秦秦汉史的研究中也是比较常见的方法。同时，钱财物的出入管理对汉代民间资本的运作来说有着基础性的重要意义，应当尽可能地予以揭示。

当然，即便推测也当有理、谨慎。所以笔者先从以下几个方面，阐述这种推测的可能性与合理性。

(一) 民间会计工作的需求

如果把会计当作一个信息处理系统的话，那么整个会计系统的运作过程可以概括为信息的录入—信息的处理—信息的输出三个环节。具体来说便是收集原始凭证并整理为记账凭证，以记账凭证登记会计账簿，最后将处理好的会计账簿交给会计信息的使用者。不论是汉代的官厅会计还是民间会计，都遵循着这样的一个工作过程。所以，会计工作的需求，实际上就是信息的使用者对相关信息的需求。作为官厅会计，其信息的使用者是汉代各级政府，目的是通过会计信息掌握各级各部门人财物的变动情况，相关的会计成果在各类简牍中多有发现，史家也进行了比较充分的研究。而作为民间会计，其会计信息的输出方向有内外两处，对应的信息使用者也有不同。

首先，是对内的使用。会计信息对内要满足各类民间资本在经营过程中的决策需要。汉代民间资本广泛分布于各行各业，在经营的过程中同样需要掌握人财物的流转变动情况，这方面的需求实际上与官厅会计是类似的。如目前仅见的几份汉代民间的交易契约，《中舨共侍约》中有"贾器物不具物责十钱""共事以器物毁伤之及亡贩共负之于其器物擅取之罚百钱"之类的规定，可见对经营过程中财物的变动情况必然有着记录整理，并且这种记录行为是约文中予以强制规定的，"贩吏令

---

① （西汉）司马迁：《史记》卷一三〇《太史公自序》，第3319页。

会不会：（会）日罚五十会而计不具者罚比不会"①。此外，汉代民间资本在经营规模上有较大的差异，小到织席贩履，大到太史公所谓"素封之家"，以及自西汉后期发展起来的如樊氏、博陵崔氏等复合经营的田庄。资本规模不同，其经济业务的复杂程度自然不同，对会计信息的需求也有很大差异。小规模的民间资本或许只用简单的流水账记录日常交易即可，如与《中舨共侍约》同时出土的一些简牍中有疑似这个合伙组织一些日常经营记录："郭、乙二户，澹行，少一日""寇□都二户，兼行，少一日"② 等。但对于如《四民月令》中崔氏田庄那样覆盖农工商各行业的大型民间资本，自然不能用这么简单的办法管理。对比边塞简的一些会计账簿可以看出，当时居延地区基层会计工作的管理标的数额一般较小，如《合校》中有：

□杜狂受钱六百　　出钱百一十五籴曲五斗斗廿三　　214·4

而涉及的种类也多为钱、粮、畜、马、器械等烽燧工作常见内容，相比于"巨万"级别的民间资本管理来说无疑是比较简单的。故而从会计工作的需求角度来说，大型民间资本的会计水平应当不低于当时基层官厅会计，以官厅会计简牍推测民间会计状况，是有一定可信度的。

其次，是对外的使用。会计信息也要对外作为政府在管理民间资本时的必要依据。从出土的汉代边塞简牍中能够看到，当时的汉代各级政府财务管理工作中，有着较为严格的财务审计制度，这也是官厅会计信息主要的用途之一。而对于民间资本的官方审计活动，目前虽然没有直接的材料，但也有一些材料间接证明这种活动的存在。如汉代的市场交易中要征收市租，也就是商品税，税率约为10%。市租的征收采用的

---

① 刘秋根、黄登峰：《中国古代合伙制的起源及初步发展——由战国至隋唐五代》，《河北大学学报》（哲学社会科学版）2007年第3期。

② 裘锡圭：《湖北江陵凤凰山十号汉墓出土简牍考释》，《文物》1974年第7期。

是"自占"的形式,也就是由商人自己报税,但市署机构会对报税内容进行审查,也有因自占不实被惩罚的例子。这说明市署对商人的销售额是有检查的渠道的,日常交易中的会计记录无疑是最直接的材料。又如武帝时期算缗告缗,对民间资本的车、船、房产等征收资产税。杨可告尽天下,后世史家多指为酷吏,但总不能当真明抢,还是要有所规矩的。车船房产或可实物清查,但其他资产尤其是货币资产自然还是要依托于账簿。民间账簿的形式虽未见实物,但如果站在政府审计的角度,考虑到工作效率,应当与官厅会计保持某种程度的一致。出土的简牍中也确实偶见一二当时地方政府颁布的"会计标准",供官民参照,如《新简》有:

☐卖雒阜复袍县絮壮一领直若干千舣得☐
东西南北入任者某县某里王丙舍在某里☐　　E·P·T56:208

从这里的若干、某县某里之类的表述显然可以看出,这是某种文书的规定格式。故而从民间会计工作的需求来看,不论对内对外,都应有不低于当时官厅会计水平的要求。那么,这些要求是否有能力得到满足呢,这就要考虑到会计技能的性质与当时会计人才的培养方式。

(二)会计技能的性质与会计人才的培养方式

会计,用今天的说法就是以货币为主要计量单位,运用专门的方法,反映和监督一个单位经济活动的一种经济管理工作。中国古代"会计"这个词的产生很早,如《周礼》中有"舍人"一职,其职责有:"岁终,则会计其政"[1],又有"司会"一官,注曰:"会,大计也。司会主天下之大计"[2]。虽然在具体的操作上与今天有差别,但其通过一定方法,记录和监督某一部门经济活动情况的本质功能是一致的。而且西周时期"工商食官",官营的工商业与其他政府部门一样,

---

[1] (清)孙诒让撰,王文锦、陈玉霞点校:《周礼正义》卷三一《舍人》,第1234页。
[2] (清)孙诒让撰,王文锦、陈玉霞点校:《周礼正义》卷一二《司会》,第474页。

都是当时"会计"的一部分内容。由此可见,从来源来说,后世"官厅会计"和"民间会计"本是同源,只是春秋战国以降,随着民间资本的兴起而逐步分化开来的。所以会计作为一种管理技术,与某些涉及"机要"的内容不同,并不需要由官方独占,官厅会计能够采用的技能,民间会计同样可能采用。

此外,掌握会计这样一门技术性较强的管理方法,需要一个培养的过程。从两汉时期会计技能的培养来看,并没有明显的官民之分。汉代官厅会计对基层工作人员的要求如《合校》中所录:

能书会计治官民颇知律令　　　　　　　　　　　　13·7

也就是掌握基本的书写、账簿统计登记以及法律知识。《新简》所载当时的识字教材《仓颉书》中也有要求:

苟务成史计会辨治　　　　　　　　　　　　E·P·T 50:1A

当时官厅会计人员的一些基本技能,如九九乘法表早在春秋时期的民间就有流传,而且并无官民的分别,《韩诗外传》中记载了一个齐桓公和东野鄙人的故事:

> 齐桓公设庭燎,为士之欲造见者。期年而士不至。于是东野鄙人有以九九见者。桓公使戏之,曰:"九九足以见乎?"鄙人曰:"……夫九九,薄能耳,而君犹礼之,况贤于九九者乎?"[①]

东野鄙人尚会九九乘法表,并言此为薄能,可见当时这种技术在民间也有一定的普及。当然,学会九九乘法表只能进行简单的四则运算,但更为复杂的计算在民间尤其是商贾群体里也有普及。张家山汉简、阜

---

① (西汉)韩婴撰,许维遹校释:《韩诗外传集释》,中华书局1980年版,第100—101页。

阳双古堆汉简都出土过《算数书》，里面有土地折算、耗租等复杂计算的应用题，成书于两汉时期的《九章算术》更是当时数学的集大成者。这些简牍虽出土于官侯墓葬，但官吏本就来自民间，故当在民间也有一定传播。一些大商人如孔仅、桑弘羊更是依靠"以计算用事"官居高位。

除了计算能力外，作为会计人员还必须掌握一定的"簿籍"编制技术，能够将每笔业务简洁、明确、统一地反映出来。簿籍的编制填写都有一定的格式，如汉代官厅会计中常见的"出""入""收""付"等会计符号。民间会计的实物资料未曾见过，但《新简》中有地方政府出台的统一会计程式，如：

  戍卒魏郡贝丘某里王甲　贳卖□皂复袍县絮绪一领直若干千居延某里王乙☑居延某里王丙舍在某辟·它衣财☑　E·P·T56：113
  ☑卖锥臬复袍县絮壮一领直若干千觻得☑
  东西南北入任者某县某里王丙舍在某里☑　E·P·T56：208

这些简牍中都用了若干、某等字，显然是一种标准化的模板，不论官民都是应当遵守的。

(三) 经济发展的一般规律与前世、后世的民间会计形式

除了以上两点之外，如果将民间会计水平的变迁放到较长的历史时段考察，也能从侧面推测汉代民间会计水平与官厅会计的相似性。

从目前出土的材料来看，年代较早的民间会计账簿有 1998 年在河南新郑出土的战国牛肋骨墨书账簿。这份账簿是当时一个经营卤肉生意的商家的日常经营账本，其中编号 H2164：43 号肋骨内容为：

上收：

  八十四：蜀虎卤十六束，四蚕分，六蚕三十四束，讫。
  五十九：全□卤二十束，讫。

下付：

成壹卤四十六束，卤七束□□，取卤六束，讫。
事池庇取卤十四束，分。讫。

中部结余：

▲或卤十一束，讫。
▲余蚤分，卤四束，讫。

陈敏等人的研究认为："此份账簿在记账符号、记录规则、记录方法上都表现出时代特点，结合两汉会计简牍也能看出其中的源流关系。"① 之后秦汉时期民间会计账簿的原件罕有出土，这种资料的缺乏一直延续到隋唐时期。

唐代敦煌简牍中有大量当时民间寺院经济的账簿简牍，如唐于阗某寺支出簿（Ch969-72号）：

（三） 卅日出钱柒佰伍文，沽酢陆斗，斗别伍十文，籴豆支陆升，升别一十文，柘留三颗，颗别十伍文。胡饼两石面脚，每斗十伍文，供众岁节三日用。

直岁僧"法空"都维那那僧"名圆"寺主僧"日清"上座僧"法海"。②

李孝林、杨兴龙在对上简与汉代居延汉简做出比较后认为其继承了

---

① 陈敏、程水金、周斌：《郑韩故城战国牛肋骨会计账考论》，《会计研究》2015年第10期。
② 转引自李孝林、杨兴龙《汉、唐内部控制的发展——基于敦煌文献的初步研究》，《中国会计学会2011学术年会论文集》，第1212页。

汉代居延汉简复式记账的传统，从会计发展史上说有延续的关系。①

自战国至唐开元年间横跨一千余年，民间会计从简单的单式记账发展到复式记账，自然经历了量变到质变的过程，但这中间的转变是在何时？笔者从经济发展的一般规律推断，两汉时期是最为可能的。因为会计作为一种管理方法，归根到底是要受商品货币经济发展需求的影响。商品经济越发达，需要管理的经济业务越复杂，自然也就要求越高的会计水平。纵观两汉至隋唐这一历史阶段，两汉时期是中国古代社会商业发展的第一个高峰，之后魏晋南北朝时期战乱不断自然影响到商品经济的发展，这种商品经济的衰退一直到唐代在某些方面都未完全恢复（如金属货币的使用）。所以从会计发展的历史进程看，最可能出现显著进步的时期，当属两汉。

总之，不管是从会计工作的需求，还是从技能培养方式以及经济发展的一般规律来看，汉代的民间会计，都应该具备与官厅会计近似的形式和水平。这也为笔者利用官厅会计的资料来研究民间的情况，奠定了基础。

二　会计信息的采集和整理

如前所述，如果把会计当作一个信息处理的系统，那么整个系统的运作流程应当分为会计信息的采集与整理—会计信息的处理—会计信息的输出三个部分。以下笔者就从这三个部分入手，借用出土的汉代官厅会计的简牍材料，配合少量民间会计简牍，对汉代民间资本的会计方法推论一二。需要说明的是，出土的汉代官厅会计材料涵盖的业务种类众多，在具体业务的内容上和民间资本的经营业务有较大的区别，所以考虑到民间资本的业务特点，本书只选取了人力资本管理、货物流动和货币流动这三个方面加以说明。

会计工作流程的第一步，自然是当经济业务发生的时候，记录相关的经济数据的变化并形成原始凭证，进而再将原始凭证汇总编制成记账

---

① 李孝林、杨兴龙：《汉、唐内部控制的发展——基于敦煌文献的初步研究》，《中国会计学会2011学术年会论文集》，第1212页。

凭证，也就是会计分录，为后续会计信息的处理做好准备。考虑到汉代民间资本的经营内容，比较重要的经济业务应当有劳动力日常工作量的统计、劳动力薪酬的发放、商品和原料的出入几项，当然其中也伴随着货币的出入。官厅会计相关业务的凭证内容在简牍中多有所见，民间资本也当有相应的内容。

（一）劳动力的日常工作记录

汉代边塞简中对于戍卒日常的工作绩效的记录很详细，采用的形式既有表格，也有叙述性的文字记录。如《疏勒河流域出土汉简》汇总的骑士作墼的记录：

己酉
骑士十人　其一人候　人作百五十墼
其一人为养　八人作墼　凡墼千二百①
二人积墼五千五百六十率人积二千七百八十墼②

其中第 2 条简文可能是一段时间内的工作统计，用到了算术平均数的统计方法。又如《合校》中安世燧一个戍卒连续五天的伐茭记录，已经使用表格的形式：

安世燧卒尹咸	二十八日作	二十九日作	八月晦日作	九月旦伐茭	九月二日□茭
三十五束・□二十	三十七束	三十五束	三十五束	三十□束

汉代民间资本在经营中多使用雇佣劳动，并支付相应的雇值。那么日常工作量的统计，不论是对于雇值的计算还是产量的统计，无疑是非常重要的。凤凰山汉墓出土的日常工作记录简牍也是这方面的内容：

---

① 林梅村、李均明编：《疏勒河流域出土汉简》，文物出版社 1984 年版，第 75 页。
② 林梅村、李均明编：《疏勒河流域出土汉简》，第 39 页。

第二章
汉代民间资本的投资方式与管理方法

郭、乙二户,澹行,少一日。

寇□都二户,兼行,少一日。

□、昆论二户,善行,少一日。①

什么人、去哪、多长时间这些日常工作的基本情况都记录清楚,可以作为日后入账的凭证。

(二) 劳动力薪酬的发放

民间资本对雇佣劳动者发放薪酬,也就是雇值,无疑是经营过程中一笔重要的开支。每一笔薪酬的发放都应该留有原始记录,以备之后入账使用。

汉代官厅会计中对基层官吏、戍卒的"月俸"发放记录,编制成了相应的《奉名籍》。各类名籍是汉简中的一大类内容,如《奉名籍》《廪名籍》等。这些名籍都是在相关经济业务发生的时候取得或者填制的,载明执行和完成情况的书面证明,是重要的原始凭证。如《新简》中有:

	候长吕宪奉钱千二百
出临木部吏九月奉钱六千	临木燧长徐忠奉钱六百
	穷虏燧长张武奉钱六百
	木中燧长徐忠奉钱六百
(以上为第一栏)	
终古燧长东郭昌奉钱六百	□□燧长六禹奉钱六百
望虏燧长晏望奉钱六百	候史徐辅奉钱六百
武贤燧长陈通奉钱六百	·凡吏九人钱六千
(以上为第二栏)	

E·P·T51:409

这就是当时临木部的官吏工资发放情况的一个记录。

---

① 裘锡圭:《湖北江陵凤凰山十号汉墓出土简牍考释》,《文物》1974年第7期。

如果之前有欠薪的情况,在补发后也要注明,如《合校》中有:

居延甲渠候长张忠　未得正月尽三月积三月奉月钱三千六百已付毕　　　　　　　　　　　　　　　　　　　　　　　　35·5

又如《新简》中有:

居延甲渠第卅八燧长王承明
未得五凤元年十月尽二年正月辛酉积三月八日奉用钱千九百六十
已得赋钱千九百六十　　　　　　　　　　　　E·P·T51:238

有了这些原始凭证,日后编制《俸禄簿》《钱出入簿》的时候就可以登记在对应的账簿里了。

(三) 原料和商品的出入记录

生产过程中原材料出入的控制,不论对民间资本还是官营资本,都是内部控制的一个重要内容。所以当劳动者领用生产资料的时候,是需要仔细记录的。如《敦煌》中有:

出粟五石二斗二升以食使车师成,君卒八十七人,丙申,一日积八十七人,六升　　　　　　　　　　　　　　　　　敦煌1926

又如悬泉汉简有:

出粟一斗八升,以食守属萧嘉送西罕侯封调,积六食,食三升。①

项目、数量、用途都记载清楚。而且原料出入作为一项需要频繁发生并记录的业务,为了提高工作效率,当时的会计工作中也使用了累计

---

① 胡平生、张德芳编撰:《敦煌悬泉汉简释粹》,上海古籍出版社2001年版,第174页。

凭证的方法，如《合校》：

孙卿食马廪计	月晦日食马二斗。 月二日食粟二斗。 三日食二斗。 四日二斗。 十月廿三日食马二斗　　414·1A

将同一劳动者的同一行为，汇总到同一个凭证上，这样在登记账簿的时候就比较简单，只在《谷出入簿》记一个汇总就可以，如：

出麦大石三石四斗八升　闰月己丑食驿马二匹尽丁酉□

495·11

商品销售是民间资本获利的主要来源，日常的销售情况自然要仔细记录，作为日后登记账簿的依据。

居延汉简中有一经营生肉生意商家的销售记录，虽不清楚官营民营，但类似生意的记录情况应当近似，因内容较为杂乱，故列表如下：

表 2－1　　　　　　居延某商家生肉销售记录①

廿斤	廿斤	廿二斤半	十斤	
廿一斤半	廿七斤半	廿五斤		·凡肉五百卌一斤直二千一百六十四脂六十三斤直三百七十八脂肉并直二千五百卌二。凡并直三千二百一十二脂肉六百四斤
廿九斤	廿六斤半	廿斤		
廿三斤半	卅斤	廿九斤		
廿六斤半	卅斤	廿一斤半		
卅斤	廿五斤	十八斤		
卅六斤	廿七斤	廿三斤		

---

① 据《合校》286·19A、286·19B整理，参见谢桂华等《居延汉简释文合校》，第483页。

续表

廿斤	廿斤	廿二斤半	十斤	
头六十	肝五十	乳廿		
肺六十	迹廿	舌廿		
胃百□百钱	颈十钱	界十		
宽卅	心卅斤	□十		
二百	黄将十			
	肠益卅　卖䐑直六百七十·凡四百五十			

这份简牍详细记录了商家销售各类生肉的数量,并分肉、脂、杂等大类做了价格的汇总统计,钱、物的增减记录清楚。考虑到商品销售尤其是零售业经营过程多有类似,所以这种销售记录的方式在当时的商业经营中可能具备一定的普遍性。

除了零售的日常记录,贷款、贷种或贳买契约券书也可以作为记账凭证,① 如:

户人击牛能田二人口四人　田十二亩+卪贷一石二斗②

借贷种食的记录对于债务人的姓名、丁口、资产状况和借贷数额都记录清楚,日后可汇总至《谷出入簿》一类的账簿。"+"是贷款人的"画押"(当代叫签字)。"卪"即"节"字,假借为结,表示该账结清,相当于现代的"收付讫"。③

贳买券书也比较常见,并且已经形成了一定的格式规范,如《合校》中有:

---

① 郭道扬编著:《中国会计史稿》(上册),中国财政经济出版社1982年版,第221页。
② 李均明、何双全:《散见简牍合辑》,文物出版社1990年版,第70页。
③ 参见李孝林、杨兴龙《汉、唐内部控制的发展——基于敦煌文献的初步研究》,《中国会计学会2011学术年会论文集》,第1212页。

终古隧卒东郡临邑高平里召胜字游翁　贳卖九稯曲布三匹四三百
卅三凡直千钱得富里　张公子所舍在里中二门东入任者同里徐广君
　　　　　　　　　　　　　　　　　　　　　　　　　　282·5
　　惊虏隧卒东郡临邑吕里王广
　　卷上字次君　贳卖八稯布一匹直二百九十钱得安定里随方子惠
所舍在上中门第二里三门东入任者阎少季薛少卿　　　　287·13

这些交易的记录，日后都要登记在出入簿或者责券簿之类的应收应付款业务账簿里。

三　会计信息的处理

将采集的会计信息初步整理为记账凭证之后，就要将这些凭证输入会计系统进行处理，最终形成规范化、可识读的会计账簿，以供会计信息的使用者使用。从会计账簿的处理方法来说，可分为单式记账和复式记账两种。

（一）单式记账

单式记账法是指对发生的经济业务只在一个账户中进行单方面记录的一种记账方法。单式记账法可以用来反映民间资本经营过程中某一生产要素的变动，如现金的出入、商品的出入。但这些科目之间缺乏联系，不能表示各要素变动的来龙去脉，所以只适合小规模的资本经营，如小额的零售业务，或者是单纯的统计、备忘性质的账簿记录，如丧葬活动中的遣册。

前引战国牛肋骨账簿，在一个账簿中记录商品的收、付、余情况，便是采用的这种记账方法。江陵凤凰山 10 号汉墓丙组简中的一组销售流水账也属于这类[①]：

[①] 李孝林等：《基于简牍的经济、管理史料比较研究》，社会科学文献出版社 2012 年版，第 42 页。

> 六月廿二日付……二钧二百五十一·凡五百二
>
> 六月廿五日付五翁伯□纬（?）二百将（?）直百册
>
> 七（?）月四日付五翁伯枭一唐卅·笥三合五十四直百六十四
>
> ……
>
> 六月十六日丁卯决乡至十月十日·凡三月廿三日所出·凡千八百□八①

两汉丧葬活动中，出于统计随葬品目的而编制的遣册，或者写作"遣策"，也是一种"早期的民间会计账簿"②。两汉时期对于具备一定经济实力的人，依礼制而举行的丧葬活动，是比较复杂的。其中也牵扯到不少的财物往来，所以需要仔细地记录。一方面要核算清楚葬礼所需的物品以方便采购；另一方面也要记录清楚亲朋好友馈赠的财物，以便于日后礼尚往来。此外，两汉时人观念上讲究侍死如生，对死者随葬品的记录也有类似生者家计财物统计的意味。同时，在读遣的环节由公史将遣册内容唱读，也能彰显主家的经济实力和人脉。目前出土的遣册件数不多，但也有内容比较完整的，比如《江苏扬州胥浦101号汉墓遣策》：

> 高都朱君衣：绮被一领，禅衣二领，禅裳一领，素绢一领，绿袷一领，绫袍一领，红袍二领，复裳二领，禅襦二领，青袍二领，绿被一领，绣襦一领，红襦一领，小缣三领，绵袍三领，绮被一领，绪绞一，绔绔一两。·凡衣禅、□廿五领。③

此为随葬衣物的记录，朱君为同墓出土《先令券书》立遗嘱的老妪，从遗嘱内容看有一定的田产，同墓出土的赙赠木方记载收取各类馈赠"凡直钱五万七千"，来自广陵国的广陵、江都二县的亲友④，二县

---

① 李均明、何双全：《散见简牍合辑》，文物出版社1990年版，第75页。
② 陈菁菁：《先秦两汉遣策的会计研究》，硕士学位论文，湖南大学，2014年。
③ 王勤金等：《江苏仪征胥浦101号西汉墓》，《文物》1987年第1期。
④ 王勤金等：《江苏仪征胥浦101号西汉墓》，《文物》1987年第1期。

都在今扬州,可见其交际范围在本地附近,当为一中小规模的民间资本。从遣册形式来看,墓主姓名、物品、数量记录清楚,并以"凡"这一当时常见的会计符号做总计,能够满足财物统计的需要。

(二) 复式记账

单式记账法虽然能够将某项经济业务中一笔资金、货物的出入记录清楚,能够满足单纯的统计需要或小规模资本运作的要求,但对于大规模的民间资本运营来说,需要处理的经济业务要复杂得多。比起统计财物的出入,每一会计科目变动之间的联系对民间资本的管理者来说更加重要。如《四民月令》中崔氏田庄那样的综合经营,生产一批手工制品会带来原材料和存货两个科目的变动,将之销售出去又会带来存货和现金科目的变动。要反映这种科目之间的联系从而将整个经济业务的来龙去脉表达清楚,只靠简单的单式记账显然是不够的,需要采用复式记账的方法。

复式记账法是对每项经济业务按相等的金额在两个或两个以上有关账户中同时进行登记的方法。这种记账方法可以全面、清晰地反映出经济业务的来龙去脉,而且还能通过会计要素的增减,全面系统地反映经济活动的过程和结果。①

复式记账法从会计思想上来说,其本质的特征是"每笔帐都记录对应帐户以反映经济业务的来龙去脉"②。陈直先生统计了居延汉简中72种账簿的名称,不仅有钱出入簿、谷出入簿、钱财物出入簿,还有费用类的奉禄簿、负债类的债券簿,往来类的偿及当还钱簿等。③ 这些账簿绝大多数都是叙述式账簿,与现在常用的表格式账簿不同,但对应登记的思想却是一致的。

成体系的大量分类账簿的建立,奠定了汉代复式记账法的基础。然后就可以通过"入、给""出、入"等反方向的会计符号,将经济业务计入对应的账簿当中,如《合校》中有:

---

① 贾玲、甘泓等:《论水资源资产负债表的核算思路》,《水利学报》2017年第11期。
② 李孝林:《我国复式记账法溯源》,《安徽财贸学院学报》1982年第1期。
③ 参见陈直《居延汉简所见的簿检》,载陈直《居延汉简研究》,天津古籍出版社1986年版,第109页。

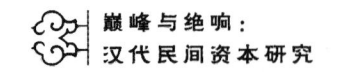

> 入　都内赋钱五千一百卌
> 　　给甲渠候史利上里高何齐
> 　　地节二年正月尽九月积九月奉　　　　　111·7

这笔记录当中显然涉及钱出入簿和俸禄簿两种账簿，从都内府收入赋钱5140钱，付给甲渠候史利上里高何齐九个月的俸禄，体现了"从哪里来、到哪里去"的复式记账原理，如果用现代会计记账的符号，可以记为，借：应付工资，贷：赋钱5140。[①] 显然，如果考虑一个民间资本，给手下的雇员发放雇值，那么应当也是类似的登记方法。

序时、分类核算是现代中外会计的普遍原则。就出土的汉代简牍来说，序时账簿主要是各种钱物的出入簿，分类账簿又称分户簿，记录各种专门经济业务的情况。汉简账簿涉及业务种类繁多，考虑到民间资本的经营情况，钱、货的出入和劳动力雇值的支付当是比较重要的业务内容，所以本书就举几例官厅会计中的同类业务账簿，来做个参照。

首先，是现金管理类账簿。现金管理账簿主要用来记录各种现金的出入业务，汉简官厅会计中一般叫做钱出入簿。这类账簿中，从哪儿收入、收入多少、支出多少、支出项目自然都有对应的物品管理账簿、俸禄簿等对应登记。如《合校》：

> 出钱四千三百卅五　籴得粟五十一石石八十五　　　276·15

这是购买粮食的一笔账，以每石85钱的单价买进51石粟，共花4335钱，校算相符。更为详细的还有《合校》中的：

> □杜狂受钱六百　出钱百一十五籴曲五斗斗廿三
> 出钱二百廿籴粱粟二石百一十　出钱六买燔石十分

[①] 参见李孝林《我国复式簿记产生与发展比较研究》，《中国社会经济史研究》2008年第1期。

出钱二百一十籴黍粟二石石百五　出钱廿五籴豉一斗
出钱百一十籴大麦一石石百一十·凡出六百八十六　　　214·4

受钱 600，购买各类粮食、火石、咸菜的各种支出及商品单价记录清楚，并以"凡"作为总结。① 又有工资方面的开支，如《合校》中的：

入钱四百六十八　·凡见八千一百六十四
出八百赋士吏辛卯。
出九百廿一赋尉史辅　出千以赋卒　　　　　　　173·15A

本期增加额 468 钱，期初余额 8164 钱，本期减少额 800 + 921 + 1000 = 2721 钱，如果计算期末余额的话当是 8164 - 2721 = 5443 钱，这实际上已经有四柱记账法的雏形了。《合校》中的下面一简则更为详细地体现了四柱之间的结算关系：

十一月己卯掾强所收五年余茭钱二千五十五
元年茭钱万四千五百廿八·凡万六千五百八十三
出钱五千七百廿五□收掾车给官费
出钱三千八百六十六□居延责钱
出钱千县所□□
凡出万五百九十一
今余钱五千九百九十二
出钱四百五十一十一月壬辰付令史根□□□
出钱三百十一月壬辰付士吏□□□□□　　　209·2A

---

① 参见朱德贵《汉代会计报表、科目设置和结算制度研究》，《会计之友》2012 年第 8 期。

该简前两行为第一部分，第一行是期初余额，第二行是本期增加额，两项合计 2055 + 14528 = 16583 钱。

第二部分为本期减少额，有明细和汇总：5725 + 3866 + 1000 = 10591 钱。整体部分是当期四柱的总平衡，也就是期末余额。验算相符：16583 - 10591 = 5992 钱。末两行是下一报告期的出账。

从中可以看出，当时的结算是根据本期收入、支出和结余这三者之间的关系，通过"入－出＝余"的公式进行的，这是汉代比较流行的一种结算方式。①

其次，是物资管理类账簿。这是用来记录某种物品出入情况的账簿，科目繁多。就汉简的官厅会计记录来说，包括因公出入的各种粮食、军械、家禽、衣物等都有对应的账簿记录。如《元康四年鸡出入簿》：

出鸡一只，以食长史君，一食，东。
出鸡一只，以食使者王君所将客，留宿，再食，东。
出鸡二只，以食大司农卒史田卿，往东四食，东。
……
十月尽十二月丁卯，所置自买鸡三只，直钱二百卌，率只八十，唯廷给。
九月毋余鸡。
今毋余鸡。
·最凡鸡卌四只。正月尽十二月丁卯所受县鸡二十八只一枚，正月尽十二月丁卯置自买鸡十五只一枚，直钱千二百一十五，唯廷给。②

物品、数量、用途，每一笔开支都记录清楚，当有购入的时候还要详细地记录总价与均价，并在每个月底盘点余额，年底计算总账，管理可谓严格。

---

① 参见朱德贵《汉代会计报表、科目设置和结算制度研究》，《会计之友》2012年第8期。
② 胡平生、张德芳编撰：《敦煌悬泉汉简释粹》，第77—78页。

又如各类布帛，《新简》中有：

胡中文布计　　尹圣卿二匹直六百
　　　　　　　孙赣二匹直六百
　　　　　　　张游卿二匹直六百
　　　　　　　（以上为第一栏）
　　　　　　　□□□二匹直六百凡□□十四匹
　　　　　　　□□二匹直六百七月余十一匹
　　　　　　　（以上为第二栏）　　　E·P·T56：72A

布帛的去向、数量、价值记录清楚，总额、余额也都有盘点统计。官方物资的用途主要是各类公务事项，民间资本虽然用途不同，但其经营过程中自然也会涉及物资的变动，故而也当有类似的账簿。

再次，是工资管理类账簿。官府工作人员的工资一般称为俸禄、俸谷等，所以官厅会计中相关科目记作俸禄簿。民间资本大量采用雇佣劳动，要支付雇值，名称不同，道理也是一样的。俸禄簿与钱簿一般对应登记。如《新简》：

　　　　　　　　　　　　候长□□三月千二百
出二月三月奉钱八千□百　候史□□三月九百
　　　　　　　　　　　　不侵燧长□□二月三月六百
　　　　　　　　　　　　当曲燧长□□二月三月千二百
　　　　　　　　　　　　　　　E·P·T51：23

此为钱簿。又如《新简》：

　　　　　　　　　　　候一人六千
五凤四年八月俸禄簿　　尉一人二千
　　　　　　　　　　　士吏三人三千六百　　E·P·T5：47

此为俸禄簿。每笔账都用一对记账标志"入、给""入、受"或"出、付"等额记录对应账户,来龙去脉清楚,体现了复式记账法会计分录的基本特征①。

最后,是其他账簿。汉简中还出土了一些往来类的账簿,如《合校》中有:

偿及当还钱簿
　□九石直钱廿三万三千□百卌　　　　　　　　　　67·6
　□责券簿　　　　　　　　　　　　　　　　　　274·32

这些都是类似于现代应收应付之类的业务账簿。偿即已经偿还,当还即尚未偿还。汉代赁贷业有一定发展,汉代民间资本在经营过程中如果有财物的借贷行为,当计入类似的账簿。

(三) 记账符号

记账符号是用来标记会计要素增和减方向的特定记账标志。郭道扬教授认为,秦汉时期是中国记账符号应用逐步发展的时期。② 在秦汉之前,如前引战国牛肋骨账簿中所有的支出项都以"取"作为记账符号,在结账的时候有"讫"作为符号,相比于夏商时代不固定动词的符号,表现出固定化的趋势,并且与秦汉时期"付""出"等符号在含义上有延续的关系。到了两汉时期,会计记账的符号趋向固定化、标准化,虽然还没有达到统一的程度,但也形成了几组比较常用的符号体系。

据汉简官厅会计的材料,如果以比较复杂又与民间资本经营实践类似的财物类账簿的记账工作流程来看,整个流程中使用的记账符号大约有以下几种。

---

① 参见李孝林、孔庆林《复式记账法产生新探——中国、意大利复式记账史料比较研究》,《中国会计学会高等工科院校分会 2006 年学术年会暨第十三届年会论文集》。

② 郭道扬编著:《会计史研究:历史·现时·未来》,中国财政经济出版社 2008 年版,第 192 页。

第一步是登记月初的存量,一般用"受某某月余"来表示,如《合校》中有:

　　□受征和四年六月簿余谷小斗五斗二升为□　　　　　488·3

《新简》中也有:

　　受六月余茭千一百五十七束　　　　　E·P·T52∶85

第二步即开始记录具体的财物变动的情况,要写明财物的数量以及"从哪儿来,到哪儿去"。这一步也是会计账簿中最核心的部分,记账符号比较复杂,从符号表达的会计要素增减方向上来说,可以分为同方向符号和反方向符号两类。

同方向的记账符号主要有"入、受""出、付""出、给""出、买"几组,使用上依然保留了一部分符号本身的字义,还没有达到后世统一的、完全符号化的程度。如"入、受"表示收入及从哪儿收入,如《合校》中有:

　　入钱七百　受□从张如意十一月尽七月月直少百
　　　　　　　　　　　　　　　　　　44·7,190·7

"出、付""出、给"表示支出以及支出的对象,如《合校》:

　　出钱三百四建平元年五月戊午　孤山里王则付西乡左忠
　　　　　　　　　　　　　　　　　　　　　267·18

又如《新简》:

　　出赋钱六百给万岁燧长王凤六月奉□　　　E·P·T4∶59

"出、买"则表示购入某种商品,如《新简》:

出钱百八买脂六斤斤☐　　　　　　　　　　E・P・T40:163

反方向的记账符号有"入、给""收(受)、付"等。收到什么,给谁,做了什么,在竹简上分上下两部分分别记录,上收下付,中间记结余是从先秦延续下来的传统,与战国牛肋骨账簿相同。如《合校》中有:

都内赋钱五千一百册
入　　给甲渠候史利上里高何齐
地节二年正月尽九月积九月奉　　　　　　　111・7

又如江陵凤凰山10号汉墓出土的五号木牍:

市阳二月百一十二算算卅五钱三千九百廿正堰付西乡堰佐缠吏奉。卩
市阳二月百一十二算算十钱千一百廿正堰付西乡佐赐口钱。卩①

五号木牍是当时算赋的一份半年会计报表,也是分为上收下付两个部分,上半部分记录算赋人头数、每人税负和总额,下半部分记录支出项目,也是典型的复式记账,校算亦都相符。不过因为是税收汇报,所以省略了增加项的符号"收",只用了"付"。②

第三步即是在做完每一笔出入业务记录之后进行的总结,一般使用符号·加上"凡"或"最凡",如《合校》中有:

・凡入赋钱卅万八千八十　　　　　　　　　　　　285・22

---

① 李均明、何双全编:《散见简牍合辑》,文物出版社1990年版,第68页。
② 李孝林:《我国复式簿记产生与发展比较研究》,《中国社会经济史研究》2008年第1期。

又如《新简》中有：

> ·最凡　稾矢
> 䖟矢万枲千五百枲十八又官三千三百凡二万一千九百
> 枲十八　　　　　　　　　　　　E·P·F22：185

第四步即是当月底进行盘点的时候，一般用记账符号"今余""某月余"，如《新简》中有：

> 今余谷万三千八百四石五升少　其三百卅一石米糒
> 　　　　　　　　　　　　　　六千三百一十六石四斗一升少
> 粟☐　　　　　　　　E·P·T56：232

四　会计信息的输出

会计工作从根本目的上来说是为会计信息的使用者服务。所以在将原始的会计凭证经过会计信息系统的处理之后，会计信息系统运作的最终环节即为信息的输出，也就是将处理好的规范化可识读的会计信息提供给使用者。以现代企业的会计工作而言，会计信息的使用者主要可以分为企业内部使用者与企业外部使用者两大类，前者即企业的所有者和经营者，后者即企业外部的管理者也就是政府部门。汉代虽然没有现代企业，但会计信息输出方向依然是这内外两条。

会计信息对内的输出即是为民间资本的管理者提供管理、决策的依据，这本就是民间资本运营的基本需求之一。正如《史记·货殖列传》中记载的范蠡言论："计然之策七，越用其五而得意。既已施于国，吾欲用之家。"[①] 不论官方还是民间，在管理自己财物方面总是有相通的地方。而如猗顿、郭纵这样"与王者埒富"的大民间资本所有者，管理规模远超基层烽燧的生意，若说没有与官厅相似甚至更高水平的会计

---

① （西汉）司马迁：《史记》卷一二九《货殖列传》，第3257页。

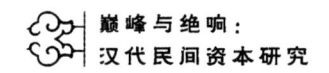

水平，显然是不可想象的。

会计信息的对外输出也即是为满足政府对民间资本运营的具体情况和资产规模方面信息的需求。在汉代，这种信息的需求主要是集中在税务和审计工作上。汉代政府对民间资本征有资产税、交易税等税种，虽说报税的方式一般采用"自占"的形式，但从算缗告缗中的规定以及史料中多见的因自占不实而获罪的例子来看，汉代政府显然是对民间资本的资本规模和经营状况有着了解的渠道的，这实际上也就是审计工作。对于资产规模的审计，如土地、房产、车船等实物或许可以采用实物清查的方式，但以交易额或利润为征税对象的交易税则只能通过查账的方式。汉代政府是否有针对民间资本定期的成定制的审计工作，以及具体审计工作是如何进行的，限于材料还不清楚。但汉简中官方审计的资料却比较丰富，可以参考一二，如《合校》中有对于实物的清查：

  今余錾二百五 百五十破伤不可用
    五十五完   498·9

錾为耒端的金属刃口，对于生产工具不仅有数量的盘点，对完好程度也有区分。而对于粮食的清点更是附于出入簿之后，是定期的工作，如《合校》中有：

  冣凡粟二千五百九十石七斗二升少
  凡出千八百五十七石三斗一升
  今余粟七百卅三石四斗一升少
  校见粟得七百五十四石二斗   142·32B

冣凡即为总计，那么前面应该还有期初余额和本期收入。今余、校见即是下期的期初余额，符合四柱记账法的原则。

通过账簿之间的比较，也确实会发现一些问题，如《合校》：

第二章
汉代民间资本的投资方式与管理方法

  校候三月尽六月折伤兵簿出六石弩弓廿四付库库受啬夫久廿三而空出一弓解何   179·6

  通过折伤兵簿和仓库出入簿的对比，发现短了一弓。又如悬泉汉简：

  效谷移建昭二年十月传马簿，出悬泉马五匹，病死，卖骨肉，直钱二千七百册，校钱簿不入，解……①

  传马簿中记载了一笔卖病死马的收入，但钱簿中没有对应记录。这两条材料也证明了当时同一笔业务登记对应账户的复式记账法的应用。②

---

① 胡平生、张德芳编撰：《敦煌悬泉汉简释粹》，第85页。
② 李孝林：《我国复式簿记产生与发展比较研究》，《中国社会经济史研究》2008年第1期。

第三章

汉代民间资本的消费结构

在本书之前的内容中，笔者梳理了汉代民间资本在各个行业的投资情况，以及它们在投资的过程中具体的经营管理方法。通过在各个行业的生产经营活动，汉代民间资本完成了资本的积聚。可以说，这一部分是对汉代民间资本来源的分析。那么，通过各种渠道聚集起来的民间资本，最终又流向了何处呢？这便是接下来要探讨的汉代民间资本的消费结构问题。

所谓消费，是指利用社会产品来满足人们各种需要的过程。在中国古代，"消费"一词最早见于东汉王符的《潜夫论·浮侈篇》，所谓"坐食嘉谷，消费白日……皆宜禁者也"[①]。但实际上类似含义的内容，在更早时就已经出现。在先秦以来的文献中，时人多用"饮食""养生""送死""乐舞""娱乐""祭祀"等更加具体的词汇描述某一类消费行为，又用"奢侈""侈靡""节俭"等词汇表达自己对某种消费行为的态度。其关注的内容，既包含了物质生活消费，也包含了精神生活消费的内容。

现代经济学将消费依内容分为了生产消费和生活消费两个部分。所谓生产消费，实际上就是人们利用各种生产资料进行的具体的生产过程。而生活消费则是指人们为满足物质、精神需要而消耗的物质资料或劳务的过程，其中包含了物质生活消费与精神生活消费。关于生产消

[①] （东汉）王符著，（清）汪继培笺，彭铎校正：《潜夫论笺校正》，第127页。

第三章 汉代民间资本的消费结构

费，笔者在前面其实已经做过详细的探讨。所以在这一章，笔者将重点放在生活消费方面，并尝试探讨其对两汉社会经济的影响。

第一节 汉代民间资本的生活消费

生活消费是指人们为满足物质、精神需要而消耗的物质资料或劳务的过程，其中包含了物质生活消费与精神生活消费。汉代的民间资本通过在各行各业的运营积累了一定的财富之后，除了用于简单再生产或者扩大再生产之外，也要有相当的一部分用来满足自己生活消费的需求。而且由于本书前面讲过的，汉代的政策环境以及以农业为主的经济结构等因素导致了，在很多情况下民间资本面临的投资选择和盈利空间是有限的。既然无处投资，那么这些"过剩"的资本，有相当一部分必然就转入了消费环节。

当然，与今天的社会一样，不同规模的民间资本自然有不同层次的生活消费水平：贵族、官僚、大商人等民间资本的上层，除了奢侈丰厚的物质消费、精神消费之外，也会把相当多的资本用于教育等发展性消费；而中小商人与手工业主在维持基本物质生活需要之外，也有一定的享受性的及精神层面的消费。所谓"用贫求富，农不如工，工不如商，刺绣文不如倚市门"①，普遍来说民间资本的消费层次比一般小农家庭要高一些，这也构成了汉代人口在行业间流动的一种重要的吸引力。《盐铁论·散不足》篇中有一长篇贤良文学的议论，通过古今的对比批判了当时的富有阶层在生活消费方面的奢侈，正好为本书的研究提供了丰富的材料。下面笔者就结合这篇长文以及其他资料，将民间资本分为上下两层，从衣食住行婚丧交际等方面对汉代民间资本的生活消费做一简单的梳理。

一 汉代民间资本的饮食消费

所谓"民以食为天"，饮食的消费是维持人类生命延续的必要开

---

① （西汉）司马迁：《史记》卷一二九《货殖列传》，第3274页。

支，从古到今都在生活消费中占据重要的地位。当然，随着生产力的发展和生活水平的提高，饮食消费的具体内容也是有所变化的。正如《盐铁论》中文学的描述：

> 古者，燔黍食稗，而捭豚以相飨。其后，乡人饮酒，老者重豆，少者立食，一酱一肉，旅饮而已。及其后，宾婚相召，则豆羹白饭，綦脍熟肉。今民间酒食，殽旅重叠，燔炙满案，臑鳖脍鲤，麑卵鹑鷃橙枸，鲐鳢醢酸，众物杂味。①

不同历史时期人们的饮食方法和内容都有所不同，上古时期但求吃饱，一切都比较简陋：用火烧麦子，手撕猪肉果腹。之后又发展出区分长幼的饮食礼仪，实际上是从饮食方面体现的社会秩序，但饮食的内容依然比较简单，一酱一肉而已。再之后饮食的内容逐渐丰富，至汉代的宴席上已是鱼、肉、飞禽走兽种类繁多，烹饪的方法也更加多样化，这明显已经脱离了单纯果腹的目的，而是开始追求"口腹之欲"的享受。彭卫等人的风俗史研究也表明，当时主食的内容已在传统"五谷"的基础上有了相当大的扩展，见诸简牍、文献的有黍、禾、大麦、小麦、麻、稻、大豆、小豆、稗、穈、粱、芋、孤米、荞麦、青稞、甘薯等。其中孤米、荞麦、青稞、高粱等是新出现品种。大豆由主食转为副食，传统的黍的重要性减弱，小麦的地位明显上升。② 菜品方面除了葱、蒜、韭等常见蔬菜之外，还有了黄瓜③、蕹菜④等新品种，温室栽培的技术也开始应用。当然，最明显的进步还是体现在肉食在整个饮食中的比重明显地提高了。

从根本上来说，消费的规模取决于人们的经济收入，这一点不论饮

---

① （西汉）桓宽撰，王利器校注：《盐铁论·散不足》，第351页。
② 参见彭卫、杨振红《中国风俗通史》（秦汉卷），上海文艺出版社2002年版，第26—34页。
③ 蒋廷瑜等：《广西贵县罗泊湾一号墓发掘简报》，《文物》1978年第9期。
④ 扬州博物馆：《扬州西汉"妾莫书"木椁墓》，《文物》1980年第12期。

第三章
汉代民间资本的消费结构

食消费还是其他各类消费概莫能外。两汉时期的民间资本，依其资本规模的不同，在饮食消费上自然也有差别。

首先，官僚贵族富商大贾等民间资本的上层，在饮食方面极为奢华，除了口腹之欲之外，还重视歌舞等具有仪式色彩的娱乐内容。《盐铁论·散不足》描述当时富商大贾的饮食消费：

> 逐驱歼罔置，掩捕麑鷇，耽湎沈酒铺百川。鲜羔觗，几胎肩，皮黄口。春鹅秋雏，冬葵温韭浚，茈蓼苏，丰荑耳菜，毛果虫貉。①

这仿佛《报菜名》般的一长串，提到了大量的山珍野味、幼胎动物以及各种应季的蔬果。班固在《两都赋》中也描绘了"庭实千品，旨酒万钟，列金罍，班玉觞，嘉珍御，大牢飨""尔乃食举《雍》彻，太师奏乐，陈金石，布丝竹，钟鼓铿鎗，管弦晔煜"②的画面。乐府诗《古歌》中也有："东厨具肴膳，椎牛烹猪羊。主人前进酒，弹瑟为清商。投壶对弹棋，博弈并复行。朱火飏烟雾，清樽发朱颜。四坐乐且康。"③不仅有大量的肉食，还包含了很多娱乐项目。从一些墓葬出土的随葬品中也能看出墓主生前奢华的饮食消费。如长沙马王堆西汉轪侯利苍的墓葬，墓主作为一个小贵族，就随葬了大量的食物，除了种类丰富的粮食蔬果之外，肉食禽类更是丰富，甚至有梅花鹿、鹤、鸳鸯、喜鹊等非家养的兽类鸟类。烹饪方法也非常多样，羹类就有5种。④

其次，以各类小商人、小手工业者为代表的下层民间资本，其饮食消费虽达不到贵族富商的奢华，却比前代也有了相当的进步，最明显的体现就是肉类在饮食中的比重大大增加了。如《盐铁论》载："今间巷

---

① （西汉）桓宽撰，王利器校注：《盐铁论·散不足》，第349页。
② （南朝宋）范晔撰，（唐）李贤等注：《后汉书》卷四十下《班彪传下》，第1364页。
③ 逯钦立辑校：《先秦汉魏晋南北朝诗·汉诗》卷十《古歌》，中华书局1983年版，第289页。
④ 何介均、张维明编写：《马王堆汉墓》，文物出版社1982年版，第31—33页。

县佰，阡伯屠沽，无故烹杀，相聚野外。负粟而往，絜肉而归"①，"匹庶稗饭肉食"②，可见肉食早已不是"七十者"的专属，其消费更加的日常化与平民化了。至东汉魏晋时，民间富裕百姓家庭的饮酒、食肉现象比较普遍，如著名的《木兰辞》中就有"小弟闻姊来，磨刀霍霍向猪羊"的诗句。依靠自己的手艺与勤劳经营小手工业，也可以有不错的饮食消费水平，如广汉郡姜诗家，其妻"昼夜纺绩，市珍羞"③，通过辛苦的手工劳作，可以让一家人都吃得不错。

二 汉代民间资本的服饰消费

中国古称"华夏"，孔颖达在《春秋左传正义》中曾注疏："夏，大也。中国有礼仪之大，故称夏；有服章之美，谓之华"。服饰的消费，自古也是人们生活消费的重要组成部分。从最早的原始人以兽皮、树叶蔽体开始，服饰在原始的御寒功能之外，还具备着审美的意义。而再到后来，随着社会阶层的分化、阶层秩序的建立，服饰又具备了身份象征的含义，正如《盐铁论·散不足》篇所云：

> 古者，庶人耋老而后衣丝，其余则麻枲而已，故命曰布衣。及其后，则丝里枲表，直领无袆，袍合不缘。夫罗纨文绣者，人君后妃之服也。茧绸缣练者，婚姻之嘉饰也。……今富者缛绣罗纨，中者素绨冰锦。常民而被后妃之服，亵人而居婚姻之饰。④

上古的时候一般人只能穿麻布的衣服，丝绸这样的高档品只能是老人、贵族或者是婚姻等重大礼仪场合才能穿着，有着其身份或仪式的意义。而到了汉代，随着技术的进步，服饰的消费情况有了很大的变化。所谓"常民而被后妃之服"，说明丝织品在平民百姓的生活消费中开始

---

① （西汉）桓宽撰，王利器校注：《盐铁论·散不足》，第351页。
② （西汉）桓宽撰，王利器校注：《盐铁论·国疾》，第334页。
③ （南朝宋）范晔撰，（唐）李贤等注：《后汉书》卷八四《列女传·姜诗妻》，第2783页。
④ （西汉）桓宽撰，王利器校注：《盐铁论·散不足》，第350页。

变得常见起来。这一点从边塞简牍中出土的服饰交易记录也能看出来，《居延汉简》中出现的涉及边塞平民交易的丝织品种类非常多，如帛、丝、练、绢、素、白素以及具体到款式的成衣如丝袍、禅衣、白练衣等。① 而富有的民间资本更是"缛绣罗纨"，追求款式新颖、工艺繁复的高档丝织品，说明其对服饰的要求早就超越了简单的使用价值，而是在追求审美、炫耀等精神层面的需求。如《汉书·江充传》载："初，充召见犬台宫，自请愿以所常被服冠见上。上许之。充衣纱縠襌衣，曲裾后垂交输，冠禅纚步摇冠，飞翮之缨。"② 飞翮之缨是薄如蝉翼的丝织品，这还只是常服。当然，这种过于奢侈的做法，也经常遭到时人的批评。如《盐铁论·散不足》篇贤良文学谈论当时婚嫁的服饰："古者……封君夫人，加锦尚褧而已。今富者皮衣朱貉，繁露环佩。"③ 当时不仅是民间资本自身，连其家中的仆役婢女也穿着高档的衣服，如博陆侯霍禹家"侍婢以五采丝挽显，游戏第中"④。此外，就如《盐铁论·散不足》篇所云："夫纨素之贾倍缣，缣之用倍纨也"⑤。缣是一种工艺繁复的丝织品，但由于不好看，售价便只有纨素的一半，可见富有阶层对服饰关注重点的变化，也影响到了商品的价格。

当然，如前述饮食消费一样，根本上说消费水平要取决于收入水平。前面说的这些奢侈的服饰消费，只是局限在民间资本的上层。而诸如小商小贩这种下层民间资本，在服饰消费上自然有所不同。不过纵向比较的话，当时即便是中下层的民间资本，其服饰消费水平也是有所改善的。如《盐铁论·散不足》云："常民而被后妃之服，褭人而居婚姻之饰"，这是说一些平民可以"服杂彩"之服。东汉后期，一些"细民"还"衣缯彩"⑥。辛延年在《羽林郎》中描述的卖酒胡姬"长裾连

---

① 参见甘肃省文物考古研究所等编《居延新简》，文物出版社1990年版。
② （东汉）班固：《汉书》卷六八《江充传》，第2176页。
③ （西汉）桓宽撰，王利器校注：《盐铁论·散不足》，第354页。
④ （东汉）班固：《汉书》卷八八《霍光传》，第2950页。
⑤ （西汉）桓宽撰，王利器校注：《盐铁论·散不足》，第350页。
⑥ （东汉）王符著，（清）汪继培笺，彭铎校正：《潜夫论笺校正》卷三《浮侈》，第132页。

理带,广袖合欢襦。头上蓝田玉,耳后大秦珠"①,这胡姬只是经营酒肆的小生意人,却打扮得非常不错。当然,出于工作的需要,像父子勠力生产,于田间地头交易铁器农具的小手工业者,虽然收入不错,但服饰方面肯定还是以结实耐用的普通服饰为主。

三 汉代民间资本的住宅消费

住宅消费也是人类生活消费的一个重要组成部分。最早的住宅无非就是人类离开丛林寻找的遮风避雨的场所,功能比较单一。但到秦汉时期,住宅在基本功能之外已经被赋予了更多的内涵,广厦万间、深宅大院,不仅仅是简单的住所,更成为人们的身份、财富和地位的象征。正如《盐铁论》中文学所言:

> 古者,采椽茅茨,陶桴复穴,足御寒暑、蔽风雨而已。及其后世……大夫达棱楹,士颖首,庶人斧成木构而已。今富者井干增梁,雕文槛楯,垩□壁饰。②

两汉时期随着建筑技术的进步,富裕的民间资本在住宅方面更多地追求多层的楼宇建筑,并开始注重住宅与周边自然环境的和谐。传世文献中多有提及这类深宅高院,如博陆侯霍禹"广治第室……而禹、山亦并缮治第宅,走马驰逐平乐馆"③。哀帝时,董贤"起大第北阙下,重殿洞门,木土之功穷极技巧,柱槛衣以绨锦"④。又如汉乐府诗《陌上桑》中有:"日出东南隅,照我秦氏楼。"⑤《西北有高楼》中有"西北有高楼,上与浮云齐"⑥等。考古发现的汉代住宅陶塑中这类建筑也

---

① (东汉)辛延年:《羽林郎》,(宋)郭茂倩编《乐府诗集》卷六三《杂曲歌辞》,第909页。
② (西汉)桓宽撰,王利器校注:《盐铁论·散不足》,第349页。
③ (东汉)班固:《汉书》卷六八《霍光传》,第2950页。
④ (东汉)班固:《汉书》卷九三《佞幸传》,第3733—3734页。
⑤ (宋)郭茂倩编《乐府诗集》卷二八《相和歌辞》,第410页。
⑥ 隋树森编著:《古诗十九首集释·西北有高楼》,中华书局1955年版,第7页。

有不少,其中二三层的小楼比较常见,如河南陕县出土的三层陶楼阁就建在水池旁边,① 表现出时人有亲近自然的意愿;而六七层的高楼也有出土,如荥阳县城关乡魏河村出土的陶楼就有七层之高。

图 3-1　荥阳县城关乡魏河村出土陶楼②

此外,焦作白庄东汉墓出土的房屋建筑明器是由主楼、附楼、楼阁与院落四部分组成,③ 说明东汉时期院落住宅与楼阁住宅出现融合趋势,并向苑囿园林方向发展。④

汉代富裕阶层的住宅除了基本的建筑结构外,开始更加注重住宅的装饰,同样表现了人们对住宅的追求开始由简单居住向审美、炫耀等更高的精神层次的提升。如当时常用的字书《急就篇》里就有"泥涂垩塈壁垣墙"一句,先用泥涂使墙壁平整,再刷白粉使其美观。住宅的

---

① 黄河水库考古工作队:《一九五六年河南陕县刘家渠汉唐墓葬发掘简报》,《考古通讯》1957 年第 4 期。
② 图引自兰芳《汉代陶楼的造物研究》,博士学位论文,江南大学,2018 年。
③ 索全星:《河南焦作白庄 6 号东汉墓》,《考古》1995 年第 5 期。
④ 彭卫、杨振红:《中国风俗通史》(秦汉卷),第 212 页。

墙壁上还涂有各类装饰性的纹彩，据说当时鲁恭王刘余的宫室中壁画"千变万化，事各缪形，随色象类，曲得其情"①。而屋内的房梁柱子，也会用各种高档的丝织品加以装饰，所以贾谊就说当时"庶人屋壁得为帝服"②。时人应璩也有诗作批评当时的奢侈风气："奈何季世人，侈靡在宫墙。饰巧无穷极，土木被朱光。"③ 总之，汉代富贵人家的居室消费之层次有明显提高。

而小商人、小手工业者为代表的下层民间资本，自然没有这么好的居住条件，其居住消费水平与一般平民相当。据《睡虎地秦简》反映，当时一个普通士兵家庭的住宅结构是"一宇二内，各有户"④。至汉朝也没有太大的变化，普通平民家庭的居住条件，也是家有"一堂二内"。室内的装潢方面，从出土文物来看，普通的民居一般比较简朴，功能以实用为主。⑤ 出土的简牍、碑刻中还有一些材料反映了当时的资产普查以及房屋交易的情况，从中能大致看出房屋的价格，以及下层民间资本在居住方面的支出规模。比如居延西道里公乘徐宗家赀一万三千，有"宅一区直三千"，候长觻得广昌里公乘礼忠家赀十万，有"宅一区万"。⑥ 家赀十万可谓中等农户，普通的小商人、小手工业者居住水平应该与其差不多，有价值一万钱的住宅。

四川郫县曾出土顺帝永建三年（128年）簿书残碑，上面记载了很多房屋价值的信息，比如："舍六区，直五四万三千。……康眇楼舍，质五千。……中亭后楼，贾四万。苏伯翔渴舍，贾十七万"⑦。在这一

---

① （南朝梁）萧统编，（唐）李善注：《文选》卷十一王延寿《鲁灵光殿赋》，第515页。
② （东汉）班固：《汉书》卷四八《贾谊传》，第2242页。
③ （唐）徐坚等：《初学记》卷一八《人部中·讽谏第三》转引自（东汉）应璩《百一诗》，中华书局1962年版，第439页。
④ 睡虎地秦墓竹简整理小组编：《睡虎地秦墓竹简》，第249页。
⑤ 中国社会科学院考古研究所编著：《新中国的考古发现和研究》，文物出版社1984年版，第398页。
⑥ 中国社会科学院考古研究所编：《居延汉简甲乙编》，中华书局1980年版，第14、25页。
⑦ 碑文引自秦晖《郫县汉代残碑与汉代蜀地农村社会》，《陕西师大学报》（哲学社会科学版）1987年第2期。

组记录中，最便宜的一舍只有五千钱，最贵的有十七万钱。其中虽然有交易方式的区别（直、质、贾），但也可见依房屋质量不同价格差别很大。总之，中等家庭的住宅价格大概在一万钱至数万钱之间，这也应当是下层民间资本在住宅方面的支出规模。

第二节　汉代民间资本消费对社会经济的影响

前文分析了汉代民间资本的基本消费结构和内容。对于一个社会来说，消费作为社会总需求的组成部分，其水平和内容要受到社会总供给的制约。生产力的发展水平以及商品经济的发育程度，一方面决定了一个社会有多少产品供应消费，另一方面也决定了商品的流通成本，进而决定交易覆盖的地理范围。太史公在《货殖列传》中引《周书》所云："农不出则乏其食，工不出则乏其事，商不出则三宝绝，虞不出则财匮少"，说的正是这个道理。

但反过来看，一个社会的消费需求，对生产和商品经济的发展也有着重要的导向作用，正是因为有着需求，才会有盈利的可能，才能给予生产者和经营者前进的动力。所以汉代民间资本在各个领域的消费，实际上对汉代相应行业的生产发展有推动作用，进而对汉代商品经济和市场的繁荣甚至是某些生产组织效率的提高，都是起到重要的促进作用的。但同时也应该看到，汉代民间资本的消费结构中蕴含的过度消费等结构性问题，也对汉代社会造成了不利的影响。

一　刺激了农业和手工业的发展

如前所述，消费从观念上创造了生产的动力，消费需求也引导着生产的扩张与发展方向。汉代民间资本的消费，对作为汉代主要生产部门的农业与手工业，都有着这样的引导和促进作用。

（一）促进了农业的发展与农产品的商品化

汉代是农业社会，"重农"也是当时主导的经济思想。与其他商品不同，人不可一日无食，消费者对粮食的需求是一种刚性需求。所以伴随着两汉时期人口数量的增加,对粮食产品的消费需求也必然相应地增加,这自然促进了农业生产的发展。以秦至西汉的人口数据来看,据葛剑雄先生《中国人口史》估计,秦始皇时代的人口总数4000万,西汉初期的人口约在1500万—1800万之间,武帝元光元年(前134年)增加到3600万,西汉平帝元始二年(2年)达到近6000万的高峰。① 葛先生还据此估算粮食的基本需求:以平均每人每月需要3石粮食计算,则秦代每年所需要消费的口粮超过144000万石,西汉初期每年所需口粮为54000万石—64800万石,武帝时为129600万石,西汉平帝元始二年(2年)约为216000万石,即西汉200余年间,人口的年平均增长率约为7‰,其中前期数十年间可达10‰以上。② 故而以西汉来看,粮食生产的速度最起码要与人口增长的速度相近,才能使这种人口增速得以实现。西汉初年人地矛盾尚不十分尖锐,统治者通过"复故爵田宅"等手段恢复发展农业生产,可以在一定程度上缓解人口增长对粮食供给的压力,时人也有"五口之家,百亩之田"的说法。但实际上从出土简牍可以看出,汉代平均每户拥有的土地远不及百亩。在这种供需矛盾尖锐的情况下,精耕细作、提升亩产便是唯一的出路。而农业的行业特性就决定了,这是一个规模效应很明显的行业。有一定实力的民间资本,可以通过使用更多耕牛,建设更多的如水车等的耕作设施,以及采用更先进的田间管理方式等方法,提升农业的产出。超出自用部分的粮食,自然就以商品粮的形式流入市场,增加了整个国家的粮食供应,满足更多人的粮食需求。而这些是只有几十亩薄田的小农家庭很难做到的。

汉代以农业人口为主,但也存在着数量不少的城市人口,并且随着生产的恢复和发展,出现了一批著名的大型城市。如西汉都城长安人口超过50万,临淄作为东方重镇,人口甚至多过长安,东汉都洛阳,人口亦有二三十万。城市居民除了周边的农业人口外,还有大量的士、工、商等各个阶层以及各级的官僚贵族,他们不事耕作,所需粮食都要

---

① 葛剑雄:《中国人口史》(第1卷),复旦大学出版社2002年版,第197、198页。
② 葛剑雄:《中国人口史》(第1卷),第191页。

通过市场来购买，这自然促进了农产品商品化的进程。

此外，如果将农业的范围由农作物种植业扩展到包括农林牧副渔在内的广义农业，则更能看出随着汉代各阶层的民间资本消费需求的增加，各类农产品的商品化进程都在加快。这些在前文介绍民间资本行业投资时都有涉及，在此就不赘述了。

(二) 促进了手工业的发展

对生活品质的改善，对奢侈品的追求乃人类的天性，而这种需求的扩张自然会刺激相关行业的发展，对此《管子·侈靡》篇中早有认识："美垄墓，所以文明也；巨棺椁，所以起木工也；多衣衾，所以起女工也。"[1] 太史公也继承了管子的观点，他批评汉代的奢靡消费："于是商通难得之货，工作亡用之器……以追时好而取世资"[2]。虽是批评，但"追时好而取世资"体现了司马迁对于消费需求对手工业生产及商业的引导促进作用的认识。

汉代的手工业，从所有权和经营权来说可以分为官营国有和民营私有两大类。不论官私，手工业的生产规模和技术革新，依然受到民间资本消费需求的直接影响。

从生产规模看，为了满足民间资本上层对高档消费品的需求，两汉时期官私手工业的奢侈品生产规模都在不断地加大。如纺织业中，官营的纺织作坊如《汉书·贡禹传》所云："故时齐三服官输物不过十笥，方今齐三服官作工各数千人，一岁费数巨万，三工官官费五千万，东西织室亦然"[3]。由上层民间资本经营的私营纺织业规模也非常巨大，如西汉名臣张安世家，"尊为公侯，食邑万户，然身衣弋绨，夫人自纺绩，家童七百人，皆有手技作事，内治产业，累织纤微，是以能殖其货，富于大将军光"[4]。又如盐、铁、金银器等"重工业"中，官营铸造业规模庞大，据史载："蜀广汉主金银器，岁各用五百万。三工官官

---

[1] 黎翔凤撰，梁运华整理：《管子校注》卷十二《侈靡》，中华书局2004年版，第688页。
[2] （东汉）班固：《汉书》卷九一《货殖传》，第3682页。
[3] （东汉）班固：《汉书》卷七二《贡禹传》，第3070页。
[4] （东汉）班固：《汉书》卷五九《张安世传》，第2652页。

费五千万。"① 而在西汉武帝以前以及东汉时期，私营的冶铁铸钱行业规模也不遑多让，像西汉初蜀卓氏"即铁山鼓铸，运筹策，倾滇蜀之民，富至僮千人"；东汉时郭况"黄金为器，功冶之声震于都鄙"② 之类的记载也是不绝于史。

民间资本对手工业产品的需求是不断升级的，这也就要求汉代的官私手工业要不断地改进自己的生产技术，不断地推出新的产品来满足市场的需求，这在客观上也就促进了手工业的技术进步。如纺织业中，巨鹿陈宝光妻"机用一百二十镊，六十日成一匹，匹值万钱"③，技术相当高超，产品甚至卖到了霍光家里；1972 年湖南马王堆汉墓出土的素纱襌衣④，衣长 128 厘米，袖长 190 厘米，重量仅 49 克，可说薄如蝉翼，是目前已知的最轻薄的丝织品。而漆器、金银器制造等行业，也达到了相当高的技术水准。如《西京杂记》记载长安巧匠丁缓：

> 为常满灯，七龙五凤，杂以芙蓉莲藕之奇。又作卧褥香炉，一名被中香炉，本出房风，其法后绝，至缓始更为之。为机环转运四周，而炉体常平，可置之被褥，故以为名。又作九层博山香炉，镂为奇禽怪兽，穷诸灵异，皆自然运动。又作七轮扇，连七轮，大皆径丈，相连续，一人运之，满堂寒颤。⑤

而这些工艺品的高超技艺也为近代以来的考古发现所证实。

民营的手工业由于更加贴近市场，从而对消费需求的变化更加敏感，其产品也更加贴近百姓的生活。比如制陶业本是一项古老的手工业，主要生产人们日常生活用的各类器具。而汉代随着厚葬风俗从社会

---

① （东汉）班固：《汉书》卷七二《贡禹传》，第 3070 页。
② （北宋）李昉编纂，孙雍长等校点：《太平御览》卷八三三引《王子年拾遗记》，第 753 页。
③ （东晋）葛洪撰，周天游校注：《西京杂记》卷一《霍显为淳于衍起第赠金》，第 33 页。
④ 上海市纺织科学研究院文物研究组等：《长沙马王堆一号汉墓出土纺织品的研究》，文物出版社 1980 年版，第 23 页。
⑤ （东晋）葛洪撰，周天游校注：《西京杂记》卷一《巧工丁缓》，第 60 页。

上层向下层的扩张,使普通百姓也产生了对陪葬明器的需求。为了满足这种需求,各类的陶塑便成为了制陶业新的产品。

二 促进了商品流通和市场的繁荣

两汉幅员辽阔,各地风土人情差异很大,也各有其方物特产,《汉书·地理志》记录了各地的方物,如"故秦地……有鄠、杜竹林,南山檀柘,号称陆海……天水、陇西,山多林木……巴、蜀、广汉本南夷……有江水沃野,山林竹木疏食果实之饶"①。各地所据玄远,特产之物往往"待商而通",而民间资本消费欲望带来的潜在收益,正是促进长途商运发展的根本动力。商运的发展,大量的商品自然需要固定的交易场所,同时利润最高的奢侈品的主力消费人群也集中在大城市之中,这也就进一步地促进了市场尤其是城市市场的繁荣。

(一) 商品流通的发展

从内容来说,汉代的商品流通主要可以分为生活用品的流通和奢侈品的流通两大类。

首先说生活用品的流通。古语有"百里不贩樵,千里不贩籴"的说法,表示空间距离对商运的限制,但这种限制在两汉时期一定程度上被打破了。在外部条件层面,西汉建国之后"开关梁,弛山泽之禁",并进行了一系列的道路、邮驿设施建设,再加上舟车制造技术的进步,为商流的畅通奠定了基础。而更重要的还在于,随着两汉时期人口的增加,对粮食、肉类、服装布匹等生活必需品的刚性需求也随之增长,从而带来不菲的利润,太史公称其"岁有十二之利"。20%的利润率当是约数,但商运的利润远超过单纯的农作物种植业当是无可怀疑的。这也就吸引了大量的专业商人甚至是农民加入到商运的大军中来。如居延汉简"粟君所责寇恩事"②案例中,寇恩为粟君贩鱼5000条至觻得,往

---

① (东汉)班固:《汉书》卷二八下《地理志下》,第1642—1645页。
② 简文参见甘肃居延考古队简册整理小组《"建武三年候粟君所责寇恩事"释文》,《文物》1978年第1期。

返千余里，数量和距离都相当可观。又如三国时期的李岳："官至中散大夫。尝为门客所说，举钱营生，广收大麦，载以赴晋阳，候其食寒，以求高价。"① 虽然后来因为天降大雨折了本，但能够让官吏都参与到这种活动中来，也可以看出这种生活用品的长途贩运在当时的民间是有一定的普遍性的。

当然，要以收益而言，利润率最高的生意还是奢侈品的商运贸易。《东观汉记》载桓谭言："贾人多通侈靡之物，罗纨绮绣，杂彩玩好，以淫人耳目。"② 实际上桓谭这话的因果逻辑是有一定问题的，并非是商人贩卖奢侈品导致人竭尽其财，对奢侈品的需求乃是人的本性，正因为有许多人竭尽其财地追求奢侈品，才吸引着大量的民间资本涌入到奢侈品的生产和贩卖行业中来，从而实现"交万里之财"。从而形成了《盐铁论·通有》中文学所说的"求蛮、貉之物以眩中国，徒邛、笮之货，致之东海"③的局面。

（二）市场的繁荣

市场乃是交易的场所，商品的价值要在市场上实现，民间资本的消费需求，绝大部分最终也要在市场上得到满足。

两汉时期兴起了一大批商业城市，太史公称之为"通邑大都"，比如长安、洛阳、临淄、江陵、成都、涿、蓟、温、邯郸、宛、寿春、吴、番禺、邺、荥阳等，这些城市都是区域性甚至全国性的商业中心，其实也是财富和消费的中心，所谓"富冠天下，皆为天下名都"④ 是也。在这些城市中，居住着大量的消费人群，有上层的民间资本所有者，如高官显贵、富商大贾等，也有下层的民间资本所有者，如小手工业者、小商人，同时还有大量的从事各种行业的普通民众。这些城市居民不事耕作，日常所需大多都要从市场购买，也就形成了巨大的消费需

---

① （北宋）李昉编纂，孙雍长等校点：《太平御览》卷八三八引《三国典略》，第802页。
② （东汉）刘珍等撰，吴树平校注：《东观汉记校注》卷十四《桓谭传》，中华书局2008年版，第548页。
③ （西汉）桓宽撰，王利器校注：《盐铁论·通有》，第42—43页。
④ （西汉）桓宽撰，王利器校注：《盐铁论·通有》，第41页。

求。这些消费需求，不论是上层对奢侈品的需求还是下层对生活用品的需求，都意味着潜在的巨大利润。再加上这些城市往往处在交通要道，所谓"居诸侯之冲，跨街衢之路"，从而使得四方商贾云集于此，自然也就带来了繁盛的市场交易。正如《盐铁论·力耕》云："诸殷富大都，无非街衢五通，商贾之所凑，万物之所殖者。"①

消费需求引导着交易需求，也带来了一些市场管理方面的变化，比如《后汉书·孔奋传》载东汉初河西姑臧"市日四合"，唐人李贤注，"古者为市，一日三合。《周礼》曰：'大市日侧而市，百族为主。朝市朝时而市，商贾为主。夕市夕时而市，贩夫贩妇为主。'今既人货殷繁，故一日四合也"②。也就是说因为交易需求的扩大，导致了当地每天开市次数的增多。

三 生产组织效率的提高——以墓葬相关行业为例

汉代民间资本的消费需求带来了巨大的潜在利润，也激励着各行各业的生产经营者努力思考如何提高生产效率以获得更多的利润。其中既有技术的改进，也有一些组织方式的变革。有涉于此的行业众多，在此仅以与墓葬有关的行业为例，在前人研究③的基础上做一简略说明。

两汉以厚葬著称于后世，但实际上厚葬习俗的形成也是经历了一定的过程的。西汉建国之初天下凋敝，消费能力有限，从官方到民间皆以恢复和发展生产为要务，在墓葬方面也就主张薄葬。而厚葬的风俗是从武帝之后逐渐兴起的，原因有很多。

首先是随着经济的发展，整个社会的消费能力提升了，尤其是社会上层如官僚贵族、富商大贾等积累了大量的财富。其次是社会意识形态的变化。自董仲舒罢黜百家独尊儒术之后，改造后的儒家思想逐步在整个社会的意识形态中占据了统治地位。儒家强调孝道，厚葬父母，侍死

---

① （西汉）桓宽撰，王利器校注：《盐铁论 力耕》，第29页。
② （南朝宋）范晔撰，（唐）李贤等注：《后汉书》卷三一《孔奋传》，第1098页。
③ 唐光孝：《试析四川汉代葬俗中的商品化问题》，《四川文物》2002年第5期；信立祥：《汉代画像石综合研究》，文物出版社2000年版；等。

如生也被附会成了孝顺的一种形式。这种意识从武帝时期的社会上层开始，终整个两汉向社会下层逐渐地传播和渗透，最终使得厚葬成了西汉中后期至东汉普遍存在的一种社会风俗。最后，这种风俗也与武帝之后逐渐形成定制的选举制度有一定的关系。武帝之后至东汉，士人最重要的做官途径为举孝廉。孝在传统的道德要求之外又具备了选官标准的性质。相反的，如果被认为不孝，不仅会受到道德谴责，也会影响到仕途。而厚葬父母则被认为是孝行的一种，这就在一定程度上促进了知识阶层对厚葬的追求。又由于知识阶层的行为对下层社会的示范作用，从而加速了厚葬风俗向整个汉代社会的扩展。

总之，厚葬风俗的逐渐形成，自然带来了对丧葬相关行业产品和服务的需求的增加，也带动了行业的发展。这种发展既有技术层面的进步，也有组织形式的变化。技术层面的进步主要体现在墓葬相关产品标准化模具化的生产方式，这一点笔者在前文论述民间资本在汉代手工业的投资情况时，已经有所介绍。所以在这里本书将重点梳理一下组织形式方面的变化。

汉代墓葬相关行业在分工的基础上，依托地域形成了专业化的生产队伍。信立祥先生将汉代墓室与画像石的制作过程分为了七道工序，包括：家属聘请工匠进行墓室和相关构件的设计，工匠挑选、采集石料，工匠将石料加工成建筑构件，画师在石面上画出画像的底稿，石工按照底稿雕刻，按照建筑设计图对构件进行拼装，画师对雕刻好的雕像上色。① 在这七道工序中，可以明显地看到工作过程中的分工与专业化。当时完成一个墓室的建筑和装饰工作，主要涉及的工种有石匠、画师两种。当然，如果将外围的风水堪舆、明器制作等工作也计算在内，则涉及的行业还要更多。

石匠是负责墓室的建筑和设计的基础工种，其中有名的工匠还被称为"名工""名匠"，身价不菲。如山东东阿的芗他君祠堂的石刻中就记载了祠堂的建设"使师操义，山阳瑕丘荣保，画师高平代盛、邵强

---

① 参见信立祥《汉代画像石综合研究》，第24—26页。

生等十余人。价钱二万五千。"又如建和元年（147年）《武氏石阙铭》说："孝子武始公、弟绥宗、景兴、开明使石工孟李、李弟卯造此阙，直钱十五万。"① 从工作流程来说，石匠首先要做的工作便是按照顾客的要求对墓室进行统筹设计，然后便是开采石料，如山东嘉祥县武氏家族墓地中的《武梁祠堂画像》碑文记述："竭家所有，选择名石，南山之阳，擢取妙好，色无斑黄。"② 当然，如果是四川等地盛行的崖墓，当先是在山崖上开凿出墓室的雏形。

开采的石料要变成合适的建材，还要经过石匠的打磨。如1980年山东嘉祥出土的许安国祠堂顶盖石的题记中记载的"琢砺磨治，规矩施张"③，便是说的这一工序。

石材打磨平整后，便要由画师在相应的位置作画。汉墓画像石的图画内容非常丰富，从日常的饮食起居到幻想的神仙祥瑞都有。作画的过程实际上是画师与石匠配合完成的。一般是先由画师在打磨平整的石材上以墨线做底稿，然后再由石匠依墨线进行雕刻，使得画面凸显出来，之后由石匠按设计将石材拼装起来，最后由画师上色。许安国题记中有"襄帷反月，各有文章。雕义刻画，交龙委蛇，猛虎延视，玄猿登高……"的描述，说的便是这个环节。这一工序十分考验画工的技巧，同时也考验画工与石工的配合。毕竟在分割的石材上作画，还要考虑到石材组装之后画面的效果，对墓室空间结构的整体把握是不可缺少的。

除了具体工作过程中的专业化分工合作之外，当时的工匠还依托地缘、亲缘关系组成一定形式的松散组织。比如芗他君祠堂和许安国祠堂记录的工匠就多为高平人，信立祥先生据此认为"当时在今山东省西南部地区，活跃着一支主要由高平人组成的画像石工匠集团"④ 是有道理的。这种松散组织一方面有利于工匠技艺的传承与进步，另外也提高

---

① 高文：《汉碑集释·武氏石阙铭》，河南大学出版社1997年版，第87页。
② （北宋）洪适撰：《隶释·隶续》卷十六《武梁祠堂画像》，第168页。
③ 济宁地区文物组、嘉祥县文管所：《山东嘉祥宋山1980年出土的汉画像石》，《文物》1982年第5期。
④ 信立祥：《汉代画像石综合研究》，第24页。

了业务的覆盖范围。这种现象在汉代其他地区也可能存在，如唐光孝在对汉代四川丧葬业的研究中就指出："在一定区域范围内，石质墓葬中的雕造技法和装饰艺术风格呈现出很强的一致性和继承性，与制作工匠的组织形式有相当直接的关系"①。

四 汉代民间资本消费的结构性矛盾

前文梳理了汉代民间资本消费的主要内容，从中可以看出，汉代民间资本消费的增加，一方面是经济发展的自然结果，另一方面也对汉代的经济和社会有一系列的正面作用，如促进经济的繁荣、技术的进步等。但同时也不应忽视，汉代民间资本的消费，尤其是上层民间资本奢侈性消费，实际上是存在着结构性矛盾的。这种矛盾既表现在宏观上的社会结构矛盾，也表现在上层民间资本奢侈消费行为内里的逻辑矛盾。

（一）生产者与消费者背离的社会结构矛盾

前文在论述汉代民间资本的消费结构的时候，笔者已经就民间资本上层的高官显贵、富商大贾的消费行为与下层的小手工业者、小商人做了区分。可以看出，民间资本的上层与下层之间，在消费能力、消费水平上是有显著差别的。而实际上，"用贫求富，农不如工，工不如商"②，就消费能力来说，下层的民间资本也大抵能相当于比较富裕的农民。在其之下，还有数量最多的小农甚至佃农家庭，而他们才是两汉社会最主要的生产者。

传世文献中对小农家庭的消费情况也有一定的描述，略举几例。如食品消费，《管子·禁藏》篇中有云："食民有率。率三十亩而足于卒岁，岁兼美恶，亩取一石，则人有三十石。果蓏素食当十石，糠秕六亩当十石，则人有五十石。布帛丝麻，旁入奇利，未在其中也。故国有余藏，民有余食。"③《管子》诸篇成书年代不一，大抵在战国至秦汉时

---

① 唐光孝：《试析四川汉代葬俗中的商品化问题》，《四川文物》2002年第5期。
② （西汉）司马迁：《史记》卷一二九《货殖列传》，第3274页。
③ 黎翔凤撰，梁运华整理：《管子校注》卷一七《禁藏》，第1025页。

期，其描述的小农家庭的饮食消费当与两汉年间相距不远。所谓"民有余食"，是将瓜果素食、糠秕等都算进去才能勉强实现的。当然，这还得在比较承平的年代，灾荒战乱年间"人相食"的记录则是不绝于史。又如服饰消费，两汉时期的农民一般穿着粗布制成的短褐，甚至有些地方会衣不蔽体，如东汉五原郡"土宜麻枲，而俗不知织绩，民冬月无衣，积细草而卧其中"①。而班固在《汉书·食货志》中也记载了小农家庭的日常开销，其中"衣，人三百"，300钱在当时只能买到最粗糙的"麻枲"而已。其余住、行方面的开支不再一一列举，但从中已经可以看出，小农家庭的消费水平是非常有限的，只能维持家庭的简单再生产而已。

两汉社会是农业社会，农作物的种植业是社会经济最主要的部门，广大自耕农则是社会财富最主要的创造者，却有着最低的消费水平。而民间资本上层的贵、富阶层，从人口比例来说是最少的。虽不能说他们不创造财富，但确实是极少直接从事生产活动的，然而他们却享有最高级别的消费水平，两个阶层的差距有若云泥。生产、分配、交换、消费，社会再生产是相互联系的一个循环系统，消费水平的差距，根本上来源于分配制度的显著不公平。今人无法准确计算两汉时期的基尼系数，若有，这数据想必非常惊人。

最主要的财富创造者享有最低的消费水平，基本不直接从事生产的人占有绝大多数的消费品，生产者和消费者的结构性背离，正是两汉社会矛盾积聚的主要来源，实际上这种矛盾也贯穿了中国整个古代社会。

(二) 上层民间资本奢侈消费的内在逻辑矛盾

从社会宏观层面上来看，生产者和消费者之间存在着结构性背离的矛盾。而作为主要消费者的贵、富阶层自身，其奢侈的消费行为本身也存在着内在的逻辑矛盾。这种矛盾主要体现在：其财富的主要来源行业与消费品的供给行业之间在某种程度上是对立的。

---

① （南朝宋）范晔撰，（唐）李贤等注：《后汉书》卷五二《崔寔传》，第1730页。

两汉社会是一个"一夫不耕，或受之饥，一女不织，或受之寒"的农业社会。自西汉武帝改革之后，专业经营工商业的民间资本逐渐减少，逐步转向"以末致富，以本守之"的兼业经营模式。农业是国之根本，实际上也是贵、富阶层财富的根本来源行业，也是他们的"本业"。而满足民间资本上层贵、富阶层奢侈消费的各种消费品，则需要依靠相应的手工业来供给。

就个体的经济回报来说，手工业的盈利能力无疑是要超过农业的，这便吸引着劳动力在行业之间的转移。传世文献中有很多"弃本逐末"的记载与论述，这也证明了这种现象的普遍性。而对于贵、富阶层来说，手工业一方面满足消费需要并同时带来利润，另一方面也在和他们的本业争夺着劳动人口。而且，虽然现代人时常感叹古代手工业造物之精良，但实际上当时的手工业基本上都是劳动密集型的生产模式，尤其像金银、青铜器等奢侈品的生产更是如此。这种形式的手工业，与农业之间的劳动力替代关系，与今天是完全不同的。史书中所说的"资末业者什于农夫，虚伪游手什于末业"①，并不完全是夸张的说法。手工业产品尤其是奢侈品的主要消费群体是民间资本的上层，而支撑他们消费的收入却主要来源于农业，这便是民间资本上层对奢侈品消费存在的内在的逻辑矛盾。

从民间资本自身来说，偏向宏观层面的行业矛盾或许意识不到，但却用自身的行为给出了这一矛盾的"解决方案"：奢侈消费是其天性使然，既然不愿"节流"，便只好开源了。通过占有更多的土地和人口来获得更高的收入，从而支持高额的奢侈消费。所以两汉时期愈演愈烈的土地和人口的兼并，实际上也是民间资本出于经济理性而做出的自然选择。关于两汉的土地兼并，前辈学者的研究已然汗牛充栋，在此便不再重复。而对于人口的兼并，除了在获得土地的同时随之占有的劳动人口之外，似乎还存在着与前述行业矛盾相关的另一种渠道。

对整个汉代社会来说，人口依报酬高低在行业间流动。由于手工业

---

① （南朝宋）范晔撰，（唐）李贤等注：《后汉书》卷四九《王符传》，第1633页。

第三章 汉代民间资本的消费结构

利润较高，所以吸引着农业人口向手工业转移。在当时的技术水平下，大多数手工业行业的技术门槛其实并不太高，劳动力进入比较容易。但是手工业的发展却并非一帆风顺：首先，相比于农业，手工业与市场的联系无疑更加紧密，相应的受到市场风险影响的概率自然更大；其次，既然民间资本对手工业奢侈品的消费能力主要依托于农业带来的收入，那么奢侈品手工业的行业规模实际上就要受到农业规模的制约，这里其实存在着隐性的"天花板"；再次，两汉的农村市场存在着粗创型的特征，而城市市场虽然比较繁荣，但就全国来看散点化依然比较明显，并不存在全国性的手工业产品与农产品交易的市场。这种市场发育程度也限制了手工业的专业化发展上限。因此，手工业从农业中吸引劳动力，但同时也隐含着劳动力逆向流动的可能。然而，对于"进城务工"的农业劳动力来说，这种逆向流动其实并不容易。

两汉时期的土地制度总体上来说依然是土地国有制为主，再通过授田的方式将土地授予农民。同时又通过编户齐民的户籍管理制度将农民固定在土地上。户籍制度与土地占有是相互依存的。农民或出于自愿，或迫于天灾人祸放弃土地投身于手工业，身份上也就成了脱籍的流民。实际上大规模的手工业生产，其劳动力的重要来源之一也正是流民，如吴王刘濞招募山东流民冶铁煮盐即是著名的例子。流民想要回到家乡，却发现家乡已经没有了自己安身的土地。

对于流民这样一股游离于社会控制系统之外的劳动力，两汉政府和民间资本势力实际上是反复争夺的。两汉政府一直比较重视流民的安置工作，或假民田宅，或引民就食于宽乡等。但是这些政策往往只有一时之效，而且政策的执行情况与政府的兴衰关系极大，承平年间或许有一定效果，但到王朝后期风雨飘摇就很难起到效果了。而若从政府处得不到土地安置，流民要想回归农业，与土地结合便只能求助于民间资本势力，成为其奴婢或者佃客了。如东汉末年，关中民流入荆州者十余万家，"闻本土安宁，皆企望思归"[①]。而关东流民前往辽东，越海避难者

---

① （西晋）陈寿撰，陈乃乾校点：《三国志》卷二一《魏书·卫觊传》卷二一，第610页。

"旬月而成邑",及至"中国少安,客人皆还"①。东汉末年土地兼并已经极为严重,中央政府的统治也岌岌可危,哪里还有土地去安置流民呢?那么这些返乡的流民,最后流向何处也就不言而喻了。

这种劳动人口从手工业向农业的逆向流动,虽然不是民间资本势力主观设计的,但从结果来说,客观上确实起到了与中央政府争夺劳动人口的作用。这也构成了整个两汉社会财富逐渐向下,向民间资本势力集中的大势的一部分。

---

① (西晋)陈寿撰,陈乃乾校点:《三国志》卷一一《魏书·管宁传》卷一一,第356页。

第四章

汉代民间资本与汉代国家及国家资本

在之前的章节中，笔者分别探讨了汉代民间资本的投资方向，以及更具体的经营管理方法和消费情况。这可以说是从出、入两个方向上，在相对微观的层面对汉代民间资本进行的具体而微的探讨。

但如果不局限于微观层面，而是从两汉四百多年的大背景来看汉代民间资本的发展，就会发现民间资本在汉代经济、社会中占有重要地位，它们有着相似的行为规律和利益目标。当它们按照自己的规律，追求自己的利益时，就必然会与汉代国家和国家控制的资本产生互动和联系。这种互动和联系是怎样形成的呢？以前的学者多从国家的角度来研究官民之间的互动，把民间资本当作被动的一方，只是国家规制、管理的对象。因此，笔者想换一个角度，从民间资本的视角来自下而上地探讨这个问题，进而分析汉代民间资本与国家和国家资本互动的基本模式，以及双方产生矛盾冲突的深层原因。

第一节 民间资本与汉代国家

在两汉四百余年的历史中，民间资本与汉代国家之间始终伴随着冲突与妥协。这种冲突和妥协，以及背后的原因和机制，可以通过下面两个案例来进行分析。

一 西汉初年的货币制度变迁：资源优势条件下的互动模式

民间资本与国家采取什么样的互动模式，归根到底还是取决于双方占有的资源情况，占优势和占劣势，选取的策略当然是不一样的。在这里笔者选取西汉初年的货币制度变迁作为案例，先来看一下当民间资本占据资源相对优势的时候，它们是怎么与国家互动的。

西汉前期的货币政策，经历了数次较大的调整和变化。刘邦称帝之初，沿用秦朝货币，旋因"秦钱重难用，更令民铸荚钱"[1]。吕后二年（前186年），"行八铢钱"，六年"行五分钱"[2]。到汉文帝五年（前175年），"为钱益多而轻，乃更铸四铢钱，其文为半两。除盗铸钱令，使民放铸"[3]。货币政策作为中央政府的一项重要经济政策，按今人的看法，一般应保持一定程度的稳定性。而西汉初的货币政策却屡经变革，这到底是为什么呢。对此，有学者从中央和地方的关系上做了深入的研究。[4] 在此基础上，笔者认为西汉初年的货币制度变迁是在民间资本与汉代国家博弈的过程中不断演进的。从本质上说，西汉初年的货币制度变迁，是民间资本与汉代国家对实际政治权力的争夺在货币制度层面的反映，这种争夺的过程其实也体现了西汉初年货币制度变迁的动力机制。

美国新制度经济学有位著名的学者叫作埃西姆格鲁（Daron Acemoglu），他曾经提出过一个很好的分析框架叫作内生性制度变迁理论，用来分析长周期内分阶段的制度变迁过程[5]。这个框架正好可以用来分析西汉初期几十年内多次的货币制度变迁过程。按照埃西姆格鲁的理论，政治制度决定当期的法定政治权力，资源分配决定实际政治权力。两者

---

[1] （东汉）班固：《汉书》卷二四《食货志》，第1152页。
[2] （东汉）班固：《汉书》卷三《高后纪》，第97、99页。
[3] （东汉）班固：《汉书》卷二四《食货志》，第1153页。
[4] 参见臧知非《汉初货币制度变革与经济结构的变动——兼谈张家山汉简〈钱律〉问题》，《苏州大学学报》2006年第3期。
[5] 关于理论的详细介绍，参见孙圣民、徐晓曼《经济史中制度变迁研究三种范式的比较分析》，《文史哲》2008年第5期。

共同构成的政治权力格局决定了当期的经济制度以及下一阶段的政治制度。而经济制度决定了当期的经济绩效和下一阶段的资源分配情况。笔者用下面这个简图,简要表示埃西姆格鲁的这个分析框架:

```
T期政治制度 → T期法定政治权力 ↘                ↗ T期经济制度 → T期经济绩效
                              T期政治权力                    ↘ T+1期资源分配
T期资源分配 → T期实际政治权力 ↗                ↘ T+1期政治制度
```

经过这样一个分析过程,就可以把涉及的各个变量,转移到下一个变迁周期,从而形成一个动态的分析过程。按照这样一个框架,本书将从汉高祖到汉文帝这一段时期内的货币政策变革分为三个阶段,即高祖"荚钱"时期(后称"高祖时期")、吕后禁止私铸时期(后称"吕后时期")和汉文帝"使民放铸"时期(后称"文帝时期")。

(一)制度变迁的初始:汉高祖"更令民铸荚钱"

众所周知,秦始皇统一六国之后,制定了统一的货币制度。对于这个制度的具体内容,《史记·平准书》是这样记载的,"及至秦,中国之币为二等:黄金以溢为名,为上币;铜钱识曰半两,重如其文,为下币。而珠玉、龟贝、银锡之属为器饰宝藏,不为币。然各随时而轻重无常"[1]。这段文字包含了三重意思,首先,统一以后,币分二等,黄金为上币,以溢为单位(二十两为溢);其次,以铜钱为下币,重为半两,文、重一致;最后,货币的铸造和发行由国家垄断。[2]

汉承秦制,刘邦建立西汉之后,除了在个别制度安排上有所损益之外(如修订《秦律》),基本上沿袭了秦朝的各项规章制度。货币制度自然也不应该例外。所以,就西汉初年的货币制度变迁来说,在刘邦建国之时,秦朝的制度即为高祖时期的政治制度;由此规定的国家对货币铸造权的垄断,乃是西汉政府"应该"掌握的权力,为高祖时期的法

---

[1] (西汉)司马迁:《史记》卷三十《平准书》,第1442页。
[2] 参见臧知非《汉初货币制度变革与经济结构的变动——兼谈张家山汉简〈钱律〉问题》,《苏州大学学报》2006年第3期。

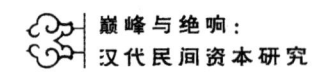

定政治权力。

至于高祖时期的资源分配状况,经历了秦末战争,接着又是楚汉争霸,在这之后建立起来的西汉王朝可谓是满目疮痍。所谓"自天子不能具钧驷,而将相或乘牛车"之类的说法也常常被史家用来形容西汉建国时天下之凋敝。而从另一方面看,这些记载也反映了当时西汉国家财政能力和对全国物资的调配能力的窘迫。因此,就货币政策来说,若要延续秦朝那种统一的货币政策,需要大量的启动资本以及调配全国铜矿的能力,而这恰恰是当时的西汉政府所不具备的。此外,在军事实力层面,楚汉战争开始的时候,刘邦只有10万兵,后来战胜项羽更多的也是依靠韩信等诸侯的力量。战争结束后,汉六年(前201年),有人告韩信反,刘邦问计陈平。史载:"陈平曰:'陛下精兵孰与楚?'上曰:'不能过。'"[①] 这也从侧面说明了当时西汉国家军事实力之弱。

反观当时的民间资本势力,此时的民间资本势力主要由旧六国贵族商人构成。

首先,战国时期,东方六国的工商业都很发达,积累了很多资本。这些资本不仅来自于普通的商人,也来自于有身份的贵族。他们经商放贷的例子很多,比如《史记·孟尝君列传》里记载的冯谖借钱给孟尝君,后来去收债的故事,就很生动。这种经营资本和工商业的传统,在秦朝被暂时压制了,但到了西汉初年,还没有完全消失。六国贵族商人的父辈或者他们自己的经验,是一种重要的人力资本。所以,这些六国贵族商人虽然也受到了战乱的影响,但只要有机会,他们还是可以快速地积累财富。

其次,秦末战乱虽发轫于农民起义,然而实际上却是旧六国民间资本势力的复国运动。刘邦的胜利,可以说正是夺取了六国复国运动之果实。所以,六国民间资本集团内部虽然矛盾重重,但对使它们复国梦碎的出身低微的刘邦统治集团却都是心存怨恨的。西汉初刘邦想定都洛阳,娄敬就劝他:"陛下起丰沛……父子暴骸中野,不可胜数……而欲

---

① (西汉)司马迁:《史记》卷五六《陈丞相世家》,第2056页。

比隆成康之时,臣窃以为不侔矣"①。这实际上就是委婉地向刘邦暗示了旧六国民间资本势力和其他潜在的不满势力的存在。这种共同的怨恨极大地降低了旧六国民间资本集团集体行动的成本。

再次,在军事实力上,旧六国贵族商人集团虽然复国运动失败,但当时仍然掌握了相当数量的军队。譬如英布"将众数千人归汉"②;又如韩信,"初之国,行县邑,陈兵出入"③;汉高帝六年(前201),"高祖且至楚,信欲发兵反"④;等。

总之,汉初虽然天下凋敝,但是旧六国民间资本集团有运营民间资本的传统以及能力;军事实力和集体行动的能力方面,西汉政府也没有优势。那么由这种资源分配状况决定的本阶段的实际政治权力为:六国民间资本势力有强烈的表达自己利益的愿望和能力,而这种愿望和能力是作为统治者的刘邦领导的西汉政府无法完全拒绝的。

因此,综合法定政治权力和实际政治权力,高祖时期的政治权力格局是:虽然名义上汉高祖刘邦作为天下共主拥有绝对的权力,但实际上,由于其领导的中央政府在资源占有方面的实力不足,无法支撑其行使"绝对的"权力,因此导致其无力完全否定民间资本集团的利益诉求。

厘清高祖时期的政治权力格局之后,接下来看看由其决定的高祖时期的货币制度和吕后时期的政治制度。

首先,高祖时期的政治权力格局决定了此时的货币制度。刘邦深知以当时西汉国家的实力,无力将货币制度恢复到秦朝那种中央垄断铸币权的状况。而经过多年战乱,百废待兴,不论是相对富裕的民间资本还是一般的百姓,都有谋取财富、恢复生产的利益诉求。事实上当时已然有部分工商业主利用掌握的人力资本开始从事货币铸造业了。所以建国伊始,刘邦即宣布私人铸币合法化。《史记·平准书》记载:"汉

---

① (东汉)班固:《汉书》卷四三《娄敬传》,第2119—2120页。
② (西汉)司马迁:《史记》卷九一《黥布列传》,第2602页。
③ (西汉)司马迁:《史记》卷九二《淮阴侯列传》,第2627页。
④ (西汉)司马迁:《史记》卷九二《淮阴侯列传》,第2627页。

兴……齐民无藏盖。于是为秦钱重难用，更令民铸钱。"① 而《汉书·食货志》更是明确地将这种钱称为"荚钱"，"汉兴，以为秦钱重难用，更令民铸荚钱"。如果回顾下之前分析的政治权力构成，不难看出刘邦此举的原因。其一，铸币的原材料为铜，战乱令汉初的铜产量较秦朝下降不少，而汉初政府控制的铜矿资源就更为有限，供给减少而需求增大，铜作为商品的价值上涨必然会导致其铸币的价值上涨，从而小额支付更加不便。这是"钱重"的字面意义。其二，刘邦深知当时对地方的控制力有限，而私铸货币重量普遍小于文重半两，非如此不能盈利。此时若沿用秦制，地方上民间资本集团即便不反也未必会听。不如因势利导，允许其私铸，而后由官方规定一个较低的货币重量。

汉初政府允许私铸低值货币后，一方面，在巨大的利益面前，"不轨逐利之民，蓄积余业以稽市物，物踊腾粜，米至石万钱，马一匹则百金"②。通货膨胀导致了物价上涨。另一方面，这些"不轨逐利之民"，相当一部分也就是旧六国民间资本集团。它们通过私铸货币积累了大量资本，除了一部分用来"稽市物"形成商业资本，或者如曹邴氏家族"贳贷遍郡国"，一般形成借贷资本之外，也有相当一部分流入了土地市场。甚至这些资本还有一部分形成了军事实力，导致了军事物资如马匹的价格上涨。这也就奠定了吕后时期的资源分配格局。

其次，高祖时期的政治权力格局也决定了吕后时期的政治制度。在高祖时期的政治权力格局下，以旧六国贵族商人为主的民间资本集团，其主要的利益诉求有两个——复国和求富。对于这两个利益诉求，刘邦采取了不同的政策。

对于民间资本第一个复国的诉求，这是作为一手建立西汉王朝的刘邦不可能允许的。所以他采取了仿照西周分封制的策略。刘邦将关东大部分地区封给宗室子弟为王，授予他们治理王国的军政全权。全国 40

---

① （西汉）司马迁：《史记》卷三十《平准书》，第1417页。
② （西汉）司马迁：《史记》卷三十《平准书》，第1417页。

余郡，中央直接控制的包括京师地区在内只有15个。① 刘邦的初衷是希望他们拱卫中央，同心同德，保卫刘家江山千秋万代。另外，刘邦还仿照秦始皇的做法，迁移六国宗室和豪强大姓于关中，以防止他们相互勾结，为害汉家江山。史载，高祖九年（前198年）十一月，"徙齐楚大族昭氏、屈氏、景氏、怀氏、田氏五姓关中"②。这五姓只是代表，实际迁徙的远远不止这五姓，而是包括了六国豪强工商业主以及开国功臣二千石以上人家。司马迁谓"汉兴……徙豪杰诸侯强族于京师"③，说的正是此事。

而对于民间资本求富的诉求，刘邦则尽量予以了满足。汉王朝虽是仿秦制迁徙贵族，但刘邦后续的政策却与秦不同。他不是像秦始皇那样把他们的财产剥夺之后流放到巴蜀和西北地区，而是将他们安置在京师附近，"与利田宅"④。这里的"与利田宅"不能简单地理解为按照授田制度规定标准授给他们优质土地和位置好的住宅，而是不局限于制度标准，多授予土地和住宅，以示汉家对他们的优抚之意，让他们安心关中。而这些民间资本在复国梦灭后，也就一心追求财富，成为了"富商大贾周流天下"中的主力。⑤

（二）吕后时期的改革：孝帝、吕后"禁盗铸"

对吕后时期的货币改革，本书依然以法定政治权力和实际政治权力两方面为切入点进行分析和探讨。

首先，从法定政治权力角度看，高祖时期的政治制度决定了吕后时期的法定政治权力。汉初大封诸侯，作为西汉中央政府来说，对其直接控制的地区（主要在关中）有统治全权，从张家山汉简《贼律》《津关令》等律文来看，中央严禁马匹、物资、人口私自出关，严禁诸侯王

---

① 参见钱大昕著，方诗铭、周殿杰校点《廿二史考异》卷二"汉兴以来诸侯王年表"条，上海古籍出版社2004年版，第16页。
② （东汉）班固：《汉书》卷一《高帝纪》，第66页。
③ （西汉）司马迁：《史记》卷一二九《货殖列传》，第3261页。
④ （东汉）班固：《汉书》卷一《高帝纪》，第66页。
⑤ 参见臧知非《汉初货币制度变革与经济结构的变动——兼谈张家山汉简〈钱律〉问题》，《苏州大学学报》2006年第3期。

国人在关中购买马匹。而且中央政府还有颁布全国性法律的权力,比如高祖时令萧何修《九章律》,以及张家山汉墓出土的《二年律令》都是西汉中央政府颁行全国的法律。而诸侯王方面,有义务尊奉汉天子,在军事上拱卫王都,经济上要缴纳"献费",并且要定期朝觐。在治理国家时,诸侯王拥有治理封国的全权,有相当大的自主性,在经济上除了向中央象征性地交纳"献费"以外,所有收入都归王国所有。而在控制的地理范围上,在全国40余郡中,中央直接控制的亦在少数。

其次,从实际政治权力来看,高祖时期经济制度运行的绩效,形成了吕后时期的资源分配情况,进而决定了吕后时期的实际政治权力。从民间资本方面来讲,汉初的诸侯王①占有了比西汉中央政府更大的国土,有些还占有矿产。如《汉书·吴王传》载:"吴有豫章郡铜山,即招致天下亡命者盗铸钱,东煮海水为盐,以故无赋,国用饶足。"②说明吴王刘濞对于铸币煮盐等行业,已不仅仅是收税而已,很有可能还亲自组织经营了。此外,吴王自己也说:"寡人金钱在天下者往往而有,非必取于吴,诸王日夜用之不能尽。"③吴王之钱如何布于天下?虽然没有直接的材料,但结合其经营铸币煮盐行业的例子,不难推断出其亲自经营工商业及贳贷业的可能性是很高的。另外,由于高祖时期刘邦允许私铸货币并放松了对工商业的管制,民间资本通过铸币、经商和高利贷积累了大量的财富。不仅如此,民间资本中的商人、诸侯王等势力的联系也愈发紧密,增强了集体行动的能力。如南阳孔氏在迁徙之后"大鼓铸,规陂池,连车骑,游诸侯"④,"游诸侯"即是商人与诸侯势力的结合。又《盐铁论·错币》云:"吴王擅鄣海泽,邓通专西山。山东奸猾,咸聚吴国。"⑤"山东奸猾"主要包括的应是六国的富商大贾。

---

① 汉初的王国资本从所有权上说也可以视为独立于国家资本之外的民间资本,诸侯王本身实际上就是大盐铁主。参见高敏《秦汉时期的官私手工业》,《南都学坛》(社会科学版) 1991 年第 2 期。
② (东汉) 班固:《汉书》卷三五《吴王传》,第 1904 页。
③ (东汉) 班固:《汉书》卷三五《吴王传》,第 1910 页。
④ (西汉) 司马迁:《史记》卷一二九《货殖列传》,第 3278 页。
⑤ (西汉) 桓宽撰,王利器校:《盐铁论·错币》,第 57 页。

他们在吴国的商业资本和借贷资本，使得吴王能够"以故无赋，国用饶足"，并且"能使其众"①。最终，民间资本集团占有了大量的经济资源，从而拥有了较强的实际政治权力。

那么，总结一下吕后时期的政治权力构成：汉代国家在和民间资本的力量对比中不占优势。尤其是对民间资本中的诸侯王势力，虽然名义上有君臣之分，但实际上却较明显地表现为国与国的关系。②

在这种权力构成下，以孝帝吕后为首的西汉政府制定了新的货币政策。吕后二年（前186年），政府制定了新的货币制度，主要精神就是禁止私铸。《汉书·高后纪》云："行八铢钱。"应劭注谓："本秦钱，质如周钱，文曰'半两'，重如其义，即八铢也。……至此复行八铢钱。"③ 秦制一两二十四铢，秦钱半两十二铢，重如其文。所以应劭所谓"本秦钱"是错误的。不过就其货币制度的本质精神上，确实是恢复了秦制。这在张家山汉简《二年律令·钱律》的相关规定中有清楚的表现。《二年律令》大约是吕后时期西汉政府颁行的中央法律文书，其中对官铸货币的形制、使用规则有明确规定，对拒绝使用的以及私铸货币的行为也有严厉的处罚：

> 钱径十分寸八以上，虽缺铄，文章颇可智（知），而非殊折及铅钱也，皆为行钱。金不青赤者，为行金。敢择不取行钱、金者，罚金四两。
>
> 盗铸钱及佐者，弃世。同居不告，赎耐。正典、田典、伍人不告，罚金四两。或颇告，皆相除。尉、尉史、乡部、官啬夫、士吏、部主者弗得，罚金四两。

---

① 参见卜宪群《秦汉社会势力及其官僚化问题——以商人为中心的探讨》，《江苏行政学院学报》2006年第5期。
② 参见臧知非《张家山汉简所见汉初中央与诸侯王关系论略》，载周天游主编《陕西历史博物馆馆刊》第10辑，三秦出版社2003年版。
③ （东汉）班固：《汉书》卷三《高后纪》，第97—98页。

> 智(知)人盗铸钱,为买铜碳及为行其新钱,若为通之,与同罪。①

可见吕后的货币新政重点就在于收回货币铸造权,禁止民间私铸,并且对私铸和协助私铸的行为制定了较严厉的惩罚制度。那么,这种制度颁布之后,其绩效和对文帝时期资源分配的影响又是怎样的呢?

从中央政府方面来说,吕后铸八铢钱,含铜量较荚钱有了大幅度的提升。前文也说过,西汉中央政府控制的铜矿十分有限,铜资源的不足自然限制了货币的发行数量,造成了钱重而物贱的结果,物贱则伤农。所以吕后六年(前185年)又改行了"五铢钱",但官方铸币,禁止私铸的性质并没有改变。

从民间资本方面来看,这种禁止私铸的政策则无异于与虎谋皮。如前所述,地方上的民间资本势力一方面私铸货币,并将之转化成借贷资本和商业资本以牟取利益;另一方面,民间资本内部商业资本和诸侯王势力联合在一起,既实现了商业资本逐利的目标,也增强了诸侯王势力的经济基础。故而在面对中央政府的货币新政时,民间资本内部的各个集团出于各自的利益考虑,在反对新政上达成了一致,形成了统一的利益集团。在这样的权力构成下,吕后新政的执行效果也就可想而知了。前引《汉书》"吴有豫章郡铜山,即招致天下亡命者盗铸钱"的行为便是发生在这一时期。这"盗铸钱"的说法,乃是史家站在西汉政府的立场上的言论,实际上吴王铸钱,从法定政治权力来看,虽然违反了中央的法律,但由于其在封国内具有军政全权,所以也可以说是"合法"的。而从实际政治权力的角度来看,亦是"合理"的。而那些在中央控制区没有政治势力做靠山的民间资本,为了追求铸钱的利益,更是纷纷逃往诸侯国。"天下亡命者"中就有相当一部分属于这些人。这一来就进一步增强了民间资本集团的实力。

---

① 张家山二四七号汉墓竹简整理小组编著:《张家山汉墓竹简[二四七号墓]》(释文修订版),第35页。

可以说，吕后的货币新政，从吕后时期的经济绩效看，在中央控制区域外执行效果非常差，即便在中央区内，也造成了物贱钱重的局面，造成了经济的混乱。从其形成的文帝时期的资源分配状况看，一方面，由于新政的实施范围只局限于中央控制地区，并且造成了市场交易的混乱和资本的外逃，这对于正处于战后恢复期的西汉国家来说，无疑削弱了西汉国家的实力；另一方面，在诸侯王控制地区，反倒加深了民间资本内部各个势力的结合，使它们获得了更大的经济收益，真可以说是为渊驱鱼、为丛驱雀了。

最后再来看文帝时期的政治制度。经历了诸吕之乱后，文帝又以外藩入主汉庭。所以，汉文帝首要的任务必然是稳定统治、安抚矛盾。故文帝时期的政治制度与吕后时期并没有太大的变化。尤其是在中央和地方的关系上，汉文帝基本延续了高祖定下的旧律。

(三) 文帝时期的回归：汉文帝"除盗铸令，令民放铸"

文帝时期的法定政治权力和吕后时期并没有太大的变化，中央政府在名义上依然是天下之共主，在中央控制的区域内也享有绝对的权力。地方诸侯王在其统治的区域内也享有相当大的自治权。文帝以外藩入主汉廷，当务之急自是稳定统治、废除诸吕、奖励功臣，对政治制度方面的调整必然是十分慎重的。

至于文帝时期的实际政治权力，自然也是延续了吕后时期资源分配的发展状况。吕后为渊驱鱼式的货币制度改革在一定程度上恢复了秦制。但其结果却一方面造成了中央统治区的混乱；另一方面加强了民间资本势力的经济实力和内部的凝聚力，壮大了它们的实力。而相应地，民间资本势力由于经济实力的壮大，在政策制定方面表达自身利益诉求的能力更强了。

这样文帝时期的政治权力格局基本上延续了吕后时期的状况，即中央政府的绝对权力基本上局限在中央控制区内，就全国来讲，汉代国家相比民间资本，在资源占有上依然不占优势。

那么在这种权力格局下，文帝采取了什么样的货币政策呢？

《史记·平准书》云："至孝文时，荚钱益多，轻，乃更铸四铢钱，其文为'半两',令民纵得自铸钱。"① 据臧知非先生考证,此"荚钱"当为私铸货币。② 也就是说,面对私铸货币泛滥的情况,文帝采取了新铸四铢钱并放民私铸的政策。这种放民私铸并不是说中央政府完全放弃了对铸币的监管,而是由国家制定统一的铸币标准,私铸货币也要按这个标准执行。《汉书·食货志》中记载的贾谊在上文帝书时所言"法使天下公得顾租铸铜锡为钱,敢杂以铅铁为它巧者,其罪黥"③,就是指的这种规定。

从文帝时期货币政策的经济绩效来看,文帝的政策亦不是十分得当、完善。因为这种规定也只是局限于中央直接控制的区域,对诸侯王国中的私铸,受限于本期的政治权力构成,中央政府是无法过问的。而在执行新政的区域内,市场运行状况也出现了混乱。贾谊在上文帝书中形容当时的情况是:

> 又民用钱,郡县不同:或用轻钱,百加若干;或用重钱,平称不受。法钱不立,吏急而一之虖,则大为烦苛,而力不能胜;纵而弗呵虖,则市肆异用,钱文大乱。苟非其术,何乡而可哉!④

不过和吕后时期的货币政策相比,文帝的货币政策改革对西汉政府在之后时期的资源占有状况的改善还是有积极作用的。"令民铸钱"之后,民间资本中的借贷资本和商业资本由于不再因为兼营铸钱的限制而逃往诸侯国,从而使它们和诸侯王在利益上的一致性在一定程度上被瓦解了。这样就削弱了民间资本整体的实力,同时也为西汉政府在其直接控制的区域内增加了资本的占有量,对恢复和发展生产是有好处的。后来"七国之乱"时西汉政府能从其统治区域内以无盐氏为首的"子钱

---

① (西汉)司马迁:《史记》卷三十《平准书》,第1419页。
② 参见臧知非《汉初货币制度变革与经济结构的变动——兼谈张家山汉简〈钱律〉问题》,《苏州大学学报》2006年第3期。
③ (东汉)班固:《汉书》卷二四《食货志》,第1153页。
④ (东汉)班固:《汉书》卷二四《食货志》,第1154页。

家"手中借到军费，与文帝时货币政策的影响是分不开的。

(四) 资源优势条件下的汉代民间资本与政府互动模式

西汉初年的货币制度变迁，表面上体现了中央与地方的博弈，但从本质上说，是民间资本与中央王朝对实际政治权力的争夺在货币制度层面的反映，这种争夺的过程也正是西汉初年货币制度变迁的动力机制。

回顾从高祖时期到文帝时期的货币制度变迁过程可以看出，虽然汉代国家一直掌握着"天下共主"的法定政治权力，但汉代民间资本在实际资源分配方面的优势，使得它们获得了更高的实际政治权力。从而导致在最终的政治权力格局上，汉代民间资本可以占据一定的优势。利用这种优势，在西汉初期的货币制度变迁过程中，民间资本或如高祖时期般逼迫汉代国家做出有利于自己的制度安排，或如吕后时期般对抗汉代国家的限制企图。在与汉代国家的互动中，汉代民间资本采用了比较主动的形式表达自己的利益诉求，实现自己的利益。这便是在资源优势情况下，汉代民间资本与汉代国家互动的模式。

二 汉武帝经济改革：资源弱势条件下的互动模式

在资源优势的情况下，汉代民间资本会主动地表达自己的利益诉求，并试图控制、影响汉代国家的制度设计，从而实现自己的利益。但是，在两汉时期，民间资本并不都是如此主动地有所作为，当汉代国家实力强大的时候，民间资本也会在两汉政府的政策下，表现出被动与调整的姿态。说到国家实力强大，今人首先想到的自然是汉武帝时期。在这一时期，西汉政府进行了包括经济政策在内的一系列态度强硬的改革。面对这柄强势挥落的屠刀，当时的民间资本又是如何应对的呢？

(一) 汉武帝经济改革的国家行为分析

要分析汉武帝的改革，首先需要先明确汉武帝这个人的身份。汉武帝是西汉很有作为的一个皇帝，但中国古代的皇帝，其身份是有双重性的。作为一个家天下时代的帝王，他的第一重身份是西汉的统治集团刘氏家族的代表，第二重身份才是作为西汉国家或者西汉政府的最高统治者。不同的身份，当然就有不同的行为目标。作为刘氏家族的代表，这重身份就决定了他的行为肯定是有自利性的，他需要通过各种手段满足个人和家族的利益，包括统治的稳定，经济利益的攫取等。但这种对于家族利益的追求，也不能是无底线的，因为他还有第二重身份，就是作为一个国家的统治者，他也需要在第一个目标有一定程度的满足的前提下，治理好这个国家，促进国家的经济发展社会稳定。很明显这两个目标之间是存在着矛盾的，需要皇帝做出平衡和取舍。同时虽然中国古代的帝王总喜欢讲"受命于天"，但其实他们自己也清楚，皇帝这个位置是竞争性的，是面临内外的竞争的。这种竞争性的约束，也要求皇帝在两个目标之间做出平衡。在汉武帝经济改革中对民间资本的政策上，就能很明显地看出汉武帝及其幕僚在这两个目标中的矛盾和取舍。

首先，武帝政府对违背第一目标的行为采取了强硬的抑制手段。

汉武帝朝一直严格实行自战国以来各朝奉行的"重农抑商"政策，最主要的原因之一是民间资本的发展违背了武帝为首的西汉统治集团的第一目标。具体来讲，主要有三方面的原因。

第一，民间资本的发展侵蚀了西汉政府的统治基础，扰乱了社会秩序。民间资本在经历了西汉初年的发展之后，有相当一部分开始转向投资于土地。到了武帝时期，土地兼并的现象已经比较严重了。《史记》中记载武帝时的宁成"贳贷买田"之后数年，"致产数千金"①，说明民间资本当时已经不仅仅是亲自投资土地，甚至还为有意投资土地者提供了融资的渠道。而这种土地兼并的结果，就是董仲舒所言的"富者田连阡陌，贫者无立锥之地"②。不仅如此，民间资本的发展也破坏了西汉的统治秩序甚至侵蚀到了统治阶级的内部。所谓"富商大贾或蹛财役贫，转毂百数，废居居邑，封君皆低首仰给"③，这些富商大贾凭借经济实力，甚至让贵族阶层也要仰望。武帝时也有旁光侯殷"坐贷子

---

① （西汉）司马迁：《史记》卷一二二《酷吏列传》，第3135页。
② （东汉）班固：《汉书》卷二四《食货志》，第1137页。
③ （西汉）司马迁：《史记》卷三十《平准书》，第1425页。

第四章
汉代民间资本与汉代国家及国家资本

钱不占租，取息过律，会赦，免"①。这些事例说明，受到高额利润的引诱，西汉统治阶层内部也有人亲自参与到民间资本的运作之中。

第二，政府财政枯竭，民间资本又"不佐国家之急"。从西汉建立之初，北方的边患就一直威胁着西汉政府的统治。武帝时为巩固边防开始与匈奴作战，一系列战争，动辄出兵数万、数十万，加之边境修筑工事，供养降卒，犒赏将士，钱财、器械和粮食耗费巨大。战争和自然灾害导致的大量灾民也需要政府供养救济。巨大的支出导致了西汉政府财用匮乏，靠正常的财政收入或是加紧搜刮百姓都无法充实国家府库。苦于府库空虚之时，民间资本却是"民大富，则不可以禄使也，大强，则不可以罚威也"②，"争于奢侈，室庐舆服僭于上"③，"冶铸煮盐，财或累万金，而不佐国家之急"④，这些自然是西汉统治集团所无法忍受的。⑤

第三，民间资本与当时的地方割据势力结合在一起，成为割据势力的经济基础。西汉初期的王国问题在汉武帝改革之时尚未完全解决。在前面笔者分析货币制度变迁的时候也曾经提到，西汉初的诸侯王势力，某种程度上也可以视作是民间资本的一部分，与商业资本、借贷资本等勾连颇深。七国之乱被平定后，大规模的叛乱虽未再有，但王国势力的割据倾向始终存在。打击工商借贷等民间资本，也是汉代国家断王国财路的一种手段。这一目的桑弘羊在盐铁会议上也有过表述："令意总一盐、铁，非独为利入也，将以建本抑末，离朋党，禁淫侈，绝并兼之路也。"⑥

正是由于民间资本的发展危害了西汉政府统治的第一目标，所以才遭到了西汉政府的"抑制"。具体的方法前人研究颇多，比如征收赊贷

---

① （东汉）班固：《汉书》卷十五《王子侯表》，第447页。
② （西汉）桓宽撰，王利器校注：《盐铁论·错币》，第56页。
③ （西汉）司马迁：《史记》卷三十《平准书》，第1420页。
④ （西汉）司马迁：《史记》卷三十《平准书》，第1425页。
⑤ 卢新建：《汉武帝时期的财经措施与工商业的发展》，《江苏师院学报》1982年第1期。
⑥ （西汉）桓宽撰，王利器校注：《盐铁论·复古》，第78页。

税。赊贷税是对出贷金钱或粮食收取利息所课的利息税，课征的对象正是民间资本中的借贷资本。据《史记》记载："子贷金钱千贯，节驵会，贪贾三之，廉贾五之，此亦比千乘之家。"① 元鼎六年（前111年）规定，凡取息过律，必须向官吏交赊贷税。又比如算缗钱，汉武帝元狩时规定，每两千钱征收一算，即征收6%的财产税。违反这些规定的人，要遭到严厉地惩罚，如前文旁光侯取息过律被免的例子，而杨可告缗更是"中家以上大抵皆遇告"②。这些政策的目的，前引桑弘羊的话已说得很清楚了。

其次，汉武帝为实现第二目标对民间资本的利用。

其实汉武帝的经济改革中，对民间资本的抑制只是一个方面，为了实现国家的第二目标，在不危害其统治基础的前提下，武帝政府对民间资本的扶植利用亦不在少数。比如，在具体施政过程中借助民间资本的力量。灾荒年间的借贷种食，是西汉政府的一项常规制度，在武帝时期亦不例外。《汉书》载，汉武帝时，"山东被水灾，民多饥乏，于是天子遣使虚郡国仓廪以赈贫。犹不足，又募豪富人相假贷。尚不能相救"③。从这段材料中可以看出，必要时西汉政府还吸收民间的借贷资本以为己用。这也从另一个角度说明了西汉政府对民间资本不仅仅有抑制一条政策。

又如，为正常的民间资本经营提供法律保障。本书的第二章中，笔者梳理了汉代契约的情况，具体内容不再重复。汉代的契约是民间资本交易的法律保障，汉代政府制定这些法律，既是为了对民间资本进行规制管理，同时也是为其正常经营提供了秩序保障。

再如，吸收部分民间资本所有者进入政权体系。虽然西汉初年开始，中央政府制定商人不得为官的规定，但这条规定在实际执行中并不严格。类似赀选、入粟拜爵甚至卖官这类的做法在两汉各个时期都曾经

---

① （西汉）司马迁：《史记》卷一二九《货殖列传》，第3274页。
② （西汉）司马迁：《史记》卷三十《平准书》，第1435页。
③ （东汉）班固：《汉书》卷二四《食货志》，第1162页。

存在过,如文帝时的张释之"以赀为骑郎"①。按后人的注解,纳资五百万就可以买一个侍郎。此外,武帝工商业改革建立了汉代的官营国有工商业体系。这些专业的岗位自然也需要专门的人才来管理。所以西汉政府吸纳了大商人、大盐铁主孔仅、桑弘羊等人进入政权体系,在更深层的盐铁官营实践中,则纳入了大量的"贾人",甚至引起了当时文官集团的不满。

(二)民间资本的适应性调整

为了适应汉武帝的经济政策改革,民间资本的发展方式自然也要做出些调整。这种调整主要表现为向上和向下两个方向。

向上的调整主要表现为对政府官僚机构的侵蚀。通过这种方式,民间资本就可以在获取经济利益的同时,谋求政治权力对其人身财产安全的保护,具体的方式有三种。第一种是贿赂官员。比较有代表性的为成都罗裒。开始时,他往来于京师巴蜀间,"数年间致千余万",以此钱的一半贿赂曲阳侯王根和定陵侯淳于长,"依其权力,赊贷郡国,人莫敢负",又"擅盐井之利,期年所得自倍",成为"訾至巨万"②的豪富之家。第二种是买官头爵。武帝时府库空虚,为广开财路,设武功爵,这种武功爵其实和军功没什么关系,"级十七万,凡直三十余万金"③。明显是给巨富阶层准备的一种进身之阶。另外还有卖官制度。史载,武帝后"入财者得补郎,郎选衰矣"④。其中虽未限定买官者的身份,但高额的门槛显然是给民间资本中的上层人准备的。第三种是通过做权贵的代理。譬如成帝时有些权贵"至为人起责,分利受谢,生入死出者,不可胜数"⑤,权贵们给人放债获取收益,但通常不会亲自下场处理具体的事情,那些不可胜数的"生入死出者",自然也就是一些担任"白手套"的商人。

---

① (东汉)班固:《汉书》卷五十《张释之传》,第2307页。
② (东汉)班固:《汉书》卷九一《货殖传》,第3690页。
③ (东汉)班固:《汉书》卷二四《食货志》,第1159页。
④ (东汉)班固:《汉书》卷二四《食货志》,第1171页。
⑤ (东汉)班固:《汉书》卷八五《谷永传》,第3460页。

民间资本向下的调整主要表现为对土地的投资。汉武帝的经济改革实际上是一种带有掠夺性质的、强制性的制度变迁。这种做法也让很多民间资本认识到，经营工商末业虽然一本万利，但是有太多的不确定性，风险很大。相比较而言土地的收益率虽然不高，但投资的安全性要好得多。而且在武帝将盐铁等暴利行业设为官方垄断之后，可供投资的选择比之前也少了很多。于是，越来越多的民间资本开始将钱投向土地，致使土地兼并日益严重，并逐渐探索出了田庄式的复合经营模式。比较著名的如西汉的樊重田庄。史载他经营着"广田土三百余顷。其所起庐舍，皆有重堂高阁，陂渠灌注。又池鱼牧畜，有求必给"① 的大田庄。

（三）弱势情况下民间资本与汉代国家互动的模式

从之前的分析可以看出，在面对民间资本的政策问题上，武帝政府是依据其行为的两个目标区别对待的。对于危害其第一目标的民间资本采取抑制政策，而对于能实现其第二目标的民间资本，都会采取利用的态度。

武帝的经济改革之所以能够实现，除了制度设计层面比较合理之外，文景之治奠定的政治、经济资源优势是根本原因。在资源劣势的情况下，民间资本对武帝政府的这种政策变化也只能被动地做出适应性调整。具体方式为向上加强对政府统治机构的联系渗透，向下改变经营方式，转向投资土地，开始田庄经营。

三 汉代国家对民间资本的保护与利用

如前所述，汉代国家对民间资本的态度并非一味打压，而是抑制与利用并举。这种区分，一方面取决于汉代国家不同层次的行为目的，另一方面也取决于国家与民间资本的实力对比。前面笔者以汉武帝改革作为切入点，对这方面的内容进行了分析，但这只是一个时点的案例。如果把观察的视角扩展到整个汉代，情况又会怎么样呢？

---

① （南朝宋）范晔撰，（唐）李贤等注：《后汉书》卷三二《樊宏传》，第1119页。

第四章
汉代民间资本与汉代国家及国家资本

汉代国家对有利于自身统治的民间资本进行保护，主要是通过立法的手段，这部分在第二章的契约部分已经详细分析过了。下面本书主要来分析汉代国家对民间资本的利用。

（一）补充财政的重要手段

汉代是农业国家，所以与农业、农民有关的赋税项目，自然就构成了汉代财政收入的主体部分。但是，这种基于农业的赋税体系，其财政汲取能力自然要受到行业特征的限制。两汉建国初期，从天下凋敝到府库充盈，两汉政府的财政收入得到了很大程度的改善。其中有农业技术进步的因素，但更重要的还是"人口红利"[①]的原因。西汉初期通过"复故爵田宅"等一系列制度安排，把战乱时期失去土地的农民重新安置在田里，并通过登记户口的制度让他们成为西汉政府的纳税人。东汉刘秀建国初期也有类似的政策。但是，农业技术的进步和推广需要时间，人口因素在初期的"红利"消失后也只能按照自然增长率慢慢增长。所以，靠农业为基础的税收体系，在正常情况下（不考虑腐败、官僚效率下降等因素），其汲取量的增长必然具备稳定而低速的特点。

这种汲取量稳定而低速增长的赋役制度，在王朝初期财政支出规模同样较低的情况下，当然可以满足国家财政需要并有所盈余。但是当国家的财政支出骤然增加，或者当遇到自然灾害、吏治腐败等问题导致汲取量下降的时候，收支之间的矛盾就会快速地凸现出来。这时要解决财政赤字的问题，除了加大对农业、农民的榨取之外，便是对民间资本动手了。汉代的历史中，国家从民间资本处获得财政收入的方法主要有以下几种。

首先，通过权力置换，用国家掌握的权力换取民间资本手中的财富。西汉自建国以来便有禁止商人当官的规定。但在实际操作中，这一规定从来都没有严格地执行过。如文帝时有张释之"以赀为骑郎"[②]，武帝时期更是设立武功爵，"级十七万，凡直三十余万金"，以致"吏

[①] 现代经济学所谓的人口红利主要是从人口年龄结构的角度定义的。在这里笔者只是借用这个概念，用来代指西汉初期大量脱籍劳动力附籍释放出的纳税能力，以及带来的政府财政收入的快速增长现象。

[②] （东汉）班固：《汉书》卷五十《张释之传》，第2307页。

道杂而多端，则官职耗费"①。类似的制度一直延续到东汉。如灵帝时在鸿都门挂出牌子卖官爵，从公卿州郡到黄绶都有不同价格，名士崔烈花五百万钱买了一个司徒，大殿之上，灵帝居然还说："悔不小靳，可至千万"②。虽说吸收民间资本进入政权有各种考量，但无法否认财政因素是重要的一点。

其次，通过各种赋税手段从民间资本处获得财富。两汉时期有关税、工税、市租、财产税等税种，从实际操作上看主要是针对民间资本的。《九章算术》中有涉及关税的问题："今有人持金出五关。前关二而税一；次关三而税一；次关四而税一；次关五而税一；次关六而税一。并五关所税，适重一斤。问本持金几何？"③又有"今有人持米出三关，外关三而取一，中关五而取一，内关七而取一，余米五斗。问：本持米几何？"④可见汉代的关税收取实物，而且每个关卡重复征收，长途贩运的税负很重。汉代工税的具体征收办法不详，但从官制上看有负责收税的工官，"有工多者，置工官，主工税物"⑤，想必这是针对经营手工业的民间资本征收的税种。自高祖六年（前201）"立大市"以来，长安和全国各地的市就大为发展。在市场上做生意要缴纳市租，也就是交易税，一般采用自占税的形式，税率为10%。此外还有财产税，汉代称对商人征收的财产税叫做缗钱，起征于武帝时期。缗算的征收标的是财物的价值，如《史记·平准书》中说，当时征收缗钱是"各以其物自占"。司马贞在索隐中解释："谓各自隐度其财物多少。"也就是自己估算财物价值报税，而税率为"二千而一算"，即6%。这是基本税率，行业不同还有差别。缗算自行陈报，因而还有一项规定，即隐匿不报或陈报不实的，要罚戍边一年，并没收其全部财产。而且汉武帝还

---

① （东汉）班固：《汉书》卷二四《食货志》，第1159页。
② （南朝宋）范晔撰，（唐）李贤等注：《后汉书》卷五二《崔骃传》，第1730页。
③ 李继闵：《〈九章算术〉导读与译注》，陕西科学技术出版社1998年版，第577页。
④ 李继闵：《〈九章算术〉导读与译注》，第575页。
⑤ （西晋）司马彪撰，（南朝梁）刘昭注补：《后汉书志》第二十八《百官》，中华书局1965年版，第3625页。

鼓励告密。结果就是"中家以上大抵皆遇告",极大地解决了武帝时的财政亏空问题。

最后,便是国家向民间资本借钱。西汉初期平定七国之乱时有国家向以无盐氏为代表的子钱家借钱的记载。而东汉后期财政亏空,国家大举借债,最后仅利息支出就形成了巨大的财政压力。比如东汉安帝永初年间(107年—113年),"比年羌寇特困陇右,供徭赋役为损日滋,官负人责数十亿万"①。顺帝朝财政更加困难,向民间资本借贷也就更为频繁。如顺帝永建元年(126年),仅政府的将作大匠就"损省经用,岁息四五千万"②。而永和六年(141年)秋天,甚至下诏"假民有赀者户钱一千"③。

(二)公共物品的私人供给

公共物品是经济学中的一个概念,用来描述像外交、国防、公共设施之类的产品或服务。这种产品的消费是非竞争和非排他的,也就是说可以很多人一起消费,但同时又无法阻止其中的某些人拒绝支付费用。所以这样的产品或服务很难赚到足够的利润,一般不能或不能有效通过市场机制由企业和个人来提供,只能主要依靠政府供给。在现代社会,提供必要的公共物品是国家的基本职能之一。当然,国家提供公共品的支出主要来自以税收等形式从社会总产品中分得的那部分社会产品,这也是一个取之于民用之于民的过程。

汉代是一个农业社会,从对社会经济的直接作用来说,农田水利设施无疑是最重要的公共物品。作为汉代政府,在水利设施的建设方面确实也做了很多工作。

首先,汉代从中央到地方都设立了专职管理水利工作的机构。西汉时中央在太常、内史、水衡都尉、少府等官职下都设有都水、水衡等主管水利的属官。地方郡县则有大司农的属官,如"郡国诸仓农监,都

---

① (南朝宋)范晔撰,(唐)李贤等注:《后汉书》卷五一《庞参传》,第1688页。
② (南朝宋)范晔撰,(唐)李贤等注:《后汉书》卷四八《翟酺传》,第1605页。
③ (南朝宋)范晔撰,(唐)李贤等注:《后汉书》卷六《顺帝纪》,第271页。

水六十五官长丞"① 等。东汉时省并机构,中央有司空一职负责"掌水土事"②。地方上则有"都水官","主平水收鱼税"③。

其次,这些职官在水利设施,尤其是大型水利设施的建设与维护方面,也确实做了不少工作。如西汉武帝年间,在大司农郑当时的建议下,"令齐人水工徐伯表,发卒数万人穿漕渠,三岁而通。以漕,大便利。其后漕稍多,而渠下之民颇得以溉矣"④。东汉光武帝时,大司空张纯"穿阳渠,引洛水为漕,百姓得其利"⑤;和帝时,何敞在汝南"又修理鲖阳旧渠,百姓赖其利,垦田增三万余顷"⑥;杜诗在南阳"修治陂池,广拓土田"⑦ 等。

然而,在汉代的生产力条件下,不论是税收的汲取能力,还是对基层社会的动员组织能力,汉代国家都是无法与现代国家相比的。相应的,汉代国家对公共物品的供给能力,实际上也就无法满足社会经济发展的需求。为了解决这一矛盾,汉代国家在公共物品的供给过程中,引入了民间资本,也就是部分地采用了公共物品的私人供给模式。以农田水利设施为例,这种私人供给模式主要有两种操作方法。

第一种方法是采用与民间资本合资的形式,在融资环节引入民间资本作为国家资本的补充。这种方法多在大型水利设施建设以及救灾工作中采用。如汉武帝时期山东水灾,"遣使虚郡国仓廪以振贫。尤不足,又募豪富人相假贷"⑧。国家财政没钱赈灾,于是就募集了一部分私人资本,通过借贷的方式救济灾民。

第二种更为常见的方法是直接将公共物品的供给职能交给民间资

---

① (东汉)班固:《汉书》卷十九《百官公卿表》,第731页。
② (南朝宋)范晔撰,(唐)李贤等注:《后汉书》志二八《百官志五》,第3562页。
③ (南朝宋)范晔撰,(唐)李贤等注:《后汉书》志二八《百官志五》,第3625页。
④ (东汉)班固:《汉书》卷二九《沟洫志》,第1679页。
⑤ (南朝宋)范晔撰,(唐)李贤等注:《后汉书》卷三五《张纯传》,第1195页。
⑥ (南朝宋)范晔撰,(唐)李贤等注:《后汉书》卷四三《何敞传》,第1487页。
⑦ (南朝宋)范晔撰,(唐)李贤等注:《后汉书》卷三一《杜诗传》,第1094页。
⑧ (东汉)班固:《汉书》卷二四《食货志》,第1162页。

本，也就是将公共物品变成私人物品，给予民间资本产权和收益的保障，而国家获得经济发展以及税收方面的收益。其中较早期的有以冶铁闻名的孔氏，在"大鼓铸"的同时也"规陂池"①，在发展农田水利综合经营的同时，也解决了冶铁的水源问题。时至东汉，随着庄园经济的发展和普及，许多地区基层开发的主体也"悄然地由封建国家变为豪强地主，田庄经济成为开发的主要形式"②。而"兴修水利，有效地对农田实行'陂渠灌注'是汉代田庄农业生产的特色"③。如著名的樊氏庄园中就有自己修建的灌溉设施，"朝水又东南，分为二水，一水枝分东北，为樊氏陂，陂东西十里、南北五里，俗谓之凡亭陂"④。后来樊氏衰败，陂池为庚氏所取。有俗谚云："陂汪汪，下田良，樊子失业庚公昌。"⑤ 陂池的产权可私下流转并为官方所承认，可见其私人物品的属性是明确的。

从这个角度说，在基层社会，汉代的民间资本实际上是负担了一部分政府职能的。

第二节　汉代民间资本与国家资本

以现代经济学的概念来说，所谓国家资本，是指有权代表国家投资的政府部门或机构、直属事业单位对企业投资形成的资本金。将概念化用至汉代，则可以指由汉代国家直接投资的农、工、商等各行业资本，以及各类社会公共事业投资形成的资本。从这些投资的行业和方向就可以看出，在实际的操作过程中，国家资本与民间资本肯定是有所交互的。那么在这个交互的过程中，两方采取一种什么样的方式，彼此之间

---

① （西汉）司马迁：《史记》卷一二九《货殖列传》，第3278页。
② 刘磐修：《汉代河套地区的开发》，《中国经济史研究》2003年第1期。
③ 杜庆余：《论汉代田庄的历史地位》，《东岳论丛》2009年第5期。
④ （北魏）郦道元著，陈桥驿等译注：《水经注全译》卷三一《淯水》，贵州人民出版社1996年版，第1090页。
⑤ （北魏）郦道元著，陈桥驿等译注：《水经注全译》卷三一《淯水》，第1090页。

存在哪些矛盾，以及这些矛盾的深层次原因又是什么？这是今人应该思考的问题。

一　汉代国家资本发展概况

在展开分析之前，本书首先要简单梳理一下汉代国家资本的基本状况。从资本的规模来说，汉代作为中国皇权专制时代的早期，国家资本是占整个社会总资本的多数的。从资本的流向来说，汉代的国家资本大约包括以下几个部分。

（一）农业领域的国家资本

在本书的第一章，笔者分析了汉代民间资本在农业领域的投资。事实上虽然民间资本在汉代农业中处于一个不断上升的趋势，但就有汉一代的情况来说，国家资本在农业领域还是占据主导地位的。

汉代国家掌握了大量的公田，包括战争之后继承的前朝国有土地、大量的无主荒地、通过水利建设新开发的土地等。汉代政府有时会将公田赏赐给臣民，如高祖刘邦迁齐楚大族至关中，"与利田宅"，好好安置；又如武帝时赏赐卜式田十顷并昭告天下，这些用的都是公田。也有的时候汉代政府会将公田赠与或假与贫民，一般是作为当时荒政的一部分措施。如宣帝地节元年（前69年）借给贫民田地助其渡过灾荒。地节三年（前67年）又下诏："池籞未御幸者，假与贫民。……流民还归者，假公田，贷种、食，且勿算事。"①

但更多的时候，这些国家掌握的土地还是被投资于生产领域，采用屯田的形式组织农业生产，其产品也构成了国家财政收入的重要组成部分。汉代官屯的第一次大规模发展是在汉武帝时期。其时卫、霍北击匈奴，在北地、西域开拓了大量适于耕种的土地，武帝着人在那里组织了大规模的屯田，史载："汉度河自朔方以西至令居，往往通渠置田，官吏卒五六万人"②。这些屯田一方面有财政考虑；另一方面也为了巩固

---

① （东汉）班固：《汉书》卷八《宣帝纪》，第249页。
② （西汉）司马迁：《史记》卷一一○《匈奴列传》，第2911页。

第四章 汉代民间资本与汉代国家及国家资本

在当地的统治秩序。类似的屯田在汉武帝时期非常频繁，比如《汉书·武帝纪》还记载：元朔二年（前127年），汉朝政府招募百姓10万人到朔方屯田。元狩四年（前119年），关东贫民72万多人到北地、陇西、西河、上郡等地屯田。又在上郡、西河、河西设置田官，派驻戍卒及屯田，发动人数超过60万。①

除了以屯田的形式组织的农作物种植业之外，汉代国家资本还广泛投资于林、牧、渔等广义农业，其中以官营的畜牧业规模最大。"西汉时期的官营畜牧业是为了满足国家的经济、军事、交通运输和宫室的需求而设置的，可分为中央和地方两级。西汉时期中央设立太仆掌管国家的畜牧业。"② 各类畜产品中，除牛、羊等一般牲畜及各类珍稀动物外，马的养殖规模最大，这主要是出于军事和运输的需要。《汉书·食货志》记载有："天子为伐胡故，盛养马，马之往来食长安者数万匹，卒掌者关中不足，乃调旁近郡。"关中养马的人手都不够用，还要从周边调集，可见规模之大。

（二）手工业领域的国家资本

汉代以国家资本投资了众多的手工业行业，如纺织业、漆器业、制盐业、冶铁业、铸钱业、铜器制造业、兵器制造业、度量衡器制造业、陶器业等，建立了庞大的官营手工业体系。笔者这里可以选几个重要的，简单梳理一下。

首先是纺织业。纺织业是汉代重要的官营手工业部门，其产品基本不面向市场，主要是用来满足皇室与官僚贵族的需要以及一些外交活动。官营纺织业的管理机构，在中央主要是少府下辖的东西织室令、丞，在地方上有襄邑县和临淄县的服官。汉代官营纺织业的规模在建国初期非常小，而后随着宫廷规模的扩大迅速扩张。比如西汉元帝时期的名臣贡禹就曾经说，西汉初期齐地三服官每年产量不过"十笥"，也就是十个竹匣子。但到了元帝时期，"齐三服官作工各数千人，一岁费数

---

① 参见王绪栋《西汉时期官营经济再探》，硕士学位论文，山东师范大学，2012年。
② 林甘泉：《中国经济通史·秦汉经济卷》，第175页。

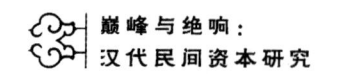

巨万……三工官官费五千万，东西织室亦然"①。

其次是煮盐业。两汉国家资本对盐业的投资规模有一个明显的变化过程。西汉初年"纵民煮铸"，虽然也有官营的煮盐业，②但主要还是采用包商制，由民间资本经营，官府收税。到汉武帝时期，出于财政、地方控制等方面的考虑，采用桑弘羊的建议将煮盐业的投资权力收归国有，建立了官营国有的煮盐业，在中央归大司农管理，地方上设立盐官。官营煮盐业从经营方式上来说，采用的是民制—官运—官销的方式，在产盐区由官府雇人煮盐，并发给生产工具，而后由官府统一收购和贩运。制度上来说，官营煮盐业的制度从武帝之后延续了整个西汉，但严格执行的时期大约只有武帝朝，之后便逐渐松弛。经王莽和东汉初期短暂恢复，至和帝之后便又恢复了西汉初年包商制的方法，国家资本直接投资的煮盐业又趋于萎缩。

再次是冶铁业。冶铁业往往与煮盐业并称，为两汉时期利润率最高、最重要的重工业部门。与煮盐业类似，西汉前期的冶铁业主要由民间资本投资，至武帝改革之后收归官营。汉代的官营冶铁业，在中央归属大司农管理，地方上则在各地设立铁官。而铁官依据所辖地的不同，又有大、小的分别。所辖地有铁矿的，主要是负责采矿和生铁的冶炼；所辖地没有铁矿的，则"置小铁官"③，主要负责"铸故铁"，即把炼成的铁或收上来的废铁铸造成铁器。与煮盐业不同，汉代官营的冶铁业是由国家资本控制从生产到运销的全部流程的，在生产环节上使用的劳动力主要是奴隶和刑徒，剥削十分沉重，后期时有造反事件发生，生产效率也比较低。但两汉国家资本投资冶铁业的规模还是十分巨大的，全国官营的冶铁炼铜业，"一岁功十万人已上"④。制度上来说，国家资本对冶铁业的垄断从武帝以后至东汉一直未改。但实际上与煮盐业一样，从

---

① （东汉）班固：《汉书》卷七二《贡禹传》，第3070页。
② 如陈直先生的《封泥考略》卷四中有"榷盐左丞"的封泥。参见陈直《两汉经济史料论丛》，中华书局2008年版，第103页。
③ （西汉）司马迁：《史记》卷三十《平准书》，第1429页。
④ （东汉）班固：《汉书》卷七二《贡禹传》，第3072页。

第四章
汉代民间资本与汉代国家及国家资本

西汉后期至东汉,这种垄断权力对民间资本的抑制力总体上是不断下降的。

最后是铸钱业。盐、铁、铸钱,是汉代国家资本投资的手工业中,最为重要的三个行业。西汉前期,与盐铁一样,铸钱业的投资主体也是多元化的,既有国家资本也有民间资本。景帝中元六年(前144年),"定铸钱伪黄金弃市律"①,开始将铸币权收归国有,而完整的官铸体系到武帝时期才确定下来。武帝元狩五年(前118年)"令天下非三官钱不得行,诸郡国所前铸钱皆废销之,输其铜三官","上林三官"即为钟官、技巧和辨铜,各设令、丞,各有分工,是汉代国家资本投资铸钱业的管理机构。在盐、铁、铸钱三个主要行业中,国家资本的垄断权力在铸钱业中维持得最久,从汉武帝之后,除王莽时期,基本上一直延续到了东汉末期。铸钱的规模也非常巨大。《汉书·食货志》有记载:"自孝武元狩五年三官初铸五铢钱,至平帝元始中,成钱二百八十亿万余云。"② 又《汉书·王嘉传》云:(元帝时)"都内钱四十万万,水衡钱二十五万万,少府钱十八万万。"③ 这只是收归官府的货币,实际流通中的当然更多。

(三)商业领域的国家资本

国家资本在各个行业的投资,其产品主要是供皇室、官僚贵族消费,以及用于行政、外交事务,除此之外还有少部分剩余产品作为商品流入市场,这是在两汉之前就存在的现象,也是最原始的国家资本投资商业的方式。两汉时期这种方式仍然存在,如出土的许多汉代陶器、漆器等产品,上面有"某市""某亭"的印记。这些地方官营手工业的产品,一部分是供应皇室和当地官府,另一部分则作为商品出售。④ 但汉武帝改革之后,汉代政府开始建立更为系统的官营商业体系,即均输平准制度。

---

① (东汉)班固:《汉书》卷五《景帝纪》,第148页。
② (东汉)班固:《汉书》卷二四下《食货志下》,第1177页。
③ (东汉)班固:《汉书》卷八六《王嘉传》,第3494页。
④ 参见李恒全《试述汉代官营手工业中的商品生产》,《东南文化》2002年第1期。

均输平准制度是汉武帝时期为了解决财政危机、平抑物价等目的，在桑弘羊等人的建议下建立的官营商业体系。所谓均输，《史记·平准书》集解中载孟康言："谓诸当所输于官者，皆令输其土地所饶，平其所在时价，官更于他处卖之，输者既便而官有利。"也就是说政府要求各地按照当地的特产和市场价格，向官府缴纳货物，然后官府再在其他地方出售。而所谓平准，则与均输同步设立。史载桑弘羊向武帝建议："置平准于京师，都受天下委输……大农之诸官尽笼天下之货物，贵即卖之，贱则买之。如此，富商大贾无所牟大利，则反本，而万物不得腾踊。故抑天下物，名曰'平准'。"①

均输与平准是相互配合的两项制度安排，共同构成了国有资本在商业领域完整的运行网络。通过均输，政府掌握了各地大量的特产品，然后通过平准的渠道，将其"贵即卖之，贱则买之"，获得商业利润并平抑物价。

均输平准制度在中央归属大司农下的均输令、平准令管理，在外则有大农部丞作为派出机构以及基层均输官负责具体商品的采购销售工作。通过均输平准体系，武帝政府获得了巨大的商业利润。史称："汉连兵三岁，诛羌，灭南越，番禺以西至蜀南者置初郡十七……费皆仰给大农。大农以均输调盐铁助赋，故能赡之。"②

均输平准体系的运作效率在初设时期便达到顶峰，此后随着政府治理能力的下降而衰退，但总体来讲维持了比较长的时间。王莽时期的五均司市师实际上便是延续了均输平准制度，只是效率不可同日而语。而后至东汉，章帝时朱晖奏言："今均输之法与贾贩无异，盐利归官，则下人穷怨"③。可见东汉前期均输制度仍然在一定程度上发生作用。

（四）社会公共事业中的国家资本

与民间资本不同，国家资本在决定其投资方向的时候，并不仅仅考

---

① （西汉）司马迁：《史记》卷三十《平准书》，第1441页。
② （西汉）司马迁：《史记》卷三十《平准书》，第1440页。
③ （南朝宋）范晔撰，（唐）李贤等注：《后汉书》卷四三《朱晖传》，第1460页。

第四章 汉代民间资本与汉代国家及国家资本

虑经济回报。国家资本的投资,除了作为一种组织财政收入的方式,更重要的还是国家履行职能的一种手段。所以,除了上述行业之外,汉代的国家资本还投资于各项社会公共事业,这方面的投资比较集中地体现在公共设施的建设以及社会救济事业方面。

首先,国家资本投资于公共设施建设。前面笔者曾经探讨过民间资本对水利等公共设施的投资,并指出其分担政府职能的特性。但实际上,民间资本对公共设施的投资主要集中在乡里基层的小规模设施方面,大规模的公共设施建设,如治河、道路、大型水利设施等,必须以国家规模的资本才可能实现。汉代政府在这方面也确实做了许多工作,甚至武帝时还掀起过兴修水利的高潮。"用事者争言水利,朔方、西河、河西、酒泉皆引河及川谷以溉田;而关中辅渠、灵轵引堵水;汝南、九江引淮;东海引钜定;泰山下引汶水:皆穿渠为溉田,各万余顷。"①

其次,国家资本投资于社会救济事业。汉代以农业立国,而农业是一个受自然环境影响巨大的行业。作为汉代社会基础的小农家庭,在风调雨顺的年景或可略有结余,但对自然灾害等意外情况的抵御能力是非常低下的。所以灾荒年间的赈济、对贫困家庭的帮扶等就成了汉代国家必要的一项开支。

灾荒年间或青黄不接时的赈贷,作为两汉的常制有着成熟详细的操作流程。放贷时间多在春季或夏初,其目的是帮助贫民完成春耕,度过青黄不接的乏粮时期。② 譬如,1973年出土于江陵凤凰山汉墓的政府放贷种食的竹简,提供了有关的具体史料。简文中均记明户主姓名、能田者几人、全家人口及拥有的田亩、所贷种食数量,还有画押符号。部分情况可以参见表4-1。

---

① (西汉)司马迁:《史记》卷二九《河渠书》,第1414页。
② 宋杰:《汉代官府与私人之间的债务关系》,《首都师范大学学报》(社会科学版)1993年第1期。

表4-1　　西汉江陵凤凰山政府放贷种食表（局部）①

户主	劳动力	全家人口	占地亩数	贳贷数量
胜	3	5	54	五石四斗
圣	1	1	8	八斗
越人	3	6	30	三石
小奴	2	3	30	三石
口奴	4	7	23	二石
公士田	3	6	21	二石一斗
村	4	6	32	三石三斗

从表中也可以看出，西汉文帝时当地行政机构按照贫民各家拥有田地的数量放贷种粮，标准基本上是每亩一斗。赈济灾民在当时的观念里是政府行德政的表现之一，所以史书中有非常多的记载。比如西汉昭帝时，"三月，遣使者振贷贫民毋种、食者"②。成帝河平四年（前25年）三月："遣光禄大夫博士嘉等十一人行举濒河之郡水所毁伤困乏不能自存者，财振贷。"③ 这一制度在东汉时期也得以延续。比如东汉和帝永元十一年（99年）二月，"遣使循行郡国，禀贷被灾害不能自存者"；永元十二年（100年）二月，"诏贷被灾诸郡民种粮"④；顺帝永建二年（127年）二月，"甲辰，诏禀贷荆、豫、兖、冀四州流冗贫人"⑤；等。

除了救灾之外，有时汉代政府也会出于"扶贫"的目的提供一些帮扶性质的借贷。这方面的材料也非常多，仅汉和帝永元年间的借贷记录就可编制成表4-2。

---

① 表引自马新《试论两汉乡村工商业与高利贷》，《东岳论丛》2001年第2期。
② （东汉）班固：《汉书》卷七《昭帝纪》，第220页。
③ （东汉）班固：《汉书》卷十《成帝纪》，第310页。
④ （南朝宋）范晔撰，（唐）李贤等注：《后汉书》卷四《孝和帝纪》，第185—188页。
⑤ （南朝宋）范晔撰，（唐）李贤等注：《后汉书》卷六《孝顺帝纪》，第254页。

表 4-2　　　　　　　　永元年间禀贷贫民简表①

时间	内容
永元六年二月乙未	"遣谒者分行禀贷三河、兖、冀、青州贫民"
永元八年四月甲子	"诏赈贷并州四县贫民"
永元十二年闰四月	"赈贷敦煌、张掖、五原民下贫者谷"
永元十三年二月	"丙午赈贷张掖、居延、朔方、日南贫民及孤羸弱不能自存者"
永元十三年八月	"诏象林民失农桑者,赈贷种粮、禀赐下贫谷食"
永元十四年五月	"庚辰,赈贷张掖、居延、敦煌、五原、汉阳、会稽流民下贫谷各有差"
永元十五年二月	"诏禀贷颍川、汝南、陈留、江夏、梁国、敦煌贫民"
永元十六年正月	"己卯诏贫民有田业而以匮乏不能自农者,贷种粮"

二　民间资本与国家资本的矛盾探析

前文曾述及,汉代国家资本与民间资本在某些领域,如公共品的供给方面确有合作关系,但更多的时候两者的关系还是表现为矛盾和冲突。这种矛盾和冲突集中体现在以下两个方面。

(一)市场占有份额:汉代民间资本与国家资本的直接冲突

汉代民间资本与国家资本最直接的冲突体现在市场占有份额方面。一定的市场容量下,国进自然意味着民退。不过这种冲突在不同时期、不同行业烈度又不一样。

西汉建国初期,政府采取了无为而治的方针,实施了"开关梁"等对商人宽容的政策。而东汉政权是在民间资本的支持下建立的,所以对民间资本也比较宽松,民间资本和国家资本之间的矛盾不太突出。最激烈的矛盾主要发生在汉武帝改革之后到新莽时期。汉武帝改革对民间资本的打击前文已经说过,其实在他之后的一百多年,西汉末年的王莽改制在很多方面,特别是经济制度方面,都和汉武帝改革有相似之处,比如限制工商业发展的五均六筦政策、禁止私人铸造货币的政策。王莽

---

① 表格引自刘秋根《中国封建社会农业金融发展阶段初探》,《人文杂志》2007年第2期。原文有注曰:此为明确记载有"贷""振贷""禀贷"之类者,尚有不少有"禀""给与"之类对灾民或一般性贫民的救济未予罗列。

的这些政策也引起了和民间资本之间的激烈冲突。但时代不同了，就像前面分析过的，经济政策的变化实际上是由政治权力格局决定的，其中又涉及实际政治权力和法定政治权力。这种权力格局的不同，也就导致了王莽改革走向了完全不一样的结局。

从行业来看，汉代国家资本投资的很多行业，生产出来的东西都是优先满足国家财政需要和皇室贵族自己消费的，基本不会卖给普通人，比如广义上的农业、高档的纺织品、漆器等奢侈品行业。所以在这些行业里，民间资本和国家资本之间的冲突就比较少。真正激烈的冲突则集中在盐铁等重工业、商业领域以及农作物种植业上。

西汉初年放任民间煮盐铸铁，民间资本在盐铁业投资达到顶峰，出现了很多有名的大盐铁商。这段时期国家资本实力有限，主要忙着稳定统治和恢复经济，两者之间虽然有些矛盾（比如前文提到过的货币政策变化），但总体来说还不算太严重。汉武帝实行了盐铁官营政策，并且用算缗、告缗等措施抢夺民间财富，用行政手段直接把民间资本挤出市场，导致了在汉武帝之后一段时间内民间资本在盐铁市场上的溃退。但官营盐铁业有很多弊端，比如质量差价高、运作不灵活等，这也给民间资本重新进入市场创造了一些机会。从西汉后期到东汉前期，盐铁官营政策一直存在着，但民间资本在盐铁市场上的份额是在逐渐恢复的，最后到东汉和帝时期恢复了包商制。

商业领域民间资本和国家资本的冲突轨迹与盐铁业相似，都是以汉武帝改革为转折点，国家资本运作的均输平准体系在为西汉政府筹集了大量财政收入的同时，也自然地侵占了民间资本的市场份额。但均输平准体系的运行也需要政府有强大的资源组织能力。当这种能力在王朝后期不可避免地衰退的时候，民间资本在商业领域的市场份额也逐步恢复了。

民间资本和国家资本在农作物种植业的冲突和盐铁、商业等行业有所不同，并不完全是市场份额层面的争夺。国家资本对粮食作物的买卖虽然客观上对民间资本的市场占有率有所影响，但从政策的出发点来看，买卖粮食本质上是价格政策。民间资本和国家资本在农作物种植业的冲突，实际上是对土地这种生产资料占有的冲突。土地以及依附在土地上的农业劳动人口，是汉代国家统治的基础。而多占有土地，无论是为了专业化经营获取利润还是为了"以末致财，用本守之"的资本资产优化组合，都是民间资本运作的重要方式。两者之间的矛盾冲突贯穿两汉始终。两汉初期，国家资本在土地占有方面占据绝对优势。但纵观两汉王朝，民间资本不断地通过合法或非法的手段蚕食国有土地，表现出国家资本不断弱化而民间资本不断强化的趋势。①

（二）资源配置的方式：汉代民间资本与国家资本的深层矛盾

市场占有率以及土地与人口控制，只是汉代民间资本与国家资本冲突的表象。而两者的深层矛盾则集中于资源配置的方式上。

现代经济学认为，市场经济就是以市场为主导的资源配置方式，市场通过供求决定的价格来调节资源在社会各个部门之间的分配比例，从而达到最优的经济效率。虽然汉代的市场还没有发展到现代经济那样全面和高效，但一些地区的市场已经有了明显的发展。《史记·货殖列传》中将这些区域市场所在地称为"都会"。如燕赵地区"邯郸亦漳、河之间一都会也，北通燕、涿，南有郑卫"；齐鲁地区"陶、睢阳亦一都会也"；江南地区的吴"亦江东一都会也"；楚都郢"西通巫巴，东有云梦之饶"；等。而汉代的民间资本也同样以区域性资本为主。同时对于民间资本整体来说，在市场规则的约束下，所有的参与者按照市场规则来决定竞争的成败同样是最具经济效率的一种方式。

而汉代的国家资本，遵循的是另外一套以行政命令的方式配置资源的规则。不论是对具体行业的经营细节，如产量、价格，还是对某些行

---

① 土地制度问题是中国古代史研究中的一个重点问题，也是1949年后中国史研究所谓"五朵金花"之一。在这一问题的论战过程中，关于汉代土地制度的性质，以及土地国有制、私有制之间的地位消长，前辈学者有过多年的争论和探讨。这些成果多收入了南开大学历史系中国古代史教研组编《中国封建社会土地所有制形式问题讨论集》（生活·读书·新知三联书店1962年版），近年也有如杜梅《近五十年来秦汉土地制度研究综述》（《中国史研究动态》2007年第7期）一文对从1949年到2000年之后相关的成果进行了整理。本书无意也无力再涉足这一课题的争论，只是继承了"汉代以土地国有制为主，但土地私有制不断发展"这一观点。

业的准入规则，都是依托于政府机构，通过行政命令的方式来运作的。即便是均输平准这样表面上看起来是参与市场活动的官营商业，其遵循的也不是优胜劣汰的市场规则。这套规则的经济绩效之低下在前文已有述及，并直接导致了相关领域民间资本的衰退。然而，更为严重的后果是以下两个方面。

首先，以权力介入市场，导致市场参与者身份与权能的异化。有效率的市场机制要求市场竞争的参与者拥有平等的身份和权能，在市场的游戏规则下通过改善经营、提高产品质量取得竞争的胜利。在竞争的过程中，每一个市场的参与者都是"选手"的身份，也仅拥有"选手"的权利和职能。而国家资本介入市场，尤其是介入直接市场竞争，其身份和权能就发生了异化。国家资本以政治权力为依托，拥有国家机器的力量。国家资本参与市场竞争，其身份既是"选手"，同时还担当"裁判"，与民间资本的参与者是显著的不对等的。

其次，低成本获取财富的示范效应，引导民进资本向权力靠拢。国家资本在市场上既当"选手"又当"裁判"，依托国家权力对市场资源予取予求，纵使效率低下依然可以占有大量的经济资源，为民间资本的市场参与者作出了负面的示范。当民间资本发现只要，甚至只有靠近或掌握权力，才可以更方便地获取利润的时候，自然会对这种方式趋之若鹜。汉武帝改革之后，民间资本在经营方式上加速向权力渗透靠拢，这种负面的示范效应便是直接的诱因。

第三节　政治理性与经济理性
——民间资本与国家及其资本的冲突与合作

市场份额和资源配置方式，是汉代民间资本与国家及国家资本产生矛盾的原因，也是矛盾的焦点。而在不同的实力对比环境下，民间资本与国家也有着合作的可能，或者是民间资本也有着被汉代国家利用的价值。而如果研究深入到民间资本与汉代国家各自的行为逻辑内部，就能发现不管是矛盾还是合作，双方其实都遵循着自己的一套"规则"。这种"规则"的差异,才是汉代民间资本与国家关系的底层逻辑。

一 政治理性与经济理性——汉代国家与民间资本各自的行为逻辑

政治学学者常健曾经从"理性"的角度分析不同社会行为主体的行为方式和交往过程,这为本书提供了一个有益的分析视角。[①] 所谓理性,即人们在相互交往中所认同的思考和处理问题的规则。不同的交往共同体会形成不同的行为理性。常健认为:"政治交往共同体中会形成政治理性。政治交往的目的,是为了相互的安全而达成主体间协议,它要解决的基本问题是如何减少和消除共同决策中的冲突,解决这一问题的主要方式是建立相对稳定的权力关系体系。因此,秩序和公正是政治理性最基本的价值目标。经济交往共同体中会形成经济理性。经济交往的目的,是为了生存和更好生存而进行的经济资料的生产和交换,经济组织和市场交换是这种交往的基本组织形式,它要解决的基本问题是经济资源的有效配置。效用和效率是经济理性的最基本的价值目标。"[②]

汉代国家作为政治交往共同体,其行为主要遵从的是政治理性。正如前文所述,汉代国家行为的首要目标是统治集团本身权力的稳定,所以其对社会控制与秩序的要求是第一位的。在达成此目标的基础上,才会追求经济的发展与效率的提高,毕竟这也关系到国家财政收入的提高。

汉代民间资本作为经济交往共同体,其行为主要遵从的是经济理性。通过改善产品质量、提高生产效率、对于商业时机的把握甚至是依附于国家权力,最终的目的是实现更高的利润。民间资本对于良好的社会秩序当然也有要求,毕竟和平的环境更有利于民间资本的运作。但与国家及国家资本不同的是,民间资本的决策过程显著地表现出分散决策的特点。每一个个体的民间资本单元,不论是个人、家庭还是家族,在

---

① 参见常健《论经济理性、社会理性与政治理性的和谐》,《南开学报》(哲学社会科学版)2007年第5期。
② 常健:《论经济理性、社会理性与政治理性的和谐》,《南开学报》(哲学社会科学版)2007年第5期。

绝大多数情况下都是以利润为目标独立地做出决策的，不存在某种为了实现民间资本的"整体利益"的"共同意志"。所以，当汉代国家及国家资本较少干预市场的时候，多数的民间资本选择按照市场的规则追求更多的利润；当汉代国家展现出强大的力量之后，越来越多的民间资本开始倾向于依附权力，哪怕市场规则对民间资本整体更有利；而当民间资本对国家权力的渗透达到一定程度之后，它们开始从宏观层面操控国家政策以实现自己的经济利益，甚至不惜损害和平稳定的社会秩序。

二 理性的限界与越界——民间资本与国家及其资本互动的底层逻辑

汉代民间资本与国家，双方遵循着不同的行为规则，追求着不同的目标。国家追求统治稳定与社会秩序，民间资本追求利润与经济效率。不同的理性之间，有限界与接轨，也有越界与断裂。这正是贯穿汉代民间资本与国家及其资本互动过程的底层逻辑。

理想的社会中，政治领域当以政治理性为主，辅以经济理性。而经济领域则相反。在两汉社会中可以看到一些政治理性与经济理性彼此限界与接轨的尝试，但更多的情况下还是表现为越界与断裂的关系。

理性的限界，即是指在某种交往活动中，确定不同理性的主次地位与适用边界；理性的接轨，则是指存在某种传导的途径，能使不同理性进入彼此视域并达成一定程度和解。

在汉代的某些时期，汉代国家或其资本在与民间资本的互动中，在政治理性与经济理性的限界与接轨方面做出了一定的努力。

如东汉在经济领域的宽商政策。某种程度上说，东汉政权是在民间资本的支持下建立起来的。这种建国的过程决定了东汉的政权框架内从一开始就存在着政治理性与经济理性接轨的基础。所以，相比于前朝，东汉针对民间资本的政策要相对宽松与务实。但同时，东汉在建国之初也针对当时社会显著的土地和奴婢问题采取了一系列比较严厉的措施。这些针对民间资本的政策显然是出于政治理性的考虑，为了政权的稳定与社会秩序的恢复而做的。这体现了在东汉前期的政治交往活动中，政治理性是居于主导地位的，但同时两者又有着一定的对话空间。

理性的越界是指在交往活动中，将仅适用于某一领域的理性强加到其他领域；理性的断裂是指不同的理性之间缺乏稳定的交流渠道，从而使得某种交往活动中强势理性忽视弱势理性的要求。理性的越界与断裂往往导致交往活动中理性的冲突，强势理性压制并越界替代弱势理性，弱势理性也必然会作出反抗。两汉时期在民间资本与国家及其资本互动的过程中，经济理性与政治理性的越界与断裂是比较普遍的现象。

首先，政治交往活动中经济理性的越界。本书在前面分析西汉初年货币政策时，探讨了西汉初期民间资本与地方分裂势力的结合。货币制度的变迁是本书切入的一个侧面，实际上民间资本与地方势力结合的影响要广泛得多。中央政权与地方势力之间的关系，这是政治交往活动的范畴。中央政府遵循政治理性，追求政权的巩固以及社会秩序的稳定。而民间资本则遵循经济理性，寻找与哪一方合作能带给自己更多的利润，并在西汉初年站在了地方势力一边。

其次，经济交往活动中政治理性的越界。最集中的表现为汉武帝经济改革之后，随着官营国有工商业体系的建立，政治理性通过政府掌握的权力与资源越来越多地侵入经济理性的领域，并对经济理性形成了压制。这种越界与压制，必然会带来经济理性的反抗。政治理性是依托于国家权力存在的，当国家强势的时候，经济理性的反抗则显得比较微弱，但实际上这种压力是一直在积累的。等到国家权力衰落的时候再剧烈地爆发出来。比如王莽时期试图重振官营国有工商业体系的举动，就在民间资本剧烈的反对下失败了，甚至导致了新朝的覆灭。

第五章

汉代民间资本与汉代社会

在上一章中,笔者从宏观上探讨了汉代民间资本与汉代国家及国家资本的关系,展示了汉代民间资本在汉代时空运动中的一个侧面。而如果将视野进一步扩展,将汉代民间资本放到整个汉代社会的场域中进行考察,就会发现还有很多问题值得探讨。比如以阶层的视角来观察,汉代的民间资本在整个汉代社会的各个阶层之间是如何分布的,如果动态来看又是如何流动的?或者以城乡的视角来观察,在汉代民间资本与汉代社会的互动过程中,对汉代社会产生了哪些作用和影响,进而导致了汉代社会从现实到观念上的哪些变化?这些都是本书可以并且也应该深入探讨的问题。

第一节 汉代民间资本的社会阶层分布与流动

中国古代社会是一个等级社会,每个人都在这个等级结构中有一个自己的位置,如果按照职业来划分的话,可以粗略地分成士、农、工、商四个不同的职业,在这"四民"之下,不同时期还存在着数量不等的如奴婢这样的贱业。不同的职业,资源的占有数量不同,享有不同的权利同时也负担有不同的义务。而从总体来说,"四民"虽从事的工作不同,但其身份从整体上说,还是都属于"民"的层次。在民之上,还存在着各方面都与民显著不同的"代天子牧民"的官。所以,从宏观角度来说,本书把整个汉代社会分成官和民两个阶层,然后来观察民间

第五章
汉代民间资本与汉代社会

资本在这两个阶层之间的分布和流动。

一般来说，不论官阶大小，官这一阶层相比于民从占有的经济资源到政治地位、法律地位都有着明显的优势，这也就吸引着民通过各种渠道努力地向上移动。而官这一阶层本身也有不稳定的因素，或由于工作失误，或由于政策变化，甚至是由于一些偶然的因素，也可能导致官变成民这样的社会阶层逆流动。

一 民间资本的阶层分布

本书对民间资本的定义更多的是从所有权和经营权的角度来进行的，也就是除了官营国有的资本之外，私人拥有和经营的资本，都算作民间资本，与资本所有者的职业是官还是民并无关系。在这个前提下，汉代的民间资本是普遍存在于官民两个阶层的。当然，官与民在资本运营方面有明显的区别，这也是本书后面要分析的问题之一。

民间资本在"民"这一阶层的分布情况，在本书第二章分析行业分布的时候，其实已经有了比较详细的探讨。总体来说，以西汉的汉武帝改革为分界线，汉代民间资本在"民"这一阶层的分布，体现出从专业化经营为主，到上层逐渐分离，并逐渐向官、向兼营转变的趋势。

从春秋战国到西汉前期，整个中国社会基本维持一个"四民分业"的结构。四民各有专长，彼此之间维持一个比较清晰的边界。虽然在社会剧烈动荡的过程中，个体会有身份职业的转变和升降，但总体来说社会的行业边界还是比较清晰的。这从西汉初期政府针对四民从经济到身份各自做出针对性安排就能够看出来。从西汉初到武帝改革之前，民间资本的经营模式，不论规模与行业也是以专业化的经营为主。

像《史记·货殖列传》中提到的那些"素封"，也就是民间资本的上层，大多都是专业经营某一个行业，如邯郸郭纵"以铁冶成业，与王者埒富"；蜀卓氏"即铁山鼓铸，运筹策，倾滇蜀之民，富至僮千人"[1]。而对于民间资本的下层，主要是一些小工商业主，由于资本规

---

[1] （西汉）司马迁：《史记》卷一二九《货殖列传》，第3259、3277页。

模的限制，自然也无力扩展到别的行业，那些"居杜城中，织箕为业"①的小手艺人就是如此。

但是汉武帝改革之后，这种情况就发生了明显的变化。汉武帝改革让民间资本认识到了政策变动带来的风险。为了规避这种风险，具有较强资金实力和社会关系的民间资本上层开始转变经营的方式。一方面民间资本所有者选择将资本投向保值性更好的土地，探索分散风险的方法；另一方面也开始为自己谋求一个官吏的身份或者寻求官吏的保护。所以从西汉中期开始，一方面单纯的商业经营开始减少，"以末致富，以本守之"，越来越多的上层民间资本开始选择兼营农业、手工业和商业，这无疑是为了分散风险。一直到西汉后期，综合式的田庄开始出现。另一方面，民间资本也加强了对官吏阶层的渗透，官商的结合越发紧密。当然，对于那些默默无闻的下层民间资本，兼业经营依然是他们可望而不可即的。

汉代民间资本在"民"这一阶层的分布，大致情况便是如此。下面本书将重探讨一下民间资本在官吏阶层的分布情况。本书可以从官吏级别、经营行业和经营模式三个角度分别来探讨，最后再探讨一下民间资本在官吏阶层渗透的原因和影响。

（一）官吏级别分布

汉代的民间资本广泛分布于各个官吏阶层，从上级的帝王将相到基层的斗食小吏，相关记载不绝于史。

在高级官吏群体中，民间资本不论是数量还是经营的规模都十分可观，这一点在西汉中期以后表现得非常明显。比如著名的张安世贵为公侯，"家童七百人，皆有手技作事，内治产业，累积纤微"②，因为经营手工业获得了大量的利润，其身家甚至超过了当时的大将军霍光。当然霍光家族也不是什么清廉之家，他们利用权势经营政府限制的行业，也有巨额利润。霍光死后赵广汉带人抄了他儿子霍禹的家，"直突入其

---

① （东汉）赵岐撰，陈晓捷注：《三辅决录》卷一，三秦出版社2006年版，第22页。
② （东汉）班固：《汉书》卷五九《张安世传》，第2652页。

门,搜索私屠酤,椎破卢罂,斧斩其门关而去"①。当时酿酒业与盐铁一样是被收归官营的,但霍禹却在家中私自酿酒。到西汉后期,随着吏治的败坏,有些高级官吏甚至不顾国家规定,在私宅内公然立市,做起生意来。如《汉书·元后传》就记载王根作为王氏五侯之一,在京师的宅邸中私设市场,经营商业的事情。

在数量更多中下级官吏群体中,民间资本也有广泛的分布。比如著名的《建武二年候粟君所责寇恩事》简册中,就记载了低级官吏雇佣百姓为其卖鱼的例子。又如《汉书·胡建传》记载汉武帝天汉年间,京师卫戍军的北军监军御史"穿军垣以求贾利,私买卖以与士市"② 等都反映了这一情况。

(二) 经营行业分布

从现有的资料看来,汉代官吏阶层的民间资本广泛分布于各个行业,尤其是一些可以利用手中权力获得暴利的行业。

西汉武帝之前,最暴利的行业莫过于铸钱。笔者在前面讲过,西汉初年的货币制度几经波动,但私铸的问题一直都没有解决。通过铸钱获利的人当中,最著名的当属吴王刘濞和文帝的宠臣邓通。史载"(刘)濞则招致天下亡命者盗铸钱,煮海水为盐,以故无赋,国用富饶"③。时人称"吴、邓氏钱布天下"④,其资本与获利的规模可见一斑。

西汉武帝经济改革之后,五铢钱成为唯一合法的货币,铸币权被收归国家,又通过盐铁官营政策将盐铁等暴利行业收归国有。但是官吏阶层,尤其是高级官吏,依然可以利用手中的资本与权力获利。如前述霍光的儿子霍禹,在家族势力的保护下经营酿酒业获利,一直到霍光去世才被查办。而汉武帝的这些官营政策,到了东汉时期大多都被废止。甚至到东汉时期,官吏群体中还出现了用公款放高利贷的情况。如《后

---

① (东汉)班固:《汉书》卷七六《赵广汉传》,第3204页。
② (东汉)班固:《汉书》卷六七《胡建传》,第2910页。
③ (西汉)司马迁:《史记》卷一○六《吴王濞列传》,第2822页。
④ (西汉)司马迁:《史记》卷三十《平准书》,第1419页。

汉书·虞诩传》所载:"永平、章和中,州郡以走卒钱给贷贫人。"①

再比如辜榷。所谓辜榷,是商业交易中一种包揽政府买卖的独占行为,因此需要依恃封建官员的特权才能进行。如西汉成帝时的宰相翟方进,发现"贵戚近臣子弟宾客多辜榷为奸利者",严查之下"发大奸赃数千万"②。到东汉末年吏治腐坏的时候,这种现象就更加严重,如"十常侍多放父兄、子弟、婚亲、宾客典据州郡,辜榷财利,侵掠百姓"③。

除了这些有垄断色彩的暴利行业之外,也有许多官吏经营其他普通商业。但由于官吏阶层在权力和资本规模上的优势,即便是一般的行业,他们往往也能获得远多于普通商人的利润。比如何武兄弟,据《汉书·何武传》载:"武兄弟五人,皆为郡吏,郡县敬惮之。武弟显家有市籍,租常不入,县数负其课。"④ 这显然是基层官吏经营商业的情况。

(三) 经营模式类型

汉代民间资本在官吏阶层的经营模式,与一般平民是不一样的,有其自己的特色。其经营模式主要有直接经营和间接经营两种,但一般来说还是以间接经营的方式为主。

直接经营的情况在史料中有一些反映,比如前面提到的曲阳侯王根在私宅中开市场,或者何武兄弟以及甲渠候的经营方式,都是这种。不过站在两汉中央政府的角度,不论是出于保证国家财政收入的目的,还是廉洁吏治的需要,显然是不希望看到官吏经商的。所以两汉政府在政策层面一般都明文禁止官吏从事手工业商业等经营性行业。比如西汉武帝时,不准"食禄之家不得治产,兼取小民之利"⑤,不准官商勾结分利。本书前面提到的那些直接经营的例子,最后的结果也大都被官方处

---

① (南朝宋) 范晔撰,(唐) 李贤等注:《后汉书》卷五八《虞诩传》,第1872页。
② (东汉) 班固:《汉书》卷八四《翟方进》,第3416页。
③ (南朝宋) 范晔撰,(唐) 李贤等注:《后汉书》卷七八《宦者列传》,第2535页。
④ (东汉) 班固:《汉书》卷八六《何武传》,第3842页。
⑤ (东汉) 班固:《汉书》卷六《武帝纪》,第180页。

理了。所以对于官吏阶层来说，亲自动手经营是一种风险比较高的做法。而且对于官吏来说，尤其是汉武帝以后的官吏，大多是读书人出身，会不会经营也是个问题。比如《太平御览》里就记载，曾有个叫李岳的官吏，受宾客鼓动，花钱买了很多大麦，运到晋阳，想着等寒食节之后高价出售。结果一路诸多不顺，到晋阳的时候清明都过了，后来又想转运到邺城，结果"路逢大雨，并化为泥"①，最后赔了钱还被人耻笑。所以一般来说，两汉官吏阶层民间资本的经营模式，还是以间接为主。常见的方式又有两种。

第一种是采取和商人合作的方式，官吏出钱收利，具体的经营工作交给商人来做。如谷永曾说："至为人起责，分利受谢"②，说的便是这一种做法。第二种就是通过自己的亲信或仆役来经营商业。相对于外人，用亲信或家仆这样的"自己人"做事显然更放心一些，所以这种经营的模式更加普遍。比如赵王彭祖"使使即县为贾人榷会，人多于国经租税"③，又如灌夫"宗族宾客为权利，横于颍川"④，再如赵广汉"客私酤酒长安市"⑤ 等。

(四) 民间资本渗透官吏阶层的原因与影响

从官吏级别、行业类别等方面梳理民间资本在汉代官吏阶层的分布之后，人们不禁要问，为什么民间资本能如此普遍地渗透到汉代的官吏阶层。尤其是对照今天，官吏经商的危害可以说是现代社会的常识。那么为什么在汉代就出现了这样的情况，这仅仅是因为汉代的官吏的个人道德水平问题吗？

首先，这个问题与汉代的社会风气和官吏的逐利心态是有一定的关系的。自战国下迄秦汉，商品经济经历了一个高速发展的时期。在这个时代背景下，许多大商人适逢其会，利用地位或才干积累了大量的财

---

① (北宋) 李昉编纂，孙雍长等校点：《太平御览》卷八三八引《二国典略》，第803页。
② (东汉) 班固：《汉书》卷八五《谷永传》，第3460页。
③ (西汉) 司马迁：《史记》卷五九《五宗世家》，第2098页。
④ (西汉) 司马迁：《史记》卷一〇七《魏其武安侯列传》，第2847页。
⑤ (东汉) 班固：《汉书》卷七六《赵广汉传》，第3204页。

富,过上了富裕甚至是奢侈的生活。其各种奢侈性的消费在前面章节已有论述,这种行为自然会影响到当时的社会风气,形成一种崇奢的风潮。而这样一种生活状态,官吏阶层看在眼里,自然也羡在心头,毕竟"食色,性也",追求好的物质生活是人的本性。尤其是西汉武帝之后,逐步建立了官吏选拔的正规渠道。通过这种渠道选出的官员总体来说在当时社会属于知识精英阶层,而商人在古代社会的主流思想中地位是较低的。这种身份和财富的不匹配,在官吏阶层的心理上形成了落差,当是促使他们投身资本经营的重要原因之一。

其次,也有一些客观的原因,使得官吏们不得不寻求更多的收入来源,比如当时的俸禄结构。汉代官吏的俸禄是用"石"来划分,从万石、中二千石一直到百石,再低的还有斗食和佐吏。按等级发放禄米的时候,是用斛作为单位按月发放,如万石月俸是三百五十斛,二千石为一百二十斛至最低的佐史月俸八斛。① 而实际发放的过程中,可能是为了操作方便,也可能是为了方便官吏使用,采取的是"钱+粮"的做法。比如东汉殇帝延平年间有一个发放的标准:"中二千石奉钱九千,米七十二斛。真二千石月钱六千五百,米三十六斛。……二百石月钱一千,米九斛。百石月钱八百,米四斛八斗。"②

按这个标准来看,当时高级官吏的收入还是颇为丰厚的。中二千石月俸九千钱,米七十二斛,大约相当于今天二千二百五十斤③。即便考虑到当时高级官吏多出身大家族,家内人口较多,也足够食用并有不少富余。多出的钱粮自然就要投入市场交换当中,这也是民间资本得以在高级官吏群体中扩张的重要原因之一。而相比较而言,当时低级官吏的薪水就少得可怜,"百石月钱八百,米四斛八斗"。这点收入能做什么呢?崔寔曾经探讨过当时的"百里长吏"的家计问题,"百里长吏"大约是比秩四百石的县令级别略低的官吏:"一月之禄,得粟二十斛,钱

---

① 参见安作璋、熊铁基《秦汉官制史稿》(下),第941页。
② (南朝宋)范晔撰,(唐)李贤等注:《后汉书》志二八《百官志五》"百官受俸例"条刘昭补注引荀绰《晋百官表注》,第3633页。
③ 具体计算参见马大英《汉代财政史》,中国财政经济出版社1983年版,第182页。

第五章
汉代民间资本与汉代社会

二千。长吏虽欲崇约,犹当有从者一人。假令无奴,当复取客,客庸一月千,刍膏肉五百,薪炭盐菜又五百,二人食粟六斛,其余财足给马,岂能供冬夏衣服、四时祠祀、宾客斗酒之费乎?况复迎父母、致妻子哉?"① 所以从这个角度看,民间资本在汉代中下层官吏中的扩张,从制度设计层面讲也有其必然性。

最后,虽然汉代政府明面上的法律大多禁止官吏经商,但在一些特定时期、特定岗位的用人策略上又有例外。这些例外主要体现在赀选和官营国有工商业运营两个方面。类似赀选或入粟拜爵之类的政策,在两汉不同时期都存在过。比如文帝时的张释之"以赀为骑郎",如淳在文后解释说:"赀五百万得为常侍郎。"② 再比如成帝时有入粟拜爵:"入谷物助县官振赡者,已赐直,其百万以上,加赐爵右更,欲为吏补三百石。"③ 这些政策虽然没有特别针对民间资本,但高昂的金额显然不是为一般平民阶层准备的。

此外,在如官营国有工商业运营这类需要特定技能的岗位上,一般通经出身的官吏缺乏必要的技能而无法胜任工作,导致政府不得不任用"专业人士"。从武帝时期的孔仅、桑弘羊,至王莽时期的五均六筦,再到东汉,莫不如是。这些工商业者出身的官吏,虽然其从政后自身不一定再参与资本运营,但其家族、宗族势力当从旧业如故。

当然,不管因为什么原因,民间资本在官吏阶层的渗透,无疑是给汉代社会造成了诸多不良影响。

随着民间资本在官吏阶层的扩张,越来越多的官吏尤其是高级官吏积累了大量的财富。这一方面败坏了吏治,另一方面他们除了将这些财富用于个人消费之外,还将之投向土地、高利贷等行业。官僚、地主、商人"三位一体"的趋势从西汉后期到东汉越来越明显,也进一步地压缩了自耕农的生存空间。越来越多的自耕农失去土地,沦为流民或佃

---

① (东汉)崔寔撰,孙启治校注:《政论校注》,中华书局2012年版,第149页。
② (东汉)班固:《汉书》卷五十《张释之传》引如淳注,第2307页。
③ (东汉)班固:《汉书》卷十《成帝纪》,第321页。

农，不仅减少了两汉政府的财政收入，而且导致了社会的动荡。这也是两汉政府统治最终瓦解的重要原因之一。

此外，从结果来看，民间资本在官吏阶层的扩张，"官"与"商"的结合，形成了一个既富且贵的新群体。这个群体在整个社会上形成了一种"示范效应"，吸引着整个社会的资源向上流动。社会势力的行动目标，从最初的"求富"，逐步转向了"求贵"，而"求贵"的方式则是"求权"，也就是进入权力系统。

同时，权力系统的控制权是掌握在两汉政府手中的，社会势力在进入系统的同时，食君之禄自然要忠君之事，也就受到了政府的控制。在追求权力中心一元化的古代社会，通过这样一幅"既富且贵"的美好图景，将可能形成次级权力中心的社会势力吸引到自己可以控制的范围里，对政府控制社会无疑是有一定作用的。但这种控制其实并不稳定。国家与社会的关系是一个动态博弈的过程。随着彼此势力的消长，控制与被控制的角色在特定环境下也会发生转变，相似的政策在汉武帝手中和王莽手中迎来了完全不同的结果便是证明。

二 民间资本的阶层流动

汉代的民间资本广泛分布于官民两大社会阶层之中，但这种分布并不是静态的。两汉王朝国祚绵长，幅员辽阔，不同的社会阶层不是固化的，而是流动的，在个别的时期这种流动还十分剧烈。民间资本在不同社会阶层流动的情况，流动的方式和特点，也是要特别注意的。

（一）民间资本由"民"向"官"的流动

如前所述，官吏阶层享有崇高的社会地位，掌握有丰富的政治经济资源，"禄赐愈多，家日以益富，身日以益尊"①。这种生活状况的改变，吸引着民间各行各业有识有才亦或是有财之人，可谓利禄之道，孜孜以求。民间资本也希望能够通过和权力的结合，从而实现资本的保值和增值。从两汉统治者的角度出发，在可控的前提下，保持社会阶层一

---

① （东汉）班固：《汉书》卷七二《贡禹传》，第3073页。

定程度上的流动性,也是有必要的。这一切都导致了民间资本从"民"向"官"的流动。而具体的流动方式,也是多种多样的。

1. 教育与选官的结合——基本的阶层流动渠道

自先秦的世卿世禄制崩溃以来,受教育成为由民到官的主要渠道。从孔子时代就讲"学也,禄在其中矣"①,后来到了汉代,汉武帝独尊儒术,并确立了察举制等选官的制度。虽然察举制度考察的要素很多,但受教育程度无疑是其中重要的一项。与这种选官制度相表里,汉代的教育,不管是官学还是私学,也都有了很大的发展。教育事业的发展,为各行各业的民间资本提供了较前代更多的受教育的机会,使其有了步入仕途的可能。以其入仕的途径来说,又可分为入太学和察举两途,当然这两条途径也是存在交叉的。

第一条途径是通过太学入仕。太学是两汉候补官吏的出处所在。《汉书·儒林传》称:"自武帝立五经博士,开弟子员,设科射策,劝以官禄"②。太学中的优秀毕业者,通过甲等射策,可出任郎官,这在当时被认为是"台郎显职,士之通阶"③。太学的生源来自五湖四海,从身份上来说以非权贵阶层为主,所以有些权贵子弟嘲笑太学生是"穷巷陋儒",但反过来说,这正好为富而不贵甚至勉强温饱的民间资本提供了一条合适的进身之阶。比如商人家庭出身的何武"诣博士受业,治《易》。以射策甲科为郎"④。

第二条途径就是通过察举入仕。虽然太学的规模在汉代多次扩张,但作为一个机构,其容量毕竟是有限的。所以更多的人还是通过地方的察举制度步入仕途。不过,汉代的察举制并不是完全考察文化水平的一种选拔制度,除了受教育程度之外,还有道德水平、乡里评价等考评标准,总之是一种受负责官吏的主观因素影响较大的一种制度。在这种制度下,民间资本如果要想实现从"民"到"官"的阶层移动,除了自

---

① 杨伯峻:《论语译注·卫灵公篇》,中华书局2009年版,第166页。
② (东汉)班固:《汉书》卷八八《儒林传》"赞",第3620页。
③ (南朝宋)范晔撰,(唐)李贤等注:《后汉书》卷五八《虞诩传》,第1872页。
④ (东汉)班固:《汉书》卷八六《何武传》,第3841页。

身的学识能力之外,社会关系资源的积累也十分重要。有没有一举两得的办法呢?其实也是有的,这便是游学。

游学是汉代非常流行的一种求学的方式,其地点可以是官方的太学,也可以是民间知识分子的私学。汉代私学的规模扩张也很快,著名学者追随者数百数千均不罕见,如丁恭习《公羊严氏春秋》,"学义精明,教授常数百人。……十一年,迁少府。诸生自远方至者,著录数千人,当世称为大儒"①。

游学的目的首先自然是学,这点不必多言。但完成学业的同时,也是扩展人际关系网络的大好时机,或者是入太学师从博士,或者是师从一些政界要员,都可以为将来步入仕途打下良好的基础。如杨伦"少为诸生,师事司徒丁鸿"②,符融"游太学,师事少府李膺"③。拜名臣为师的好处是显而易见的。因为汉代的师徒关系与今日不同,他们在政治上是有相互依存关系的。汉代史籍中描述世家豪族,往往说"门生故吏"遍及天下,体现的就是这种情况。在这种环境下,甚至衍生出一种现象,就是有些弟子其实并非真的在意"学",而是更在意这个"弟子"的身份。其实按常理推断一下也很好理解,两汉史籍中常见经师著录弟子万余人,在当时的教育条件下,这怎么可能都由老师亲授呢?所以当时就有人这样评价:"有策名于朝,而称门生于富贵之家者,比屋有之。为师无以教训,弟子亦不受业。"④

察举制度在初期确实对社会阶层的柔化起到了一定的作用,有不少出身贫寒的士人因此步入仕途。但显然,这样一种制度对财力、势力都有相对优势的民间资本来说是更为有利的。察举成为定制之后,地方的选举事务,在郡县主要由功曹负责。从西汉中期开始,尤其是东汉时期,地方上功曹一职基本上被当地的大家、豪族垄断。这些地方豪族自然都是民间资本的一部分,他们通过把持功曹一职,实际上也就控制了

---

① (南朝宋)范晔撰,(唐)李贤等注:《后汉书》卷七九下《儒林列传下》,第 2578 页。
② (南朝宋)范晔撰,(唐)李贤等注:《后汉书》卷七九上《儒林列传上》,第 2564 页。
③ (南朝宋)范晔撰,(唐)李贤等注:《后汉书》卷六八《符融传》,第 2232 页。
④ (东汉)徐幹撰,徐湘霖译注:《中论·谴交》,中华书局 2020 年版,第 431 页。

地方上由民而官的阶层流动渠道。这部分内容本书在后面分析汉代城乡社会时会有专门探讨，在此先按下不表。

2. 捐钱入仕与政治投资

民间资本相较于社会其他职业或阶层，最大的比较优势自然还是经济实力。通过受教育通经入仕虽然是主要渠道，但这个过程毕竟相当漫长，有些家族甚至要花几代人的努力才能走通这条路。比如西汉的平当，祖父这一代因为家资百万被政府从家乡迁徙到平陵，到第三代平当这里才"以明经为博士"①。在这种情况下，富有的民间资本自然会想寻求更便捷的渠道。同时，两汉政府也有其对资金、专业人才、社会势力整合的需求，统治集团的部分成员也觊觎着民间资本手中的财富。两者一拍即合，"用钱开路"也就成了部分富而不贵的民间资本的一条进身之阶。当然，这"用钱"的方式也是多种多样的。

首先，捐钱入仕。西汉初年有"市井之子孙亦不得仕宦为吏"②的规定，但实际上这条规定的执行一直存在一定的弹性。也有学者曾认为，这一规定只是针对商人群体的一部分，即旧六国贵族集团。③相关的史籍中也有这样的一些记载，比如文帝时的张释之"以赀为骑郎"，释之出身南阳，按当时的规定，纳赀为郎要五百万，④这显然只有富裕的民间资本才支付得起。又比如后来在武帝改革中扮演重要角色的桑弘羊，出身洛阳商贾世家，也是在景帝年间"以赀为郎"。如果说西汉初年到武帝时期的以赀为郎政策，是出于财政、社会秩序构建目的，具有一定程度上的可控性的话，到了吏治腐败、财政愈加困难的王朝后期，这种途径则演变为一种"病态"的常例。比如汉灵帝光和元年（178年）开西邸卖官，三公以下各级文武官吏明码标价，甚至当时颇有名声才干的人也得先给皇帝交钱才能当官。比如名士崔烈"时因傅母入

---

① （东汉）班固：《汉书》卷十一《平当传》，第 3048 页。
② （西汉）司马迁：《史记》卷三十《平准书》，笫 1418 页。
③ 参见高敏《试论汉代抑商政策的实质》，载高敏《秦汉史论集》，中州书画社 1982 年版，第 174 页。
④ （东汉）班固：《汉书》卷五十《张释之传》引如淳注，第 2307 页。

钱五百万,得为司徒"①。

其次,非法贿赂。以赀为郎毕竟还是一种政府许可下的制度性的阶层移动渠道。既然是政府控制下的,那么在某些时候对富裕的民间资本来说,这条路就显得不是那么"方便",他们自然会想到寻找一些"非制度化"的渠道实现自己阶层移动的目的。权与钱的交易,在吏治腐败的王朝后期,逐渐普遍起来。

实际上,自西汉武帝之后逐渐成为定制的察举制度,本身就是一种以人选人的制度,制度执行的绩效,更多时候是看掌握察举权力的人自身的品行和操守,缺乏客观的标准和外在的监督机制。而对财富的追求,近乎是人的本性。这就导致了察举制度从诞生之初,实际上就埋下了被金钱腐蚀的种子。这种现象到了王朝后期更是严重,曹丕在《典论》中就曾批评东汉末年的吏治:"桓、灵之际,阉寺专命于上,布衣横议于下;干禄者殚货以奉贵,要名者倾身以事势;位成乎私门,名定乎横巷"②。吏治的腐败加剧了社会矛盾,也是汉末天下大乱的重要原因之一。

最后,政治投资。秦失其鹿而天下共逐之。王朝更替天下大乱的时候,正是社会阶层剧烈变动之时。以资财居奇货,坐拥从龙之功,由布衣而将相,既是时运,亦是眼光,偶然中也有必然。

战国末期吕不韦奇货可居的典故人所共知。西汉初年随高祖起兵的沛县豪杰来自各行各业,其中也不乏商人手工业者,后人论汉初布衣将相之局:"陈平、王陵、陆贾、郦商、郦食其、夏侯婴等皆白徒。樊哙则屠狗者,周勃则织薄曲、吹箫给丧事者,灌婴则贩缯者,娄敬则挽车者,一时人才皆出其中,致身将相,前此所未有也"③。东汉光武帝刘秀本就是商人、地主,曾卖谷于宛。其起事的南阳是当时手工业商业的重镇之一,可以说光武起事从一开始就与民间资本有着密切的联系,这

---

① (南朝宋)范晔撰,(唐)李贤等注:《后汉书》卷五二《崔骃传》,第1731页。
② (三国魏)曹丕:《典论》,(清)严可均《全三国文》卷八《文帝》,第75页。
③ (清)赵翼撰,曹光甫校点:《廿二史札记》上册,上海古籍出版社2011年版,第31页。

也是终东汉一朝宽商政策的重要原因之一。至于东汉末群雄并起，民间资本也在各路诸侯中寻找着自己中意的投资对象。如刘备微末时，"中山大商张世平、苏双等赀累千金，贩马周旋于涿郡，见而异之，乃多与之金财。先主由是得用合徒众"①。后刘备被吕布袭下邳，大商人糜竺"进妹于先主为夫人，奴客二千，金银货币以助军资；于时困匮，（刘备）赖此复振"②。又如东吴鲁肃"家富于财，性好施与。……周瑜为居巢长，将数百人故过候肃，并求资粮。肃家有两囷米，各三千斛，肃乃指一囷与周瑜，瑜益知其奇也，遂相亲结，定侨、札之分。"③后来鲁肃在周瑜的引荐下加入孙吴政权，成为重臣。

3. 婚姻

古人云："夫妇人伦之始，王化之端。"④ 先有婚姻，男女结为夫妇，这之后才有了父子、君臣，长幼有序上下有别，有了礼仪的规范。所以婚姻其实还是一个社会等级秩序构建的过程。在这个构建的过程中，同级之间的结合一般是一个社会的常态，所谓"门当户对"，自古便是如此。但在常态之外，确实也存在一些"非常"之事。有一些民间资本便是通过婚姻关系，改变了自己和家族的社会阶层。这种现象在汉代主要有两种形式。

第一种是以家族为单位，通过将女儿嫁入"豪门"从而实现一个家族内男性成员整体阶层的提升。就两汉王朝分别而言，这种形式在王朝的初期更为常见；就两汉总体来说，西汉又比东汉更多些。⑤ 大抵是因为王朝初期社会势力剧烈整合，以及相较西汉，东汉的豪族势力对社会的渗透更加广泛深入的缘故。两汉开国皇帝的皇后吕氏和阴氏的家族，都是当地的大族，在刘邦和刘秀"微末"之时便约为婚姻，立国之后便由一介布衣而封侯拜爵，荣耀一时。

---

① （西晋）陈寿撰，陈乃乾校点：《三国志》卷三二《蜀书·先主传》，第872页。
② （西晋）陈寿撰，陈乃乾校点：《三国志》卷三八《蜀书·糜竺传》，第969页。
③ （西晋）陈寿撰，陈乃乾校点：《三国志》卷五四《吴书·鲁肃传》，第1267页。
④ （南朝宋）范晔撰，（唐）李贤等注：《后汉书》卷六二《荀淑传》，第2052页。
⑤ 相关统计参见彭卫、杨振红《中国风俗通史》（秦汉卷）婚姻制度部分。

第二种形式便是地位较低的男性通过娶富贵人家的女儿而实现自身地位的提升。秦末汉初的张耳,以夫人奁产起家,很是典型。史载当时张耳"亡命游外黄。外黄富人女甚美,嫁庸奴,亡其夫,去抵父客。父客素知张耳,乃谓女曰:'必欲求贤夫,从张耳。'"① 此后张耳凭借夫人的嫁妆上下活动,当上了外黄令,这也是他发迹的开始。被民间当作智慧化身的诸葛孔明,其与黄氏的婚姻也为其日后的仕途打下了基础。诸葛亮当时与叔父避战乱迁居荆州,虽有经世之才,然无身份也无名气,在当时的选官制度下是很难得到重用的。黄承彦是荆州名士,与荆州大族蔡氏又有婚姻关系,极有背景。所以当黄对诸葛亮说"闻君择妇,身有丑女,黄头黑色,而才堪相配"②,孔明即许诺而载送之了。

(二) 民间资本由"官"向"民"的流动

两汉时期的社会阶层不是完全固化的,而是有一定的流动性。这种流动既包括了从"民"到"官"的阶层提升,自然也包括反向的阶层下降。相对于大多数的平民而言,汉代的官吏阶层普遍拥有较多的财富。在因为获罪、年老或主动归隐等各种原因失去了官吏身份之后,这些人自然也就成了民间资本的一部分。

后世讲"三年清知府,十万雪花银",实际上历朝历代莫不如此,权与钱往往是一体两面的关系,这实际上也是吸引着社会资源向上流动的一个重要因素。如汉代的名臣贡禹,做官以前,他"家赀不满万钱,妻子糠豆不赡,短褐不完",可以说比较穷困,去京师当官还要卖田百亩买车马。到京师做了谏大夫以后,"秩八百石,俸钱月九千二百,廪食太官,又蒙赏赐四时杂缯绵絮衣服酒肉诸果物",后来官至光禄大夫,更是"秩二千石,奉钱月万二千"③。贡禹本人对这种财富的获得也非常高兴,"禄赐愈多,家日以益富,身日以益尊"④。这还是为官清

---

① (西汉)司马迁:《史记》卷八九《张耳陈馀列传》,第2571页。
② (西晋)陈寿撰,陈乃乾校点:《三国志》卷三五《蜀书·诸葛亮传》注引《襄阳记》,第929页。
③ (东汉)班固:《汉书》卷七二《贡禹传》,第3073页。
④ (东汉)班固:《汉书》卷七二《贡禹传》,第3073页。

第五章
汉代民间资本与汉代社会

廉的邓禹,至于不肖者,财富更是不可计数。

诚然,随着社会阶层的下降和权力的丧失,也有一些官员可能晚景比较凄凉。如酷吏宁成,去官后虽风光一时,最终却被义纵"破碎其家"。但也有许多官员凭借其在朝在野多年形成的人脉资源,即便手中没有了直接的权力,但却没有完全失去政治影响力,去官后依然受到郡县乡里的尊重。如薛广德是沛郡人,致仕后"东归沛,太守迎之界上。沛以为荣,县其安车传子孙"①。一介平民却让太守出迎,其原因不言自明。

从资本的运作形态来说,民间资本从官吏阶层流向民间之后,主要有两种运作的方式,一种是继续进行资本的周转和增殖;另一种则是逐渐地退出流通领域,仅仅作为一种身份和财富的代表暂时被静置起来。

第一种情况如前述宁成,他去官后"贳贷陂田千余顷,假贫民,役使数千家。……致产数千万,为任侠,持吏长短,出从数十骑"②。又如太史公的外孙杨恽,做官时也曾"位在列卿,爵位通侯",后来遭人陷害而免为庶人。此后他"身率妻子,戮力耕桑,灌园治产……籴贱贩贵,逐什一之利,此贾竖之事,污辱之处,恽亲行之。"③这些人都通过做官时积累的财富和人脉,聚敛了更多的财富。

第二种情况主要是指有一些官员在去官后或醉心田园、或潜心著述教授。这种情况以东汉时居多,如杨伦辞官"讲授于大泽中,弟子至千余人"④;郑玄隐居乡里讲学,"弟子河内赵商等自远方至者数千"⑤;郅恽"又免归,避地教授,著书八篇"⑥等。这些人在为官时积累的财富未见得少,然去官后志不在此,为理想、为情怀,其资本自然也就暂时地静置起来。

---

① (东汉)班固:《汉书》卷七一《薛广德传》,第 3048 页。
② (西汉)司马迁:《史记》卷一二二《酷吏列传》,第 3135 页。
③ (东汉)班固:《汉书》卷八八《杨敞传》,第 2895—2896 页。
④ (南朝宋)范晔撰,(唐)李贤等注:《后汉书》卷七九《儒林列传上》,第 2564 页。
⑤ (南朝宋)范晔撰,(唐)李贤等注:《后汉书》卷三五《郑玄传》,第 1208 页。
⑥ (南朝宋)范晔撰,(唐)李贤等注:《后汉书》卷二九《郅恽传》,第 1032 页。

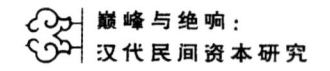

第二节　汉代民间资本的代际流转

在前文中笔者主要探讨了汉代民间资本的阶层分布与流动。在这些探讨中，实际隐含了一个假定的前提，就是基本把研究的对象限定在一代人的时间内，然后来探讨这一代的民间资本的阶层属性和移动方式。这种相对短期的考察可以让观察更加具体和深入，但显然也有其局限性。因为如果研究者把视野投向更长的时间，考察一个民间资本所有者的家庭或者家族在几代人时间内的情况，就会发现随着资本在代际的流转，同样会出现分割或增长的情况，其社会阶层也会发生变化。

就像当今社会中，1978年以来的第一代民间资本普遍都要面临着"接班"的困境一样，这样的困境在汉代也是同样存在的。资本的保值和增值，既是资本的本性，也是父辈的期许，这一点不论是今天还是汉代都是如此。所以，如何实现民间资本的代际流转，是汉代民间资本面临的重要的问题。而对这一问题的研究，对其经验的总结，无论是对本课题，还是对观照现实问题都是有重要的意义的。

一　汉代民间资本代际流转的基本模式

汉代的民间资本是如何完成资本在代际流转的，大致来说有三种流转的模式。

(一) 流转模式一：诸子均分

诸子均分是汉代民间资本代际流转的主要方式。这种方式起源于秦国商鞅变法中的分异令，即"民有二男以上不分异者，倍其赋"[1]的规定，秦统一之后，这种做法也被推广到了全国。既然成年的儿子要分家出去独立生活，自然也就要带走一部分的家产。

这种父母在世的时候就分家的做法，被称作"生分"。这是一种在汉代很多地方普遍存在的风俗，相关记载在《汉书·地理志》中就有

---

[1] （西汉）司马迁：《史记》卷六八《商君列传》，第2230页。

很多,例如河内"俗刚强,多豪桀侵夺,薄恩礼,好生分";颍川"好争讼分异"①。可以想见,因为父母尚且在世,而且这种分家是随着一个个子女成年陆续进行的,所以这种"生分",必然只能是分割家产的一部分。而且从现有的材料来看,在分配的时候每个子女分到的家产也不一定一样,主要是让分家出去的子女有个成家立业的基础。而当父母去世之后,往往还要将整个家产重新再进行一次分配调整,这就是所谓的"家产的二次性继承"②。江苏仪征出土的《先令券书》就记载了这样一个多次分割家产的过程,券书文本辑录于下:

> 妪言:公文年十五去家自出为姓,遂居外,未尝持一钱来归。妪予子真、子方自为产业。子女仙君、弱君等贫,毋产业。五年四月十日,妪以稻田一处、桑田二处分予弱君,波〔陂〕田一处分予仙君,于至十二月。公文伤人为徒,贫无产业。于至十二月十一日,仙君、弱君各归田于妪,让予公文。妪即受田,以田分予公文:稻田二处,桑田二处。田界易如故,公文不得移卖田予他人。③

从券书中可以看出,立先令者妪先后与三个男人生养了六个子女,随着子女的长成,先是将家产分割了一部分给予子真、子方,之后又将一部分田地分给了两个女儿弱君和仙君。最终在过世前将女儿的田产收回,分给了小儿子公文。从这里也可以看出,在"生分"的过程中可能有女儿的参与,但最后家产的最终分配,还是都分给了儿子们。

儒家思想中有"父母在,不敢私有其身,不敢私有其财"④的说法,父母在世的时候就分割家产这种做法,按儒家的观点来看是不符合

---

① (东汉)班固:《汉书》卷二八下《地理志下》,第1647、1654页。
② 马新、齐涛:《略论中国古代的家产继承制度》,《人文杂志》1987年第5期。
③ 陈平、王勤金:《仪征胥浦101号西汉墓〈先令券书〉初考》,《文物》1987年第1期。
④ (清)孙希旦撰,沈啸寰、王星贤点校:《礼记集解》卷五十《坊记》,中华书局1989年版,第1292页。

孝道的要求的。尤其是汉代以孝治天下，汉武帝以后又"独尊儒术"，所以从西汉到东汉，在官方的提倡下，在父母身后统一分配家产的"一次性继承"方式逐渐多了起来。一般来说，这种分配同样是按照诸子均分的原则，在"宗老"的主持见证下进行，必要时还通过抓阄的方式。相关记载俯拾皆是，如戴幼起原与兄弟共财，后"为宗老所分"①；《淮南子·诠言训》载"天下非无信士也，临货分财，必探筹而定分"②；薛包父母过世后，"弟子求分财异居，包不能止，乃中分其财"③等，说的都是这种情况。

当然，在均分的过程中，也存在一些人由于个人修养的原因，或者是出于亲情以及其他目的，将自己应得的家产让与他人，即今人常说的让财的现象。这种行为一般都作为善举义行的典范载于史册，如卜式以田畜为业，"亲死，式有少弟，弟壮，式脱身出分，独取畜羊百余，田宅财物尽予弟"④。后来卜式进山牧羊，家产增多还买了房子，弟弟却经营不善家产破败，卜式又将财产分给弟弟，这都是时人认为的善举义行。

(二) 流转模式二：数世共财

诸子均分是汉代民间资本主要的代际流转方式，但均分自然意味着资本量的分割与衰减，这有违资本追求保值增值的本性。如果存在一种可能，可以将资本整体地延续给下一代，对于即将离世的资本所有者来说，无疑是最具吸引力的方式。此外，随着儒家思想在汉代的推广和普及，在汉代人的观念里，尤其是精英阶层的观念里，不分家显然是更好的资本代际流转的方式。所以在传世典籍中，就有不少关于大家族几代不分家的共财的记载。清人赵翼在整理这些典籍的基础上，对汉代的数世共财现象做了归纳："《后汉书》，樊重三世共财。缪彤兄弟四人皆同财业。及各娶妻，诸妇遂求分异。彤乃闭户自挝，诸弟及妇闻之，悉谢

---

① (东汉)葛龚：《荐戴昱》，(清)严可均《全后汉文》卷五六《葛龚》，第636页。
② 何宁撰：《淮南子集释》卷十四《诠言训》，第1008页。
③ (南朝宋)范晔撰，(唐)李贤等注：《后汉书》卷三九《薛包传》，第1294—1295页。
④ (西汉)司马迁：《史记》卷三十《平准书》，第1431页。

罪。蔡邕与叔父从弟同居，三世不分财，乡党高其义。又陶渊明《诫子书》云：颖川韩元长，汉末名士，八十而终，兄弟同居，至于没齿。济北氾幼春七世同财，家人无怨色。"① 这些记载给人们一个感觉，就是似乎这种数世共财的大家庭或大家族，在汉代是比较常见的。然而事实并非如此，对当时的大多数民间资本来说，这种数世共财的流转方式，仅仅是停留在"虽不能至，心向往之"的状态。这一点从汉代的家庭人口结构也能体现出来：

表 5-1　　　　　两汉三国时期南北方户均口数统计表②　　　（单位：口）

区域＼时期	西汉	东汉	三国
北方	4.55	5.16	6.88
南方	5.23	4.4	4.21

从表 5-1 可以看出，从西汉到三国时期，总体来说户均人口数在 4.2 口 6.9 口区间内变动。也就是说，在当时"五口之家"的核心家庭是整个社会家庭形式的主流，占绝大多数，而数代共财形成的大家族，是很少的。有学者更进一步估算，百口之家在家庭总数中不会超过2%，二十口之家应当不超过15%。③

（三）流转方式三：女儿与继子

前面笔者讲的流转方式，不管是诸子均分也好，数世共财也罢，都是以男性后代为对象的流转方式。这当然是体现了古代农业社会重视男性血亲的习惯，但也带来一个问题：如果一个家庭或家族，没有儿子怎

---

① （清）赵翼撰，曹光甫校点：《陔余丛考》卷三九《累世同居》，上海古籍出版社 2011 年版，第 772 页。
② 此表参见李卿《秦汉魏晋南北朝时期家族、宗族关系研究》，上海人民出版社 2005 年版，第 73 页。数据来源主要参见梁方仲编著《中国历代户口、田地、田赋统计》，上海人民出版社 1980 年版。
③ 李卿：《秦汉魏晋南北朝时期家族、宗族关系研究》，上海人民出版社 2005 年版，第 74 页。

么办？这种情况下，一般就只能由女儿承担起继产承户的责任了。可若是连女儿都没有呢？为了能够将资本延续至下一代而避免"绝户"，不得已便只能选择过继或收养的方式，以继子或养子立户了。在汉代的法律条文中也发现了这方面的内容，一方面体现了这种行为在汉代的普遍性，另一方面也表示了汉代政府对民间行为的保护与规范。如《二年律令·置后律》规定：

> 死毋子男代户，令父若母，毋父母令寡，毋寡令女，毋女令孙，毋孙耳孙，毋耳孙令大父母，毋大父母令同产子代户。同产子代户，必同居数。弃妻子不得与后妻子争后。 简379-380①

可见在先代资本所有者（父母、祖父母）离世后，如果没有儿子，女儿将是第一顺位的继承人。《二年律令》是西汉初年吕后时期的法律规定，这样的规定在之后的时间中是否依然有效呢？2004年出土的长沙东牌楼东汉简牍中有一份《李建与精张诤案》的司法记录提供了答案。这份简牍记录了一个很有意思的司法纠纷，简文辑录如下：

> 民大男李建自言大男精张、精昔等。母妵有田十三石，前置三岁，田税禾当为百二下石。持丧葬皇宗事以，张、昔今强夺取田八石；比晓，张、昔不还田。……奉按檄辄径到仇重亭部，考问张、昔，讯建父升辞，皆曰……宗病物故，丧尸在堂。后妵复物故。宗无男，有余财，田八石种。替、建皆尚幼小。张、升、昔供丧葬宗讫，升还罗，张、昔自垦食宗田。首核张为宗弟，建为妵敌男，张、建自俱为口分田。以上广二石种与张，下六石悉畀还

---

① 张家山二四七号汉墓竹简整理小组编著：《张家山汉墓竹简［二四七号墓］》（释文修订版），第60页。

第五章
汉代民间资本与汉代社会

建。张、昔今年所昇建田六石,当分税张、建、昔等。①

这份简牍记录了东汉光和六年(183 年),有一位叫精宗的地主身后,他的兄弟和子孙之间发生的一起争夺田产的案件。案件的主要当事人有:精宗的女儿精延,精延的儿子李建,精宗的两个兄弟精张和精昔。案件的主要经过是这样的,地主精宗无子,只有一个女儿精延作为继承人。在精宗去世前三年,就将 13 石田产分给了女儿精延,这就是当时流行的"生分"的做法了。精宗还留有 8 石田产,在精宗死后就作为遗产留给了女儿,这是本书前面提到的二次性继承。但这时候意外发生了,女儿精延在为父守灵期间就去世了,并没有处理完精宗的身后事。当时精延的长子李建年幼,所以就由精宗的两个兄弟精张、精昔为其出殡,之后就将 8 石田产据为己有了。李建成年后,认为这 8 石田产应该是外公留给母亲的遗产,便提起诉讼,把两个舅姥爷告上了县衙。最后县衙的裁决很有意思:将 8 石遗产中较好的 2 石田产给了精宗的两个兄弟,6 石较差的田产给了李建。并将这 8 石田产在当年应该缴纳的税赋在三人之间进行了分割。

再回顾这个案件的过程和审判结果,可以看出很有意思的两点。

首先,《二年律令》中规定的儿子—父母—妻子—女儿—孙子的资本流转顺序在东汉末年依然成立。地主精宗在没有儿子的情况下,指定女儿精延作为继承人,并在其在世的时候就分给了她 13 石田产,这一行为也被宗族兄弟所认可了。精延身后,待其长子李建成年(大男)后,主张对母亲 8 石田产的所有权,并得到了法律大部分的认可与保护,也是出于这样的一种流转顺序。

其次,权利和义务对等。在汉代,身份的继承权也好,财产的继承权也罢,在获得权利的同时也要承担相应的义务。继承了户主的身份和财产,就要承担起立户的义务,其中为老人送终便是重要的内容之一。本案中精宗的两个兄弟占有其 8 石遗产的理由便是精延在守灵期间死去

---

① 王素:《长沙东牌楼东汉简牍选释》,《文物》2005 年第 12 期。

了，没有尽到立户的义务，所以不承认她及其长子的继承权。而从判决结果来看，这种主张虽然没有得到认可，但这两人确实代为履行了为精宗送终的义务，所以政府认为对这一行为也应该给予一定的补偿，于是这二人得到了遗产的一小部分。

以上就是本书探讨的，针对女性后代，以遗产这种形式进行的资本代际流转。当然从实际的继承序列也能看出，女儿的继承顺位是比较靠后，所以汉代的这种情况的比例还是比较少的。多数情况下，女儿是很少直接参与娘家的资本代际流转的。理由即如前所述，权利和义务是对等的。儿子继承家产，同时也要负担顶门立户的责任。但在一个家庭家族里，除了权利义务，血缘亲情对维系家庭家族的稳固也同样重要。所以通常来说，作为父母也会以一种间接的方式，将家产分一部分给女儿，数量上虽然不如儿子，但蕴含着家庭的情感。而奁产，便是这种间接流转的主要方式。

女儿出嫁制备奁产的习俗，从先秦时期就有。《韩非子·说林上》中有一个很有意思的故事，大致是说：一个卫国人嫁女儿之前教育女儿，一定要攒私房钱。因为被休妻是很常见的，夫妻和睦却很难得。他的女儿嫁到婆家，果然听话地攒了很多私房钱，结果被小姑子发现了，后来因为这件事被休妻赶回了娘家。这个卫国人却并不认为自己的教育有什么问题，反而很得意，因为女儿带回来的钱，比结婚时带过去的多。当然按照现代的观点，今人可以对故事中的人物有不同的评价，但"反者倍其所以嫁"[1]，说明当时嫁女儿是准备了一些奁产的。

到了汉代，女子结婚时得到奁产陪嫁，既是一种社会习俗，也有相关的法律规范。从习俗方面来说，一般依据家庭的经济实力，在女儿出嫁的时候给予或多或少的奁产。如卓文君与司马相如私奔，其父虽然恼怒，但最终也是"分与文君僮百人，钱百万及嫁时衣被财物"，后来司马相如发迹，更是"厚分其女财，与男等同"[2]。当然，一般人家是没

---

[1] （清）王先慎撰，钟哲点校：《韩非子集解》卷七《说林上》，第182页。
[2] （西汉）司马迁：《史记》卷一一七《司马相如列传》，第3047页。

有这种身家的,《睡虎地秦简·日书》中有"氐,祠及行、出入贷,吉。娶妻,妻贫。生子,巧"①的占卜结果,说明时人也很害怕娶到穷人家的女儿。

汉代的法律也规定了女子对其奁产具有终身的所有权,《置后律》即规定:

> 女子为父母后而出嫁者,令夫以妻田宅盈其田宅。宅不比,弗得。其弃妻,及夫死,妻得复取以为户。弃妻,畀之其财。②

女子结婚的时候可以将田地等奁产带到夫家,但在夫死或被出之后,可以取回自己的奁产另立为户,说明奁产的所有权始终都在女方,夫家只是有使用权而已。这与《礼记·杂记下》注引"律,弃妻畀所赍"是完全一致的。

以上就是汉代以女儿为对象的资本代际流转方式。但是,如果一个家庭连女儿都没有,又该怎么办呢?这种情况下,为了家庭、家族的延续,就不得不领养或者过继一个儿子来继承门户了。前述《置后律》中规定的继承顺序中,也有养子的位置,即"毋大父母令同产子代户",所谓同产子,就是领养的兄弟们的孩子。能够专门在法律中占有一个位置,说明汉代的领养现象还是比较常见的。而且与后代严格的同姓领养不同,③ 汉代并不禁止异姓领养。如《三国志·蜀书·刘封传》载:"刘封者,本罗侯寇氏之子,长沙刘氏之甥也。先主至荆州,以未有继嗣,养封为子。"④ 刘备当时已是一方诸侯,尚可立养子为嗣,可见当时社会这是被普遍接受的行为。

养子入继养家之后,就要承担起门户的责任和义务,当然也享有继

---

① 睡虎地秦墓竹简整理小组编:《睡虎地秦墓竹简》,文物出版社1990年版,第191页。
② 朱红林:《张家山汉简〈二年律令〉集释》,社会科学文献出版社2005年版,第232页。
③ 如《唐律·户婚律上》明文规定不得收异姓养子为后:"养异姓男者,徒一年;与者,笞五十。"
④ (西晋)陈寿撰,陈乃乾校点:《三国志》卷四十《蜀书·刘封传》,第991页。

承财产的权利。这种权利和义务的统一也受到法律的约束,如汉代一个叫秦嘉的人死后无子,"其妻徐淑乞子而养之,淑亡后,子还所生。朝廷通儒移其乡邑,录淑所养子,还继秦氏之祀"①,强迫他尽了义务。如果后来养家又有了儿子,则养子要么遣返,要么就继续留在养家,一般第二种情况多些。② 比如诸葛亮早年无子,就从兄长诸葛瑾家过继了诸葛乔为养子,准备立他为嫡子继承门户。后来诸葛亮又有了亲儿子诸葛瞻,但依然待诸葛乔如亲儿子一样。③

此外,养子入继之后,改养家姓奉养家祠,断绝了与原家庭绝大部分的往来。但血缘之亲毕竟不能完全断绝,所以在生父母丧服等大事上,也要还服本亲的。不过期限上要短一些,即时人所说"异姓之义,可同于女子出适,还服本亲,皆降一等"④。一般男子要服丧三年,出为异姓养子之后就比照出嫁的女儿,降一等服一年丧便可。

二 民间资本代际流转成功的秘密

通过之前对汉代民间资本代际流转模式的梳理可以看到,汉代民间资本的代际流转,主要的模式为诸子均分,在没有儿子的情况下会采用以女儿或养子为对象的模式作为补充,只有在很少的情况下可以实现数世共财的整体流转模式。

如果从几代人的长周期里去比较这些模式的效果,不管是诸子均分还是另外两种辅助模式,其导向的结果都是一致的,那便是民间资本随着代际的流转而被不断分割,最后导致资本量的减少。只有数世共财这种模式,可以在较长时间里实现资本的保值甚至增值。不管研究者是考虑资本的本性,还是考虑汉代的风俗、观念,保值和增值都是汉代民间资本追求的目标。从民间资本的角度上来说,笔者认为在大多数情况

---

① (唐)杜佑撰,王永兴等点校:《通典》卷六九《养兄弟子为后后自生子议》,中华书局1988年版,第58页。
② 参见黄金山《汉代家庭成员的地位和义务》,《历史研究》1988年第2期。
③ (唐)杜佑撰,王永兴等点校:《通典》卷六九《养兄弟子为后后自生子议》,第57页。
④ (唐)杜佑撰,王永兴等点校:《通典》卷六九《异姓为后议》,第58页。

下，汉代民间资本的代际流转，其结果是失败的。但是也不应忽视，在汉代确实也存在少数的成功的案例。那么，为什么这少数的家庭或家族能够在数代人的较长时间内保持其资本的存量，甚至是实现资本增值，相比于汉代绝大多数的流转失败案例，这些成功者有哪些经验值得学习和继承？回到本节的开始，这些经验是否能对解决当今民间资本面临的"接班"困境提供帮助？这些问题是本书接下来要着力思考的。

（一）成功案例

在这里本书选取颍川荀氏和博陵崔氏两个成功家族作为案例，① 先总结一下两个家族发展的基本情况，之后再来分析其经验。

1. 颍川荀氏的家族发展过程②

荀氏的历史源远流长，最早可以追溯到周代的姬姓，春秋时期见诸史籍的有晋国的大夫荀息，战国时有著名的思想家荀子。后世著名的大族颍川荀氏，便是荀子的后代。

至东汉后期，颍川荀氏已经发展成地方性的豪族，并开始向中央进发。这一时期的代表人物是荀淑。《后汉书·荀淑传》记载，荀淑是荀子的十一世孙，他"少有高行，博学而不好章句，多为俗儒所非，而州里称其知人。安帝时，征拜郎中，后再迁当涂长……当世名贤李固，李膺等皆师宗之"③。前面讲过，汉代行察举制，读书人要想出仕需要有人荐举，这便形成了士人与举主的关系，而且在整个政治环境中，士人与举主是深度绑定的。荀淑主要的举主有两名，一为房植，二为杜乔，这两人都是当时著名的党人，享有崇高的社会声望。荀淑与这些党人相交莫逆，在当时为他和他的家族赢得了良好的社会声誉。

荀淑的八个儿子中，荀爽和荀靖最为出名。其中荀靖终身未仕，但

---

① 严格来说，以家庭论崔氏和荀氏都不属于纯粹的数世共财，其在具体的家庭财产流转过程中，也是存在分异的情况。但以大的家族而言，这两个家族确实实现了长时间内家族资产的保值和增值。再考虑到材料的限制，本书最终选择了这两个近似的案例。其资本流转过程中的经验和特质，与经典的数世共财家族是有共通性的。

② 本案例整理自王莉娜《汉晋时期颍川荀氏研究》，博士学位论文，上海师范大学，2013年。

③ （南朝宋）范晔撰，（唐）李贤等注：《后汉书》卷六二《荀淑传》，第2049页。

有高名，时人评价"少有俊才，动止以礼"，东汉以识人著名的许劭评价两兄弟："皆玉也。慈明（荀爽）外朗，叔慈（荀靖）内润。"① 荀爽以孝廉入仕，重视孝的作用并身体力行，在当时获得了巨大的名望，曾仅用九十五天就从平原相升至司空，这也从侧面说明了荀氏的名气和影响力。荀淑和荀爽两代人入中央为官，揭开了颍川荀氏从地方豪族向中央豪族转变的序幕。荀淑拥有大批的门生故吏，这为后代整个荀氏家族维持权力的再生产奠定了好的基础。

荀爽之后，颍川荀氏最著名的人物当属汉末三国时期曹操的重要谋臣荀彧。荀彧是荀绲的儿子，少时就被人称作"有王佐之才"。荀彧加盟曹操集团后，在政治军事等方面多有建树，并先后为曹操举荐了大批的名士和文武之才，形成以士大夫为主体的汝颍团体，成为曹操集团的两大支柱之一。② 荀彧最后官至侍中，守尚书令，以功封万岁亭侯。在荀彧为曹操推荐的大批人才中，有不少颍川荀氏的成员，其中有些人在曹魏集团中占据了重要的位置。如荀彧之侄荀攸，建安初，曹操征为军师，地位仅次于荀彧，也是重要的谋士之一，最终官至军师，尚书令，以功封树亭侯。又如荀彧的堂兄荀悦被推荐到曹氏政权任秘书监、侍中；荀彧之三兄荀衍以监军校尉守邺，都督河北诸军事等。总之，自荀彧投靠曹操之后，颍川荀氏逐渐在曹魏集团中占据了重要的地位，并逐步发展成了魏晋时期的一流大族。

荀彧最终因为与曹操在"代汉"问题上的分歧而被疏远，最终忧郁而死（也有被赐死一说）。但颍川荀氏的后人却由于和曹氏集团更深入的合作而保留了下来，并进一步发展。荀攸在劝曹操加九锡进魏王的过程中起到了重要的作用。在曹氏衰落司马氏崛起的时候，荀氏又转向了司马氏一方。荀彧的儿子荀顗为司马氏重臣，是西晋的开国元勋，封临淮郡公。为了维护自己和家族的地位，荀顗甚至抛弃了其父坚持的伦

---

① （南朝宋）范晔撰，（唐）李贤等注：《后汉书》卷六二《荀淑传》注引皇甫谧《高士传》，第 2050 页。
② 参见万绳楠《曹魏政治派别的分野及其升降》，《历史教学》1964 年第 1 期。

理道德观念,"无质直之操,唯阿意苟合于荀勖、贾充之间"①,为后人所讥。

2. 博陵崔氏的家族发展过程②

唐宋的谱牒家将崔氏的始祖追溯到姜太公之孙,③ 但正史中关于崔氏最早的记载是在公元前 1 世纪汉昭帝时期,崔朝从幽州从事升迁至中央,任监察官侍御史,这是崔氏从地方豪族向中央豪族转变的开始。之后崔朝的儿子崔舒历任四郡太守,崔舒的两个儿子崔发和崔篆都曾在王莽朝任官,其中崔发在王莽覆灭后被杀,崔篆短暂地任职之后便辞官归隐,闭门向学了。

西汉时期博陵崔氏的成员记载不多,只能大致地看出:崔氏有良好的家学传承,成员多精通儒家经典,如崔发兄弟皆以名经而闻于世;虽然没有崔氏经营何种产业的直接证据,但从其行为当可推断,崔氏家族有不菲的资本收入,崔篆能在较长时间内闭门不仕,当以此为凭借。

东汉时期正史中记载的崔氏成员较前代多些。崔篆子毅"以疾"终身不仕;崔毅子崔骃最终官至济北相,更以文采闻名于世;崔骃子崔寔官至五原太守,并有《政论》和《四民月令》传世;崔寔的从兄崔烈仕途最为成功,历任太守和九卿,最后升为司徒。

东汉时崔氏享誉京师,其声望与地位在数代人的努力下不断提升,这从他们的交友对象能看出来:崔骃与孔僖、班固交好,这都是当时著名的学问大家,但在政治方面的地位并不算太高;崔瑗和王符、张衡、马融、窦章相交莫逆,这些人除了是当时知识界的领袖之外,马融、窦章还来自于著名的外戚家族;到崔寔时,已经是和一些领袖官员建立了深厚的交情,崔寔死后,汝南袁氏、弘农杨赐、少府段颎等为其筹办丧事。

总体来说,东汉时期的博陵崔氏对仕途并不是特别热心,从东汉建

---

① (唐)房玄龄等:《晋书》卷三九《荀顗传》,中华书局 1974 年版,第 1151 页。
② 本案例整理自[美]伊沛霞《早期中华帝国的贵族家庭——博陵崔氏个案研究》。
③ (唐)林宝撰,岑仲勉校记:《元和姓纂附四校记》卷三《崔》,中华书局 1994 年版,第 331 页。

立到135年崔瑗担任汲令，正史记载的崔氏成员任官时间累计不过两三年，但这基本没有影响到崔氏成员名声和社会关系的扩展。可见这一时期崔氏应当是经营着不菲的产业的。不过崔氏家族的经济情况在崔瑗崔寔父子时期出现了明显的恶化，这可能与崔瑗奢侈地招待宾客，不问余产有关。据史籍记载，崔瑗死后，崔寔不得不卖田宅以办丧事，后来为了补贴家用还不得不做起了小生意，崔寔死后更是家徒四壁，没有余财。但是，这段时期暂时的衰退并没有导致博陵崔氏的衰亡，他们很快就恢复了元气，到185年，崔寔的从兄崔烈捐钱五百万成为了司徒，崔烈的儿子崔均也担任了地方太守。

一直到魏晋时期，博陵崔氏都持续的涌现出高官，崔寔的曾孙崔赞和崔赞子洪都在魏晋的朝廷中担任要职。崔赞和许允世交，并被推荐给了司马师，最后官至吏部尚书。崔洪最后官至大司农，并且延续了博陵崔氏良好的家风，为人正直，时人赞曰："丛生棘刺，来自博陵"[①]。

（二）分析与启示：将门虎子与耕读传家

如前所述，由于采用诸子均分为主的流转模式，大部分的汉代民间资本在代际流转中是逐渐地分割和衰减的，但也存在着如前述颍川荀氏、博陵崔氏这样能在较长时间内实现家庭或家族资本保值增值的成功案例。那么，究竟荀氏、崔氏这样的家族何以成功？笔者认为，与权力的结合程度是实现社会阶层稳定和资本保值增值的主要条件。如何与权力结合？具体来说可以有两点。

第一点，社会资本的经营，这一点可称为"将门多虎子"。两汉魏晋时期的取士制度，不论是察举制还是后来的九品中正制，在制度设计层面除了重视士人自身的才华能力之外，对士人的"名望"也就是他人的评价同样十分看重。这里的"他人"，既包括直接引导士人入仕的举主、中正官，也包括其他名士、乡里的宗族乡邻等。在这种制度下，无门无户的单士就很难获得与权力结合的机会，经营与他人的"关系"显得十分重要。

---

① （唐）房玄龄等：《晋书》卷四五《崔洪传》，中华书局1974年版，第1288页。

这一点在前述荀氏和崔氏的案例中都有所体现。荀淑与房植、杜乔等党人联系紧密，为他赢得了巨大的名声。荀淑本人门生故吏众多，这也为后来的荀氏子弟获得声望奠定了基础。他的儿子荀爽、荀靖能被以识人著称的许劭点评，孙子荀彧少时就能获得"王佐之才"的评价，除了后代自身的才华，与家族的声望也是分不开的。崔氏也在京师经营自己的人脉网络，从最早崔骃与孔僖、班固交好，到崔瑗和王符、张衡、马融、窦章相交莫逆，一直到崔寔与汝南袁氏、弘农杨氏这样的累世公卿的大族相交。这些人脉资源保证了荀氏和崔氏家族可以顺利进入权力机构，而即便是在一段时期内不做官，在权力再生产暂时中断的情况下，也可以保证自己的声望。同时，除了精英阶层的评议和援引，士人在乡里的名声也非常重要。所以今人在史籍中经常看到荀氏、崔氏的代表人物赈济宗族，维系宗族凝聚力，从而扩大自身在地方的影响力的例子。

进入权力机构需要社会资本的经营，进入之后要维持与权力的结合则更加需要。在从政的过程中，有的时候立场比伦理对错是非这些更加重要。这一点从魏晋时期荀氏的经历中表现得非常明显。荀彧因与曹操在"代汉"的问题上产生分歧而殒命，而他的弟弟荀攸以及其他荀氏成员则做了相反的选择，并最终维系了颍川荀氏一等大族的地位。当曹氏衰落的时候，荀氏的后人又果断地投入司马氏门下，荀颢还成为了司马氏的重臣。虽然其行为令人不齿，但也确实地维护了家族的利益。

第二点，人力资本的积累，这一点可称为"耕读可传家"。社会资本的经营是实现民间资本在代际保值增值的外部条件，除此之外，家族成员中人力资本在代际的传承和积累也同样重要。说到底，能持续培养出"有出息"的后代，才是家族兴盛的根本。在前述的案例中，人力资本的传承主要体现在三个方面。

首先，学识与文化的传承。两汉魏晋时期的选举制度，对士人个人素质方面的要求主要集中在学识方面，也就是对儒家经典的熟悉程度。这一点不论是荀氏还是崔氏都十分看重。两大家族在每一代的代表人物都是精通儒家经典的知识精英，并且都十分看重家族内部对后代的文化教育，并对这种教育的组织形式做出了详尽的安排，这一点在崔寔的《四民月令》中有清晰的体现。

除了知识性内容的学习之外，儒家经典自身也包含着伦理观念的内容，比如对父母的孝道，对宗族的帮扶与团结。这方面荀氏和崔氏两大家族也都十分重视，如前述荀爽对孝的重视，以及崔寔在《四民月令》中记述的大量维系宗族团结、赈济族内匮乏成员的内容，他认为："冬谷或尽，椹麦未熟，乃顺阳布德，振赡匮乏，务先九族，自亲者始。无或蕴财，忍人之穷；无或利名，罄家继富；度人为出，处厥中焉"①。"顺阳布德，振赡匮乏"，不管他们是不是真的能严格做到，但至少在这方面有所作为是可以肯定的。

其次，生活习惯的传承。上层社会有其固有的一套生活习惯和行为方式，要获得上层社会的认可，维系甚至提升家族名望，建立和扩张家族的人脉网络，熟悉这一套行为方式是必不可少的。

荀氏和崔氏的成员能够进入这些较高等级的社交圈子，并逐步提高自己的地位和影响力，与这方面的传承是分不开的。他们凭借着良好的经济条件而获得了良好的教育，他们知道在重大节日和祭祀活动中如何做以及敬重长者，他们还能够撰写辞藻华丽的文章，与上层社会有着相似的审美情趣。

最后，生活技能的传承。让后代们学会民间资本具体的经营运作方式，是民间资本得以在代际延续的重要条件。如何耕种田地、如何经营庄园、如何在适当的时间进行商品的交易等，这些技能是十分琐碎但又是非常重要的。这一方面在博陵崔氏的家族发展中表现得十分明显，从崔氏的代表人物的很多著作中都能看出，他们大都通晓农事，对田庄的经营也非常熟稔。比如崔骃在《博徒论》中有言："子触热耕芸，背上生盐，胫如烧椽，皮如领革，锥不能穿，行步狼跋，蹄戾胫酸。"② 这

---

① （东汉）崔寔著，石声汉校注：《四民月令校注》"三月条"，第28页。
② （东汉）崔骃：《博徒论》，（清）严可均《全后汉文》卷四四《崔骃》，商务印书馆1999年版，第445页。

几句话对耕作的农民的描写非常的生动，显然作者是有过细致、长期的观察的。崔骃子崔瑗在担任汲令的时候组织众人开垦稻田数百顷，① 崔寔的《四民月令》更是包括了当时所有重要农事的时间表，并在《政论》中介绍了新的耕作农具三脚耧。

这些生活的技能，不仅在家族发展顺利的时候保证了民间资本的顺利运作，更让子孙在家族遇到困境的时候能够活下去，为以后的再起留下机会。如崔瑗去世后崔氏进入了衰败期，崔寔卖田葬父，之后又经营酿酒等生意。这些技能使得他的家庭得以存续。

通过上述分析可以看出，如果把民间资本限定为经济资本的话，在大多数情况下，随着代际的流转其资本量都是衰减的。但如果把民间资本的限定放宽一些，将一个家庭或家族所拥有的社会资本、人力资本都包括进来就会发现，这种经济资本＋社会资本＋人力资本的复合型流转模式，应当是实现民间资本在代际流转中的保值或增值的必要条件。

回到本节开始的问题，面对今天民间资本面临的"接班"的困境，以上结论应当会给今人以启示。

首先，社会资本的继承和扩展。人与人的关系需要时间的沉淀与磨合，父辈的社会关系网络要想传给儿女，需要提早进行诸多准备。同时，也要引导儿女建立自己的关系网络，扩展自己的社会资本。

其次，重视子女的教育和文化的传承。中国的第一代民间资本的所有者诞生于改革开放初期，或因创业艰难，或因自身文化素质不高，很多人忽视了子女的教育问题，这是导致今天面临"接班"困境的重要原因，也是需要后来者警醒的。

第三节　民间资本与汉代城市社会

两汉时期，随着"大一统"中央王朝的确立及社会经济的恢复与发展，不论是城市的数量还是规模，都较前代有了显著的进步，分布的

---

① （南朝宋）范晔撰，（唐）李贤等注：《后汉书》卷五二《崔瑗传》，第1724页。

区域也向西、向南扩张。自汉高祖"令天下县邑城"①之后，逐步建立起国都—郡—县的城市体系。

前代的大城市在经历了重建、扩建之后，继续保持着其区域中心甚至全国中心的地位。如齐故都临淄"全城包括大城和小城两部分。大城南北长九华里（注：1 华里 = 500 米），东西长八华里；小城南北长四华里，东西长三华里。两城总面积60余平方里，大小城周长为21433米（约43华里）。"②故赵国都城邯郸毁于秦末战火，汉初重建之后依然是"漳、河之间一都会也。北通燕、涿，南有郑、卫"③，是区域的中心。西南的成都，秦灭蜀时就已是西南重镇，其"周回十二里，高七丈……修整里阓，市张列肆，与咸阳同制"④，汉时更是繁华，有名篇《蜀都赋》传世。至于西汉都城长安，其"东城墙长6000、南城墙长7600、西城墙长4900、北城墙长7200米"⑤，占地面积约40平方公里，鼎盛时期居住人口超过50万，和西方的罗马交相辉映，是当时世界上最大的城市之一。

除了这些传统的核心城市之外，汉代新兴城市中也有一些发展到了相当的规模，其中有一些因为地理位置的优势，发展成了区域的核心。如《盐铁论·通有》记载："燕之涿、蓟，赵之邯郸，魏之温轵，韩之荥阳，齐之临淄，楚之宛、陈，郑之阳翟，三川之二周，富冠海内，皆为天下名都，非有助之耕其野而田其地者也，居五诸之冲，跨街衢之路也。"⑥随着统治区域的扩展，在原先蛮荒的西北、东南地区也出现了一些规模不小的区域中心城市。如河西的姑臧，《后汉书》中说，汉末天下大乱，河西地区却相对安定，"姑臧称为富邑，通货羌胡，市日四

---

① （东汉）班固：《汉书》卷一《高帝纪》，第59页。
② 陈昌文：《汉代城市的布局及其发展趋势》，《江西师范大学学报》（哲学社会科学版）1998年第1期。
③ （西汉）司马迁：《史记》卷一二九《货殖列传》，第3264页。
④ （西晋）常璩撰，刘琳校注：《华阳国志校注》卷三《蜀志》，第196页。
⑤ 刘庆柱：《汉长安城的考古发现及相关问题研究——纪念汉长安城考古工作四十年》，《考古》1996年第10期。
⑥ （西汉）桓宽撰，王利器校注：《盐铁论·通有》，第41页。

合，每居县者，不盈数月辄致丰积"①，与边地的少数民族的贸易相当发达。又如南越的番禺"处近海，多犀、象、毒冒、珠玑、银、铜、果、布之凑"②，有很多中原商人不远万里前去交易，也是当地"一都会也"。

汉代的城市相较于先秦，其功能已经发生了一些变化。先秦时期的城市，其首要的功能是政治、军事功能，许多城市最初便是作为军事据点兴建的"城堡"。而两汉的城市与此不同，尤其是自汉武帝解决王国问题之后，大一统的体系逐渐确立，城市的经济功能有了长足的发展。这种发展集中地体现在城市市场的建设和发育方面。

与都—郡—县的城市结构类似，汉代的城市市场也比较鲜明地表现出层级性的特点。③ 据《汉书》载，平帝元始二年（2年），"罢安定呼池苑，以为安民县，起官寺市里"④。可见，依汉制，在郡县的治所城市，立市是通行的做法。据两《汉书》的《郡国志》《地理志》记载，西汉平帝时，凡郡国103个，县级政权1578个；东汉顺帝时，凡郡国105个，县级政权1180个。每城有市，便构成了汉代城市市场的基层部分。出土简牍和传世文献中有许多汉代郡县市场的史料记载，位置也是遍布全国。如西北有"……为家私市张掖，酒泉□□"（37·29）；东南有"童儿时见子训卖药于会稽市"⑤；西南有"临邛市"，还留下了"文君当垆"的佳话。而作为两汉经济中心的中原地区，郡县密度更大，市场数量自然也就更多。汉代的郡县市场，尤其是数量更多的县级市场，起着连接农村市场与城市市场的桥梁作用。农村人口在郡县市场出售农副产品，换回农村市场上少有的铁器等手工业产品，同时也满足了城市人口对农副产品的需求。

---

① （南朝宋）范晔撰，（唐）李贤等注：《后汉书》卷三一《孔奋传》，第1098页。
② （东汉）班固：《汉书》卷二八下《地理志下》，第1670页。
③ 参见朱德贵《秦汉时期市场的多层级性》，《安庆师范学院学报》（社会科学版）2000年第6期。
④ （东汉）班固：《汉书》卷十二《平帝纪》，第353页。
⑤ （南朝宋）范晔撰，（唐）李贤等注：《后汉书》卷八二《方术列传》，第2746页。

在交通要道或者经济发达的地区，一些郡县市场会随着规模的扩张，其辐射能力逐步超出郡县的范围，发展成为一个地区的经济中心，这便是区域级的市场了。太史公在《史记·货殖列传》中将整个天下划分成了关中、三河、燕赵、齐鲁、梁宋、江南等几个大的经济区域，这些经济区域基本都是以一个或多个郡县城市市场为中心形成整个区域市场，《史记·货殖列传》中将其称为"都会"。如燕赵地区"邯郸亦漳、河之间一都会也，北通燕、涿，南有郑卫"；齐鲁地区"陶、睢阳亦一都会也"；江南地区的吴"亦江东一都会也"；楚都郢"西通巫巴，东有云梦之饶"；等。

在区域市场之上，随着汉代"大一统"中央王朝的建立，汉代民间资本利用西汉初"开关梁"等一系列经济政策，极大地带动了全国范围内物资的流通，也在一定程度上形成了以王都为中心的全国市场。西汉的都城长安，自汉高祖六年（前201）"立大市"① 之后，随着人口的膨胀逐步发展为各具特色的"九市"。而东汉的都城洛阳，《太平御览》引《洛阳记》曰："三市，大市名也；金市在大城西，南市在大城南，马市在大城东。"② 这是指三个大型的专业市场，规模稍小的应当还有更多。汉代的都城市场规划整齐，建制清晰。如《三辅黄图》载："长安市有九，各方二百六十六步，六市在道西，三市在道东。凡四里为一市。"③ 更为重要的是，都城店铺林立，商贾云集，汇聚了全国乃至域外的各类商品。《史记·货殖列传》中所言"通邑大都"中交易的农、副、手工业产品在都城市场所在多有，此外还有"殊方异物，四面而至"④。

汉代城市的发展，尤其是城市市场的发育与扩张，为汉代民间资本提供了更为广阔的舞台。同时，汉代民间资本也通过自身的活跃影响着汉代城市社会。这种影响既有其积极的一面，也有消极的一面。

---

① （西汉）司马迁：《史记》卷二二《汉兴以来将相名臣年表》，第1120页。
② （北宋）李昉编纂，孙雍长等校点：《太平御览》卷一九一引《洛阳记》，第794页。
③ 何清谷校释：《三辅黄图校释》，中华书局2005年版，第93页。
④ （东汉）班固：《汉书》卷九六《西域传》，第3928页。

第五章 汉代民间资本与汉代社会

一 积极影响

在汉代城市社会的运行过程中，民间资本承担了商品生产与流通的部分职能，为城市居民提供了大量的就业岗位，同时民间资本的所有者也是城市市场上重要的消费力量。通过商品的生产、消费与流通以及就业岗位的创造，民间资本促进了汉代城市市场的发育，为汉代城市人口的扩张、经济的繁荣和发展做出了贡献。

首先，汉代民间资本所有者是汉代城市中重要的商品生产者。汉代城市市场商品种类繁多，从各类日用的农副产品、手工业产品，到高档的奢侈品都有交易。从来源上说，这些商品部分来自汉代官营国有工商业部门，但来自民间生产部门的产品也占了相当大的比重。以商品大类来说，汉代城市市场上流通的首先是解决城市居民吃饭问题的各类农副产品。这类商品的来源比较复杂，既有小农家庭的富余产品，也有民间资本专业化生产的产物，如大地主刘秀曾在宛城"卖谷"。如果今人回到汉代的长沙，应该也能看到很多富有烟火气的画面，"郭亭部，市不处姓名男子鲜鱼以作（浆）"[1]；"愿来，于小市卖枯鱼自给。□"[2]。此外，城市市场上流通的就是各类不同档次的手工业产品。既有如东汉孙晨"剧社城中，织箕为业"这样普通民众消费的草鞋草帽，也有如陈宝光妻"机用一百二十蹑，六十日成一匹，匹值万钱"[3]这样的高档丝织品。总之，就像司马迁所总结的那样："通邑大都，酤一岁千酿，醯酱千瓨，浆千甔，屠牛羊彘千皮，贩谷粜十钟，薪藁千车，船长千丈，木千章，竹竿万个，其轺车百乘，牛车千两，木器髹者千枚，铜器千钧，素木铁器若卮茜千石……此亦比千乘之家，其大率也"[4]。民间资本生产的各类商品遍布城市市场。

---

[1] 长沙市文物考古研究所等编：《长沙五一广场东汉简牍选释》，第129页。
[2] 长沙市文物考古研究所等编：《长沙五一广场东汉简牍选释》，第147页。
[3] （东晋）葛洪撰，周天游校注：《西京杂记》卷一《霍显为淳于衍起第赠金》，第33页。
[4] （西汉）司马迁：《史记》卷一二九《货殖列传》，第3274页。

其次，汉代民间资本也是城市消费者群体的重要组成部分。笔者在前面也曾经探讨过汉代民间资本的消费问题。贵族、官僚、豪强、商人、手工业者、平民、奴婢，这些人群构成了汉代城市消费的主要群体。① 其中，除了一般城市平民与奴婢，其他身份的城市居民都是规模或大或小的民间资本所有者。虽说不同规模的民间资本，其消费的水平和内容有所差异，但商品化程度都是比较高的。而消费的内容，则遍布日常生活的各个方面。这部分内容在第三章已经有过详细的论述，这里便不再重复了。

再次，汉代民间资本是城市市场上商品流通的主要力量。《盐铁论·力耕》云："诸殷富大都，无非街衢五通，商贾之所凑，万物之所殖者。"② 城市市场之所以能够汇聚不同地区的各类商品，与汉代民间资本在物资流通方面的贡献是分不开的。汉代的民间资本将商品从有余的地方贩运至不足的地方，从而赚取商业利润，典籍或简牍中一般将他们称作"贩贾""行贾"等。这些民间资本"倍道兼行，夜以续日"③，他们在追求利润的同时，也将各地的特产带到全国各地的城市市场上。其中既有曹邴氏"贳贷行贾遍郡国"、师史"贾郡国，无所不至"这样的大商人，也有一人一车，犯晨夜，冒霜雪，千里艰辛的小商人，他们共同构成了当时遍布全国的商业物资流通体系的主体。汉代的城市市场也是由于他们的存在，才表现出"牛马车舆，填塞道路"④ "船车贾贩，周于四方"⑤ 这样的繁荣景象。甚至由于汉代幅员辽阔、方物驳杂，在城市市场的商品交易，尤其是贵重商品的交易过程中，还逐渐产生了类似后世牙行的中介服务。《史记·货殖列传》和《汉书·货殖传》中都提到了"节驵侩"。司马贞《史记索隐》有云："驵者，度牛马市。"而颜师古注《汉书》曰："侩者，合会二家交易者也。驵者，其首率也。"

---

① 温乐平：《汉代城市居民生活消费探讨》，《江西社会科学》2011 年第 5 期。
② （西汉）桓宽撰，王利器校注：《盐铁论·力耕》，第 29 页。
③ 黎翔凤：《管子校注》卷一七《禁藏》，第 1015 页。
④ （南朝宋）范晔撰，（唐）李贤等注：《后汉书》卷四九《王符传》，第 1633 页。
⑤ （南朝宋）范晔撰，（唐）李贤等注：《后汉书》卷四九《仲长统传》，第 1648 页。

可见，"驵侩"是专门负责"合会二家交易"的中介机构。这也是汉代民间资本随着商业流通的扩张，对城市市场组织形式的一种诱导式制度变迁。

最后，汉代民间资本在从事资本经营、运作的同时，也为城市人口提供了大量的工作岗位，促进了汉代城市人口的增加。鲍一铭在其硕士论文《汉代城市人口研究》中，通过对近年发现的数十处汉代城市遗址的考察，以城市人均居住面积估算汉代城市人口比例，做出了比较扎实新颖的成果。他认为：西汉城市人口的比例为27.2%（平帝元始二年，即2年），东汉略有下降，约为26.3%（顺帝永和三年，即138年)[1]。结合汉代已知的人口数据可以估算，汉代的城市人口总量为1400万左右。在这庞大的城市人口中，除了极少数的官僚贵富阶层，以及城市中的农业人口之外，还有相当数量的城市居民是直接或间接地依托于民间资本提供的就业岗位而生存的。汉代城市中富有的民间资本，通常会蓄养一定数量的奴婢。如《后汉书·仲长统传》中形容当时的贵富之家"豪人之室……奴婢千群，徒附万计。"[2]这些奴婢主要从事一些家内劳动，如洒扫、侍奉等。也有部分具备歌舞等技能的奴婢为主家提供声色服务。汉代奴婢的社会地位很低，但相比前代已有所改善，汉代政府曾多次下令禁止杀死奴婢。物质生活方面基本可以保证温饱，如果是贵富阶层的奴婢，甚至可以"韦沓丝履"[3]，有相当不错的物质生活条件。相比于一般贫民，也算是可以接受的"就业岗位"了。民间资本在城市中组织生产、经营，自然也提供了大量的生产性岗位，以雇佣劳动的形式吸收了大量的就业人口。汉代民间资本所有者在城市中经营各类手工业、服务业时，经常使用雇佣的方式获取劳动人口，如施延"家贫母老，周流佣赁。常避地于

---

[1] 鲍一铭：《汉代城市人口研究》，硕士学位论文，东北师范大学，2009年。
[2] （南朝宋）范晔撰，（唐）李贤等注：《后汉书》卷四九《仲长统传》，第1648页。
[3] （西汉）桓宽撰，王利器校：《盐铁论·散不足》，第355页。

庐江临湖县种瓜,后到吴郡海盐,取卒月直,赁作半路亭父以养其母"①;申屠蟠"家贫,佣为漆工"②;李燮"变名姓为酒家佣"③;等。

二 消极作用

除了以上积极方面的影响之外,随着汉代民间资本的发展与扩张,其对汉代城市社会也产生了一定的消极影响。这主要体现在以下几个方面。

首先,随着民间资本实力的扩大,部分民间资本所有者开始凭借经济实力和政治实力扰乱市场秩序和社会秩序。史家常引太史公言:"若至力农畜,工虞商贾,为权利以成富,大者倾郡,中者倾县,下者倾乡里者,不可胜数。"④当民间资本规模积累到一定程度之后,为了追求更多的利润,其所有者必然会试图垄断一部分商品的经营,从而破坏市场的正常秩序。《汉书·游侠传》中记载:"箭张回、酒市赵君都、贾子光,皆长安名豪,报仇怨养刺客者也。"⑤张回、赵君都等人以某市为名,又蓄养大量刺客,显然是经营某种商品的大商人。同文还有萭章"在城西柳市,号曰'城西萭子夏'。"⑥这些豪侠既有财力,又有武力,欺行霸市垄断市场的事情大概是不少的。更有一些民间资本不仅破坏市场秩序,还对抗国家权力,破坏社会秩序。传世文献中就常有某某豪族"武断乡曲""二千石莫能治"的记载。

其次,民间资本所有者的奢侈消费助长了汉代奢靡的消费风气。收入水平是决定人们消费水平的基本条件。随着汉代民间资本所有者的实力不断增强,其消费也愈发奢侈。传世文献中批判奢侈消费的声音众多,如《盐铁论·散不足》篇通过今昔对比的方式批判当时各种消费的"逾制"。又如东汉时仲长统所描绘的富豪之家:"琦赂宝货,巨室不能容。

---

① (南朝宋)范晔撰,(唐)李贤等注:《后汉书》卷四六《陈宠传》注引《谢承书》,第1558页。
② (南朝宋)范晔撰,(唐)李贤等注:《后汉书》卷五三《申屠蟠传》,第1751页。
③ (南朝宋)范晔撰,(唐)李贤等注:《后汉书》卷六三《李固传》,第2090页。
④ (西汉)司马迁:《史记》卷一二九《货殖列传》,第3281—3282页。
⑤ (东汉)班固:《汉书》卷九二《游侠传》,第3706页。
⑥ (东汉)班固:《汉书》卷九二《游侠传》,第3705页。

马牛羊豕,山谷不能受。妖童美妾,填乎绮室;倡讴伎乐,列乎深堂。"①民间资本所有者的这种奢侈消费,对当时的社会有着强烈的示范效应,并从城市逐渐扩展到农村。正如王充《论衡》中所言:"人之游也,必欲入都,都多奇观也。入都必欲见市,市多异货也。……游于都邑者心厌,观放大市者意饱。"② 故当时有"城中好高髻,四方高一尺;城中好广眉,四方且半额;城中好大袖,四方全匹帛"③ 的说法。

最后,民间资本过度集中于高档消费品的生产,导致城市产品、劳动力结构的失调。汉代社会由城市开始并向乡村扩张的奢靡风气,使得高档的奢侈品具备了高额的利润,也吸引着民间资本越来越多地涌入到奢侈品生产领域。然而,虽然今人常说汉代的奢侈品如丝绸、青铜器等等具备了如何高超的技术水平,但不能忽视的一点是,汉代的整个手工业生产依然是一种劳动密集型的生产模式。正如时贤们所说:"夫百人作之不能衣一人"④;"一杯棬用百人之力,一屏风就万人之功,其为害亦多矣"⑤。在这种情况下,当民间资本大量地涌入奢侈品生产行业的时候,随着大量的资源投入奢侈品生产,必然导致能够用于生产普通商品的资源大大减少,城市市场上面向一般消费者的商品供应受到影响。而且,相比于现代的流水线生产,汉代劳动密集型的生产方式导致的奢侈品对普通商品的替代率⑥,要比今天高得多。这种劳动密集型的生产模式也导致了奢侈品生产行业对普通手工业,甚至是农业生产的劳动力的占用,从而导致了城市中劳动力人口结构的失衡。如王符所说:"今察洛阳,资末业者什于农夫,虚伪游手什于末业……天下百郡千县,市邑万数,类皆如此。"⑦ 这种情况一方面有奢侈品生产利润的驱动;另一方面实际上也与奢侈品的生产模式有关。

---

① (南朝宋)范晔撰,(唐)李贤等注:《后汉书》卷四九《仲长统传》,第1648页。
② 黄晖撰:《论衡校释》卷十三《别通》,中华书局1990年版,第591—592页。
③ (南朝宋)范晔撰,(唐)李贤等注:《后汉书》卷二四《马援传》,第853页。
④ (东汉)班固:《汉书》卷四八《贾谊传》,第2243页。
⑤ (西汉)桓宽撰,王利器校:《盐铁论·散不足》,第356页。
⑥ 即生产一件奢侈品耗费的资源,能生产的普通消费品的数量。
⑦ (南朝宋)范晔撰,(唐)李贤等注:《后汉书》卷四九《王符传》,第1633页。

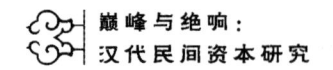

第四节　民间资本与汉代乡村社会

在本书的第一章、第二章中,笔者在探讨汉代民间资本投资流向以及经营方式等问题的时候,已经涉及过与汉代乡村社会有关的部分问题。如汉代民间资本对农业的投资,以田庄为代表的经营模式等。但若要更细致地考察汉代民间资本与乡村社会的关系,甚至是对乡村居民生活的影响,还需要进一步地探索。

一　农村市场:民间资本在乡村活动的主要舞台

市场是商品交换的场所,也是民间资本活动的舞台。在乡村社会中民间资本的活动主要集中在农村市场。汉代民间资本在扩展自身力量的同时,自然也促进了农村市场的发育。伴随着这一发育的过程,农村市场逐渐地改变着乡村居民的生活状态,汉代民间资本也由此将触角延伸到了乡村社会的每个角落。

而从规模来说,汉代的农村市场可以进一步细分为乡市与里(聚)市,如出土陶器中常见"中乡之事""南乡之市"之类的铭文,或"槐里市久"的文字。① 大致来说,乡市有千户上下,里市有500人左右,② 人口规模都比较狭小,辐射能力也相对有限,但庞大的基数却构成了整个汉代市场体系的塔基部分。

依托于农村市场,汉代民间资本及其所有者也逐渐改变着汉代乡村居民的生活方式。首先,乡村居民日常消费中的商品化程度逐渐提高。对自耕农家庭来说,越来越多的日用消费品要靠市场来满足。"负粟而往,挈肉而归"③,"绵亭买席,往来都、洛"④,以及《盐铁论·水旱》

---

① 参见陈直撰辑《关中秦汉陶录》,中华书局2006年版,第1—200页。
② 黄今言:《秦汉商品经济研究》,第151—152页。
③ (西汉)桓宽撰,王利器校:《盐铁论·散不足》,第351页。
④ (西汉)王褒:《僮约》,(清)严可均:《全汉文》卷四二《王褒》,第434页。

第五章
汉代民间资本与汉代社会

中描述的"挽运衍之阡陌之间,民相与市买"①,商品化的消费构成了乡村居民日常生活的必要组成部分。其次,农村市场也成为乡村居民主要的货币来源。汉代田赋较轻,但如算赋、口赋、更赋等以货币形式征收的赋税非常繁重。此外,"男耕女织"的家庭生产毕竟不能真正地实现自给自足,大量的生活必需品也需要货币来购买。这也使得乡村居民必须将部分产品投入市场,以换回必要的货币。所以,"汉代的小农既是乡村市场中商品的重要提供者,又是最大的消费者,直接推动着乡村商品市场的发展"②。与此同时,同样是通过农村市场,汉代的民间资本及其所有者逐渐将农村最重要的资源——土地,逐步控制在手里,并以此形成了其进一步控制乡村秩序的经济基础。

通过农村市场,汉代的民间资本逐步改变着农村居民的生活方式。通过各种经济的和非经济的手段,民间资本掌控了包括土地在内的各种主要生产资料。正所谓"凡编户之民,富相什则卑下之,佰则畏惮之,千则役,万则仆,物之理也。"③ 掌控了主要生产资料后,民间资本自然也开始尝试着影响并控制汉代农村居民的生存环境。这种影响和控制的手段,有温情的,也有残暴的,最终从各个方面影响着汉代的农村社会。

首先,汉代民间资本对农村社会的影响和控制,有其温情的一面。众所周知,汉代的农村社会一般是以宗族作为基本的组织形式的。虽然汉代的宗族与先秦相比其组织黏性已经大幅下降,但仍然通过经济互助、组织祭祀等方式保留了一点先秦宗族的余绪。如崔寔在《四民月令》中言:"十月……五谷既登,家储蓄积,乃顺时令,敕丧纪。同宗有贫窭久丧不堪葬者,则纠合族人,共兴举之。以亲疏贫富为差,正心平敛,毋或逾越,务先自竭,以率不随。"④ 虽然标明了月份,但实际的操作上并没有特别的时间限制。所谓"务先自竭,以率不随",更多

---

① (西汉)桓宽撰,王利器校:《盐铁论·水旱》,第450页。
② 马新:《试论两汉乡村工商业与高利贷》,《东岳论丛》2001年第2期。
③ (西汉)司马迁:《史记》卷一二九《货殖列传》,第3274页。
④ (东汉)崔寔著,石声汉校注:《四民月令校注》"十月"条,第68页。

的也是道德上的标榜，但这种略显温情的族内活动在汉代也是确实存在的，并且在典籍中留下了许多记载。如西汉樊重"资至巨万，而赈赡宗族"①；东汉朱晖"建初中，南阳大饥，米石千余，晖尽散其家资，以分宗里故旧之贫羸者，乡族皆归焉"② 等。汉代民间资本的这种资助行为，虽然有其自利的目的，但对保障汉代农村的普通居民，尤其是贫困居民的基本生存，还是起到了一定的作用的。所以时人才有"富人在世，乡里愿之"③ 的说法。

其次，温情只是汉代民间资本对农村社会控制与影响的一抹侧影。在资本逐利天性的驱使下，汉代民间资本也有在农村社会横行不法的残暴一面。传世文献中留存了大量这方面的记载，时贤对此也颇多批评。如灌夫"陂池田园，宗族宾客为权利，横于颍川"④；公孙贺"依旧故乘高势而为邪，兴美田以利子弟宾客，不顾元元"⑤；东汉时窦景"奴客缇骑依倚形势，侵陵小人，强夺财货"⑥；等。真是何等威风！故班固形容当时这些上层的民间资本："郡国富民兼业颛利，以货赂自行，取重于乡里者，不可胜数。"⑦ 太史公也批评这些人："为权利以成富，大者倾郡，中者倾县，下者倾乡里者，不可胜数。"⑧ 而这样一群人活跃在农村社会，对普通的农村居民来说就只能是如仲长统所言"被穿帷败，寄死不敛，冤枉穷困，不敢自理"⑨ 了。

二 民间资本与汉代城乡互动

以上笔者分别梳理了汉代民间资本对汉代城市与农村的影响。而事

---

① （南朝宋）范晔撰，（唐）李贤等注：《后汉书》卷三二《樊宏传》，第1119页。
② （南朝宋）范晔撰，（唐）李贤等注：《后汉书》卷四三《朱晖传》，第1459页。
③ 黄晖撰：《论衡校释》卷十二《量知》，第549页。
④ （西汉）司马迁：《史记》卷一○七《魏其武安侯列传》，第2847页。
⑤ （东汉）班固：《汉书》卷六六《刘屈氂传》，第2879页。
⑥ （南朝宋）范晔撰，（唐）李贤等注：《后汉书》卷二三《窦融传》，第819页。
⑦ （东汉）班固：《汉书》卷九一《货殖传》，第3694页。
⑧ （西汉）司马迁：《史记》卷一二九《货殖列传》，第3282页。
⑨ （南朝宋）范晔撰，（唐）李贤等注：《后汉书》卷四九《仲长统传》，第1651页。

第五章
汉代民间资本与汉代社会

实上,汉代的城市与乡村不是相互孤立,而是紧密联系与互动的。民间资本对汉代社会的影响,不仅分别作用于城市和乡村,更作用于这种联系与互动之上。通过梳理前文的分析也可看到,汉代民间资本在影响城乡互动的过程中,存在并行方向上的两条线索,即经济的线索与秩序的线索。

(一) 经济的线索:城市对乡村的汲取与反馈

如前文所述,就全国范围来说,汉代的市场结构实际上是一种都城—区域中心—郡县市场—农村市场的层级清晰的金字塔结构。这种金字塔结构前辈学者已经有不少研究,[①] 从这些研究中可以看出汉代市场结构的整体面貌,以及民间资本如何通过这种层级结构,逐级地将财富由农村汲取至城市,又以另一种形式反馈给乡村,形成经济领域的城乡互动。

1. 城市对乡村的汲取

通过各级市场进行的商品交易,是民间资本汲取货币财富的主要途径。不同层级的市场在这一汲取的过程中发挥着不同的作用。西汉王褒《僮约》中有一段话,描述了以犍为资中为中心点,范围300公里内不同层级市场的交易特点,[②] 可以为本书提供很好的分析视角,兹摘录如下:

> 舍后有树,当裁作船,上至江州,下至湔主,为府掾求用钱。推访壄贩棕索。绵亭买席,往来都洛。当为妇女求脂泽,贩于小市,归都担枲,转出旁蹉。牵犬贩鹅,武都买茶。杨氏担荷,往市聚,慎护奸偷。入市不得夷蹲旁卧,恶言丑骂,多作刀矛,持入益州,货易羊牛……南安拾栗采橘,持车载辕。[③]

[①] 参见高维刚《秦汉市场研究》,四川大学出版社2008年版;黄今言《秦汉商品经济研究》,人民出版社2005年版;朱德贵《秦汉时期市场的多层级性》,《安庆师范学院学报》(社会科学版) 2000年第6期等。

[②] 参见官德祥《从王褒〈僮约〉探析汉代中叶四川田庄商品经济》,《中国农史》2010年第4期。

[③] (西汉) 王褒:《僮约》,(清) 严可均:《全汉文》卷四二《王褒》,第434—435页。

这段文字中涉及汉代四川地区不同层次的若干市场：区域中心市场成都，一般郡县市场江州、湔主、武阳①、益州、南安，农村市场绵亭。首先是最基层的农村市场绵亭。如前所述，基层农村市场主要的交易物品是农产品和日用的简单手工业产品。但通过"绵亭买席"一句，可证明如高维刚所言："秦汉某些大的基层农村市场已具有某些商品集散地的作用。"②绵亭应该就是当时成都平原席的集散地。又从"当为妇女求脂泽，贩于小市"可以看出，基层的农村市场也承担了手工业产品销售终端的角色。其次是江州等一般郡县市场。郡县市场衔接农村和城市，其交易的产品既有农副产品与家庭手工业产品，如"持入益州，货易羊牛""推访垩贩棕索""南安拾栗采橘"，也有高档消费品和手工业产品，如"武阳买茶""多作刀矛，持入益州"。结合当时成都平原及其周边地区的情况可以看出，郡县市场的区位特色比较明显，交易商品多为当地特色产品。如益州郡处滇池地区，《华阳国志·南中志》载滇池地区"金银畜产之富"③，可见畜牧业比较发达，所以"货易羊牛"；武阳县靠近蒙山，是汉代四川重要的茶叶产地，《华阳国志·蜀志》有"南安县、武阳出名茶"的记载，武阳县是汉代四川地区重要的茶叶集散地之一，故有"牵犬贩鹅，武阳买茶"；《初学记》中有"犍为安南县出黄甘"④语，可见橘为安南特产，故有"南安拾栗采橘"，乃至"持车载椁"，交易规模不小。最后，各类商品与资本都集中到整个四川盆地的区域中心市场成都，直至"市廛所会，万商之渊"⑤。作为区域中心市场的成都，是本区域与全国其他区域联系的枢纽与窗口。在这里能买到全国各地的特色商品，而四川盆地的各类特产

---

① 《僮约》原文早佚，严本《全汉文》辑本载"武都"，今多数学者认为乃"武阳"之误。参见魏学峰《中国古代茶叶市场考》，《四川文物》1995年第6期；杜长煜《〈僮约〉茶市何处寻？——就〈武都究在何处〉与林漱峰同志商榷》，《中国茶叶》1983年第5期等。本书亦采用这种观点。

② 高维刚：《秦汉市场研究》，四川大学出版社2008年版，第112页。

③ （西晋）常璩撰，刘琳校注：《华阳国志校注》卷四《南中志》，第394页。

④ （唐）徐坚：《初学记》卷二八《果木部·甘》，第680页。

⑤ （南朝梁）萧统编，（唐）李善注：《文选》卷四左思《蜀都赋》，第184页。

通过成都市场交易到其他区域。

通过对各层级市场特点的分析可以看到，郡县市场以及与其相连的农村市场，是农村与城市发生经济联系的"一级市场"。所谓"牵犬贩鹅，武阳买茶。……多作刀矛，持入益州，货易羊牛"，在郡县市场与农村基层市场上，农村人口以农副产品交易城市中生产的各种手工业产品和高档消费品。这种交易，是汉代民间资本逐渐地将财富由农村汲取到城市的主要方法。而农业与手工业、商业天然的行业差别，以及汉代农业以小农家庭为主的经营方式，是导致这种汲取方式产生的主要原因。

首先，产品价格的差别。汉代农产品的价格普遍偏低，据陈业新统计西汉粮价：文帝最低价为十余至数十，最高价五百（钱/石。下同）；武帝为三十至八十；宣帝最低价五，最高百余；元帝最低价百余，最高二百至五百。① 粮食价格受自然条件和社会环境影响较大，但平均来说，汉代的粮价每石在百钱左右。而手工业产品的价格往往比较高，陈英在《汉代贫富差距与政府控制研究》一书中将手工业产品与农产品的价格列表作了比较，考虑到汉代一般农民的消费能力，现将部分产品的内容摘录参见表5-1。

表5-1　　　　　部分手工业产品与农产品的价格比较②

品名	单位	价格（钱）	折合粮价[100/石（斗）]
酒	瓮	1200	12石
醋酱	缸	1200	12石
木材	棵	200	2石
牛车	乘	2000	20石
布	匹	400	4石
水罂	具	70	7斗

① 陈业新：《灾害与两汉社会研究》，上海人民出版社2004年版，第252页表5-1。
② 陈英：《汉代贫富差距与政府控制研究》，中国社会科学出版社2010年版，第126—128页。

"百亩之收，不过百石"，相比较而言，手工业产品的价格是很高的。

其次，行业的周转速度。汉代农作物大多是一年一熟，生产周期很长。而手工业生产周期则通常以月甚至是日计算。如采丹"男子月六斤九两，女子四斤六两"①；纺织业"三日断五匹"（《孔雀东南飞》）、"六十日成一匹，匹值万钱"②。

最后，农业是一种对生产规模要求很高的产业。拥有千顷良田的大地主可以成为"素封"，但五口之家的小农家庭只能维系简单再生产，产品的利润率很低。由此，城市中的民间资本依靠高价格、多批次的手工业产品，经商业渠道，交易小农家庭价格低、周期长的农产品，将农村的财富汲取到城市中来。

2. 城市对农村的反馈

单向度的汲取并不能维持整个财富循环系统的稳定，越来越多的财富集中到城市之后，除了城市内部的消费，也需要寻求另外的出路。

一方面，在城市与农村的交易过程中，小农家庭通过出售农副产品获得了生活必需的少量货币。这些货币在应对必要的开支以及购买手工业产品之余，在承平时期可以维持小农家庭的简单再生产。这是城市对农村的第一重反馈。

另一方面，包含着取自农村的财富，汉代民间资本依托各级城市市场"周流天下"，实现了资本的增值。但正如本书第一章中所分析的，由于汉代经济结构的限制，城市中的民间资本在获得了大量的财富之后，并没有足够的投资渠道。除了将财富用于消费之外，只能再次将投资的目光投向农村。购买土地成了多数人的选择。纵观整个汉代农村土地制度的变化，从西汉初年以自耕农家庭所有为主的小土地占有，到东汉末年遍布天下的大地主庄园，便是这一过程的结果。这也就是城市对

---

① 张家山二四七号汉墓竹简整理小组编著：《张家山汉墓竹简［二四七号墓］》（释文修订版），第68页。

② （东晋）葛洪撰，周天游校注：《西京杂记》卷一《霍显为淳于衍起第赠金》，第33页。

农村的第二层反馈。

（二）秩序的线索：由农村向城市的渗透

汉代国家以基于地缘关系的郡县制为骨架，建立了代表国家政权的正式统治秩序。而汉代的民间资本，在正式的统治秩序之外，在郡县之下，通过或温情或暴力的手段，客观上形成了属于乡间里聚的民间秩序。如日本学者西岛定生所说：古代中国乡里权力体系，是"以通过二千石，令长这种郡县制实行地方统治目的的官僚机构同三老、力田、父老这种具有地方自治共同体性质的机构之间的二元结合"①。从汉代国家的视角来说，如本文第四章分析的那样，这一过程是汉代国家基于政治理性逐步吸纳、整合甚至侵蚀民间势力的过程。或者说，这是一个来自城市的秩序逐级地向农村扩张的过程。而相反的，如果站在民间资本的角度，这一过程也是民间资本从农村到城市，逐步地渗透与递进，影响官方秩序并最终成为"汉代地方社会操纵者"②，甚至更进一步影响到统治中枢的过程。

从城乡结构来说，汉代的城市是处在农村的包围之中的。城市的原住民在汉代总人口中占的比例很低，大部分的城市居民是农村移民或其后代。即便在经历了汉初大规模筑城之后，整个汉代的城市人口比例也不足30%，而这其中还包含了大量的城市中的农业人口。尤其是在最基层的县一级城市，作为直接与乡村社会对接的前线，城乡之间的互动与交往是非常频繁的。不仅县城的市场上有农民进城交易的身影，就是县城官员的日常生活，往往也与农村紧密相关。如西汉时官至御史大夫的于定国，史载其父于公"为县狱吏，郡决曹"，"其闾门坏，父老方共治之"③。父老是乡里德高望重者，于公家中门坏了要父老共治，可见县吏的日常生活与乡村社会的联系是非常紧密的。而由于汉代郡县的

---

① [日] 西岛定生：《中国经济史研究》，冯佐哲等译，农业出版社1984年版，第201页。

② 黎明钊：《辐辏与秩序——汉帝国地方社会研究》，香港中文大学出版社2013年版，第18页。

③ （东汉）班固：《汉书》卷七一《于定国传》，第3041、3046页。

属吏"皆由长官自辟用本域人,各以本州、本郡国、本县道侯国所辖之境为准,不得用辖境以外之人"①,这就导致了"这些郡县僚佐大都由本地的强宗大族担任,乡以下的啬夫、游徼就由较小的豪强充任"②,而本地的郡县城市,也就成了民间资本由农村迈向城市的第一步。这一步跃进,主要是通过民间资本之间社会关系的网络来实现的。

1993年于江苏连云港出土的尹湾汉墓简牍中,有《赠钱名籍》③(木牍七、八,正反共计四面。编号YM6D7、YM6D8),为今人生动地揭示了这种社会关系网络运行的具体情况。尹湾汉墓的墓主师饶,生前曾担任郡中主管选举的功曹一职。从其随葬品与出土简牍记载看,此人颇有家财,可以说是郡县民间资本的代表。《赠钱名籍》中记录了师饶的同僚、亲族等社会关系在"永始二年十二月十六日""之长安""外大母"(或为去世)等五次赠与他钱财的账目。黎明钊据简文汇总了历次赠钱的名单,发现朱氏(9人)、陈氏(9人)、王氏(8人)、薛氏(6人)、莒氏(5人)等几个大家族在名籍中出现的人数较多,说明这几个家族与师饶过从甚密。④ 同墓还出土《元延二年日记》简牍一份,其中记录了师饶出差时住宿往来的一些细节。这其中师饶或住宿人家,或有朋友拜访,其中提到了薛卿、董卿、子严、主簿蔡卿、陈文卿等人,⑤ 这应当是非常亲密的朋友关系了。这两份简牍中提到的人名有重复的地方,可以互相引证。其中明确提到官职的人不多,只有"之长安"时赠钱的萧主簿与《元延二年日记》中出差彭城时来访的主簿蔡卿,此二人当是师饶的同僚或下级。但考虑到师饶的官职及身家(比

---

① 严耕望:《中国地方行政制度史——秦汉地方行政制度》,上海世纪出版股份有限公司、上海古籍出版社2007年版,第352页。

② 徐扬杰:《中国家族制度史》,人民出版社1992年版,第172页。

③ 简文及释文参见连云港市博物馆等编《尹湾汉墓简牍》,中华书局1997年版,第119—122页;黎明钊《辐辏与秩序——汉帝国地方社会研究》,香港中文大学出版社2013年版,第113—119页。

④ 黎明钊:《辐辏与秩序——汉帝国地方社会研究》,香港中文大学出版社2013年版,第173页。

⑤ 连云港市博物馆等编:《尹湾汉墓简牍》,中华书局1997年版,第139页。

如其曾一次性借给同族八万钱,[①] 墓葬陪葬品亦有不少),与师饶交往密切的这些家族,他们的身份、地位与师饶应是相当的。故如朱氏、陈氏、王氏等,应当也是郡内县里的大族,并有不少人出任县内属官。这些大家族通过编织社会关系网络,日常交际有事援引,共同将影响力由乡里推进到郡县之间。

依汉律,郡县长吏由国家异地任命,属吏自本地辟除。这实际上也就将整个汉代的官僚体系分成了两个层次。除了收入的差别之外,一方面,担任郡县长吏意味着具备了国家正式编制的身份;另一方面,也意味着民间资本将家族的影响力扩展到了本郡县之外。这也是民间资本由农村向城市扩张的第二步。自汉武帝元光元年(前134)"初令郡国举孝廉各一人"[②] 开始,察举制逐渐成为汉代国家选举正式官吏的主要方式,其中以孝廉一科数量最多。孝廉的标准,据东汉应劭《汉官仪》载:"一曰德行高妙,志节清白;二曰学通行修,经中博士;三曰明达法令,足以决疑,能案章覆问,文中御史;四曰刚毅多略,遭事不惑,明足以决,才任三辅令。"[③] 概括而言即品德、性格、学识、工作能力四项。对试图更进一步的民间资本来说,品德与性格主要靠风评清议,工作能力靠基层属吏的职位来磨炼展现,这些都可以依靠经济资本、社会资本的经营来实现。而学识,在汉代主要是指儒家经典的掌握,则需要长时间的人力资本的投资。故民间资本所有者往往在本宗族内建立学校,为宗内子弟提供基本的启蒙教育。要想更进一步地学习,则要投入更多的资金以进入更高等的郡县学校直至太学。这一点在前面分析阶层流动的时候已经论及,这里就不赘述了。

当民间资本逐层地渗透进汉代的官方秩序体系之后,自然也会将符合自身利益的诉求注入到这种体系当中。如出身下邳大族的严延年为河南太守,以严酷的手段诛杀豪族,其母训斥他:"幸得备郡守,专治千

---

① 连云港市博物馆等编:《尹湾汉墓简牍》,第127页。
② (东汉)班固:《汉书》卷六《武帝纪》,第160页。
③ (南朝宋)范晔撰,(唐)李贤等注:《后汉书》志二四《百官志一》注引应劭《汉官仪》,第3559页。

里，不闻仁爱教化，有以全安愚民，顾乘刑罚多刑杀人，欲以立威，岂为民父母意哉！"① 严母的观点一方面有对严延年树敌太多会遭人构陷的担心，这种担心后来也确实成了现实；另一方面也代表了大族出身的人的一种态度，这种态度在出身大族的官吏当中应当更为普遍。正如日本学者增渊龙夫所言："郡县大吏对豪族实力并不全如《酷吏传》里的典型代表那样对豪奸大猾进行打击，反而是袖手旁观。"② 而当这些民间资本更进一步地进入中央政权的时候，更会将自身的偏好注入到官方秩序的源头。如郯人薛宣，少为廷尉书佐，后被琅琊太守赵贡察举，历任乐浪都尉丞、宛句令、长安令、御史中丞最后官至丞相③，仕宦生涯经历了从郡县属吏到位极人臣的过程。薛氏乃东海大族，薛宣在成帝即位时曾上书："殆吏多苛政……郡县相迫促，亦内相刻，流至众庶。是故乡党阙于嘉宾之欢，九族忘其亲亲之恩，饮食周急之厚弥衰，送往劳来之礼不行"④。这其实就是在抗议官方秩序（吏）对民间秩序（乡党九族）过多的干预，最终成帝也采纳了他的意见。

总之，民间资本由农村而城市，由本郡而他乡，由地方而中央。通过层层递进的渗透，将对符合自身利益和秩序的诉求一步步地注入到了汉代国家的正式秩序体系当中。汉代民间资本，沿着经济上城市对农村的汲取与反馈、秩序上由农村向城市的逐级包围这两条并行的线索，逐步影响着汉代的城乡互动，实现着自身的利益诉求。

第五节　民间资本与汉代社会观念

汉代民间资本由城市至乡村，由经济而秩序，其自身的运营行为及其与汉代官民的互动，都深刻地影响着汉代社会的方方面面。汉代民间

---

① （东汉）班固：《汉书》卷九十《酷吏传》，第3672页。
② 转引自黎明钊《辐辏与秩序——汉帝国地方社会研究》，香港中文大学出版社2013年版，第159页。
③ （东汉）班固：《汉书》卷八三《薛宣传》，第3385—3398页。
④ （东汉）班固：《汉书》卷八三《薛宣传》，第3386页。

第五章
汉代民间资本与汉代社会

资本的运营,作为一种普遍并长期存在于汉代社会中的行为,其发生、发展必然也会潜移默化地影响到汉代人们的社会观念。这种影响遍布汉代意识形态的许多方面,如财富观念、对商业的态度、契约观念等。笔者在第二章中对汉代民间资本运营过程中的契约问题进行过详细的讨论,在此基础上,笔者将进一步以契约观念为切入点,对汉代民间资本对社会观念的影响管窥一二。

所谓契约观念,或曰契约精神,是指存在于商品经济社会,而由此派生的契约关系与内在的原则,包含着契约自由、契约平等、契约守信、契约救济等具体内涵。汉代社会与近世以来的商品经济社会环境固然不同,但在汉代民间资本的运营过程中,同样存在着大量的契约行为。随着这些契约行为的发展与普及,在汉代民间资本与汉代官民的种种契约互动过程中,整个汉代社会逐渐地形成了一定的正式或非正式的契约规则,也体现出了汉代社会的契约观念。

一 重视契约文书

汉代民间资本的运营过程中,首先体现出的就是汉代社会对于契约文书的重视。不论是商业交易还是货币借贷,签订具有规范格式的契约已经成为汉代社会一种通行的做法。

当时要订立契约,通常写在竹木简牍上,称"券"。其一式两份,交易的双方各执一份。而具体契约的格式,首先要包括交易双方,有时还要有担保人,汉代一般叫作"任者",如《合校》中有:

> 终古燧卒,东郡临邑高平里召胜,字游翁,贳卖九稷、曲布三匹,匹三百卅三,凡直千,縑得富里张公子所,舍在里中二门东入。任者同里徐广君 282·5

在这份贳卖契约中,除了债权人、债务人、标的、担保人之外,债务人的住址信息写得格外详尽,这大概是因为债权人、债务人分隔两地,属于异地借贷。

在一些跨期交易中，比如赊买赊卖或货币借贷，如果债务顺利偿还，则要在简牍的背面写上清偿字据，证明债务关系已经结束。如《敦煌》中记录了一份契约，正面是债务信息：

神爵二年十月廿六日广汉县廿郑里男子节宽德卖布袍一陵　胡燧长　张仲孙所贾钱千三百约至正月□□任者□□□　□□□□

敦煌1708A

记录了债务发生的时间，债权人与债务人信息，债务标的以及担保人。背面有清偿字据：

正月责付□□十时在旁候史长子仲戌卒杜忠知券□沽旁二斗

敦煌1708B

记录了清偿的日期，见证人，最后沽酒二斗。沽酒是汉代契约达成时常见的一种仪式，在契约类的汉简中多有所见，当是先秦饮酒礼的一种遗存。

同时，汉代民间资本对契约的使用，已不仅是一种民间的征信手段。汉代官方也是以契约文书作为其处理交易纠纷的主要依据，并且制定了关于契约的一系列法律规定。政府权力的背书又进一步强化了民间的契约意识，从出土的一些其他种类交易契约中，已经能看到诸如"如律令"这样的习惯用语。如《延熹四年钟仲游妻买地券》中有"有天帝教如律令"[1]，《熹平五年刘元台买地券》中有"为是正如律令"[2] 等。

除了重视契约文书之外，在订立契约的过程中，汉代官民都强调

---

[1] 转引自黄景春《早期买地券、镇墓文整理与研究》，博士学位论文，华东师范大学，2004年。

[2] 蒋华：《扬州甘泉山出土东汉刘元台买地砖券》，《文物》1980年第6期。

"自愿"的原则，以保证契约文书为缔约双方真实的意思表达，这符合契约自由精神的基本要求。秦简《法律问答》中即有"百姓有责（债），勿敢擅强质，擅强质及和受质者，皆赀二甲"①的规定。此规定也为汉代所继承，汉初《二年律令》载有："诸有责（债）而敢强质者，罚金四两"②，强迫百姓订立契约是不合法的。

二 平等、公平与"权利意识"

重视契约文书是汉代民间交易在规范行为方式方面的一种观念。而这些文书的内容，以及汉代官民在使用这些文书的过程中，则体现了汉代社会对于契约平等、契约公平的观念，以及债权人对自己私产的"权利意识"。

（一）契约平等的观念

首先，汉代缔结契约的双方是一种比较单纯的经济关系，与双方的身份、爵位等因素牵扯较少，身份相对较为平等。不论是王侯贵族还是普通百姓，在交易中的权利都是受到法律保护的，如《史记·高祖功臣侯者年表》记载：汉文帝四年，"侯信坐不偿人责过六月，夺侯，国除"。即便是王侯，欠债不还超过一定期限也要受到惩罚。相应的，即便是身份较低的普通人，其债权也受到法律保护，比如《合校》中有很多燧长等基层官吏欠戍卒钱，以工资偿债的行政记录：

　　□十二月奉留责钱五百六十　　　　　　　　　　123·31
　　临桐燧长□仁，九月奉钱六百以偿朱子文，文自取　6·17

其次，汉代民间的契约实践体现了男女关系较为平等。相较于后世，汉代女性的地位较高，可以作为契约签订的主体，独立地参与经济

---

① 睡虎地秦墓竹简整理小组编：《睡虎地秦墓竹简》，第214页。
② 张家山二四七号汉墓竹简整理小组编著：《张家山汉墓竹简［二四七号墓］》（释文修订版），第33页。

活动，如汉简：

> ［女］（？）徒何贺山钱三千六百　元始五年十月□日何敬君何苍莒书存［文］君明［白］①

此例便是女子作为债务人向他人借钱的例子。其他还有诸如土地交易的例子，如《东汉中平五年洛阳县房桃枝买地券》：

> 中平五年三月壬午朔七日戊午，洛阳大女房桃枝，从同县大女赵敬买广德亭部罗西步兵道东冢下余地一亩，直钱三千。钱即毕。田中有伏尸，男为奴，女为婢。田东、西、南比旧，北比樊汉昌。时旁人樊汉昌、王阿顺，皆知卷（券）约。沽各半，钱千无五十。②

买地券虽然并非实际发生的交易，但形式上是按照当时通行的契约格式来的。券中两名女子花三千钱买地一亩，这种形式的事情在汉代当是真实存在的。

(二) 公平、公正与私权观念

首先，汉代民间对于商业、借贷等行业的看法是偏向中性的。近世以来的研究，往往将汉代的商业资本、借贷资本视作民间社会的剥削力量加以批判。作为后来人当然可以这样去分析。但如果考察汉代人对这一问题的看法，会发现时人关注的重点有所不同。汉代的文献中确实有许多批评商业、批评高利贷的文人言论，这也是今人常引的论据。如著名的晁错的言论："有者半贾而卖；亡者取倍称之息，于是有卖田宅鬻子孙以偿债者矣"③；又如《盐铁论·未通》中文学的言论："农夫悉其所得，或假贷而益之。是以百姓疾耕力作，而饥寒遂及己也。"④ 但仔细考

---

① 王勤金等：《江苏仪征胥浦 101 号西汉墓》，《文物》1987 年第 1 期。
② 张传玺主编：《中国历代契约会编考释》，第 57 页。
③ （东汉）班固：《汉书》卷二四《食货志》，第 1132 页。
④ （西汉）桓宽撰，王利器校注：《盐铁论·未通》，第 191 页。

察这些言论,其批评的重点其实不在于商业和借贷这种行为,而在于不合理的价格以及过高的借贷利率。实际上,在汉代人的观念里,只要价格合理或者利率合适,正常的买卖、放贷、还贷、取息是一种公平的交易行为。汉代人对此并没有特别的负面看法,甚至通过借贷帮助乡里还是一件为人称颂的事。如樊重"假贷人间数百万",还被乡里称颂;卜式作为武帝树立的"道德模范",也曾对皇帝的使者说:"邑人贫者贷之,不善者教顺之。"① 故《论衡·量知》才说:"富人在世,乡里愿之。"

其次,汉代民间有较强的"私权意识"。汉代民间对个人的私有财产有比较明确的权利意识,国家在立法层面对个人的合法所得也给予承认和保护,这也是汉代"公正"观念的重要体现。汉代法律要求债权人在权利受到侵害时要向官府"自言",也就是主动提起申诉,而后官府会根据一定的程序来进行审理。从目前出土的汉代涉债诉讼的行政记录中可以看出,汉代民间"自言"追债的记录是很多的,如《新简》中有:

史晋史堰再拜言甲渠候遣令史延斋居延男子陈护众所责钱千二百女子张宜春钱六百居延丞江责钱二百八十凡二千八十辞晋令史忠将护等具钱

再拜白　　　　　　　　　　　　　　　　　E·P·T56:73A

司马令史腾谭

(以上为第一栏)

自言责甲渠燧长鲍小叔负谭食粟三石今见为甲渠燧长

(以上为第二栏)　　　　　　　　　　　　　E·P·T51:70

简文中既有自我陈述的涉债问题,也有地方官员在处理债务问题中的一些行政步骤,可见当时的债权人对自己的合法债权有明确的"权利意识",能够积极地主张自己的合法权利。而国家在立法执法方面对私权的保护,即是对这种权利意识的认可,反过来也强化了这种意识。

---

① (西汉)司马迁:《史记》卷三十《平准书》,第1431页。

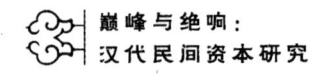

(三) 汉代契约行为中的"人情"因素

汉代民间的契约行为中，体现出了重视契约文书、追求公平公正等观念，与现代的"契约精神"确实有相似的地方，也是当时社会进步的一种体现。但与现代的"契约精神"相比，汉代民间的契约观念也有着显著的时代特色。其中最重要的一点就是对"人情"因素的重视。

首先，这种重视体现在汉代民间契约行为中的"家庭"观念上。虽然在前述的各类契约中，似乎是以个人为主体缔结的交易契约，但实际上在汉代，"只有'户主（家长）'，在法律上才有处理重大财产的权利，才可以代表整个'家'与外界进行重大经济交易行为，履行债务"①。而且在汉代交易纠纷的处理中，也往往是以整个家庭的财产来履行债务。如《合校》中记录了当订立契约的债务人死亡的情况下：

☐石十石约至九月籴必以即有物故知责家中见在者　　273·12
☐季☐有以当钱少季即不在知责家见在亲☐☐②

债务人死亡之后，官府判定要将债务的情况告知"家中见在者"，显然是要求活着的家庭成员继续承担这笔债务的。这实际上也是整个汉代社会家庭观念在契约行为中的一种体现。

其次，这种重视也体现在社会舆论对汉代契约行为的影响上。虽然在汉代人的观念里，对正常的、公平的商业或借贷行为持认可的态度，也具备尊重契约的意识，但是如果债权人能够免除贫穷的债务人的负债，则可以得到舆论的高度赞扬。如前述东汉初樊氏家族"假贷人间数百万"，焚烧贫苦宗族的债券，此举为他们博得了很好的名声。而汉代选官模式重德行，重乡里清议，这样一来，这种名声实际上是有着"变现"的渠道的。

---

① 谢全发：《汉代债法研究——以简牍文书为中心的考察》，博士学位论文，西南政法大学，2007年。
② 孙家洲主编：《额济纳汉简释文校本》，文物出版社2007年版，第8页。

最后，对"人情"因素的重视还体现在汉代"春秋决狱"的断案方式上。春秋决狱是中国古代法律体系的重要转折点，起源于汉代并影响整个古代社会。春秋决狱采用"引经入律"的方式，推崇"原心定罪""本其事而原其志"，即判案时应依据外在的犯罪事实来推究行为人内在的意志想法。①《太平御览》中引《风俗通》记载的何武断沛县遗产案可以完整地展示这种断案的过程：

> 沛中有富豪，家訾三千万。小妇子是男，又早失母。其大妇女甚不贤。公病困，恐死后必当争财，男儿判不全得。因呼族人为遗令云："悉以财属女，但以一剑与男，年十五以付之。"儿后大，姊不肯与剑，男乃诣官诉之。司空何武曰："剑，所以断决也；限年十五，有智力足也。女及婿，温饱十五年，已幸矣！"议者皆服，谓武原情度事得其理。②

何武通过推测立遗嘱人的动机来断案，从个案来说可以令人信服。但这种断案的方式显然具有很大的主观性，削弱了契约的地位。时人对何武的评价也反映了汉代民间重"情"甚于重"法"的观念。

总之，汉代民间的契约行为，体现出汉代社会重视契约、重视公平公正的观念，这与现代"契约精神"相类似，是当时社会进步的表现，对规范社会关系，促进经济发展都有着积极的作用。但同时也不应忽略，汉代契约实践中表现出重"情"甚于重"法"的倾向。

第六节　结构性流动与流动性结构

依托于汉代都城—区域中心—郡县—乡村的市场结构，汉代民间资本在城乡间的流动表现出了清晰的结构性特点，可以说这是一种结构性

---

① 李慧：《"春秋决狱"对汉代司法活动的影响》，硕士学位论文，黑龙江大学，2014年。
② （北宋）李昉编纂，孙雍长等校点：《太平御览》卷八三六引《风俗通》，第789页。

的流动。总体上说，汉代的民间资本通过这种层级结构实现城乡间的流动。具体而言，不同的民间资本依据在这种层级结构中所处的不同位置，也有各自不同的特点和功能。

基层农村市场上活跃的主要是中小规模的民间资本。这些民间资本经营的主要是农产品和日用的简单手工业产品，但在某些规模较大的农村市场上，民间资本的经营也开始表现出集中化、特色化的趋势。

规模更大的民间资本则活跃于郡县市场。郡县市场衔接农村和城市，在这一层次的市场上，民间资本的经营也表现出城乡过渡的特点。其经营的产品既有农副产品与家庭手工业产品，也有高档消费品和手工业产品。此外，郡县市场的区位特色比较明显，民间资本经营的商品多为当地特色产品。

在某一区域内规模最大的民间资本，往往也集中在本区域的中心市场。区域中心市场是本区域与全国其他区域联系的枢纽与窗口。在这里，民间资本的影响力突破本区域，一方面将本区域内的特产交易到全国各地，另一方面也为区域内市场引入其他地区的特色产品。

在区域市场之上，随着汉代"大一统"中央王朝的建立，汉代民间资本利用西汉初"开关梁"等一系列经济政策，促进了全国范围内物资流通的发展，也在一定程度上形成了以王都为中心的"全国市场"。王都作为全国的政治、经济和贸易中心，汇聚了全国甚至域外最繁多的商品，也集中了全国范围内最大规模的民间资本。巨额的资本刺激了消费市场的发育，促使都城市场成为了全国最大的高档消费品交易中心。如东汉都城洛阳"资末业者什于农夫，虚伪游手什于末业"[1]，其规模可见一斑。

布罗代尔曾指出："结构"一词在"长时段"问题中居于首位。在考察社会问题时，"结构"是指社会上现实与群众之间形成的一种有机的、严密的和相当固定的关系。[2] 两汉四百年的历史，相对来说可以算

---

[1] （南朝宋）范晔撰，（唐）李贤等注：《后汉书》卷四九《王符传》，第1633页。
[2] 转引自何怀宏《选举社会——秦汉至晚清社会形态研究》，北京大学出版社2011年版，第22页。

第五章
汉代民间资本与汉代社会

是一段"长时段"的历史过程了。在这个过程中,汉代社会的"结构"也有其发展变化的过程。

西汉建国于楚汉战火之上,但这种剧烈的社会流动带有特殊时期的偶然性特点。在建国之后的一段时间内,随着"复故爵田宅"等政策的推行,整个社会结构的变动趋势是趋于稳定的,社会结构的流动性也在趋缓。这一趋势到汉武帝时期迎来了转折。自汉武帝元光元年(134年)"初令郡国举孝廉各一人"[①]开始,察举制逐渐成为汉代国家选举正式官吏的主要方式。这是古代社会制度性选举的开始,从汉代社会结构的角度来说,则是为整个汉代社会开辟了一条制度性的流动渠道,正式建立了汉代社会的"流动性结构"[②]。此后察举制作为主要的选举制度延续至东汉,并逐渐被民间资本所有者的上层势力控制。社会的流动性又有放缓的趋势,直至九品中正制的建立。虽然相比于汉代的察举,九品中正制的流动渠道更为狭窄,但毕竟也是制度化的流动方式,保证了古代社会流动性结构的延续。

前面笔者分析了汉代民间资本由农村到城市,沿着秩序的线索逐层递进的过程。而察举制所带来的汉代社会的这种流动性结构,正是民间资本从农村到城市逐层递进的渠道与平台。正是因为汉代社会具备了这样一种流动性的结构,民间资本才有可能通过非暴力的方式,逐步进入到汉代官方的秩序体系,将更符合自身利益诉求的"民间秩序"注入其中。

民间资本的行为遵循的是"经济理性",其行为具有自利的天性。流动性结构对于整个汉代社会的益处并不在民间资本的考量之中。以察举制为主要形式的流动性结构,为汉代民间资本提供了进入官方秩序体系的渠道。但是,当民间资本进入之后,随着在官方体系中势力的增强,稳定既有的利益,以及垄断流动的渠道,便成了其必然的要求。这也是为何在东汉时期,选举日益为世家大族把控的动因。最终魏晋时期

[①] (东汉)班固:《汉书》卷六《武帝纪》,第160页。
[②] 何怀宏:《选举社会——秦汉至晚清社会形态研究》,第22页。

的九品中正制，便是汉代民间资本这一努力的阶段性成果。

汉代社会的流动性结构为民间资本的跃进提供了渠道，然细思之，这种流动性结构本身的建立，与民间资本也是息息相关的。如果将观察的视角上移至汉代之前，观察由先秦开始至汉代的社会结构变化就会发现，汉代之前尤其是先秦时代的社会结构，与汉代的流动性结构有着巨大的差异。西周分封天下，以身份论，"最迟到周厉王时期大体形成了以公、侯、伯、子、男五等爵为外爵，以卿、大夫、士为内爵的西周爵制"①；以职业论，则有"人不兼官，官不兼事，士农工商，乡别州异"②，整个社会结构可以说是固化的。至春秋战国，时人曰"礼崩乐坏"，固化的社会结构开始出现松动，这一过程正是民间资本从工商食官制度中分离出来，并逐渐在民间社会发展壮大的过程。在这个过程中，出现了土地的私有及私营工商业的发展等新的经济现象。从"初税亩"至商鞅"废井田行阡陌"，实际上都是因应这种现象做出的制度调整。回到汉代，武帝的察举制改革，从官方的立场来看是为了填补因开国功臣集团衰退导致的权力空缺。而若从民间资本的角度考察，同样是因为经过汉初的发展，汉代的民间资本势力从各个方面已经做好了填补空缺的准备。

总之，从西周至汉代，社会结构经历了从固化结构到流动性结构的变迁。在这一变迁的过程中，民间资本实际上起到了柔化社会结构、消解身份壁垒的作用，推动了社会结构的变化。而在整个两汉时期，流动性的社会结构为汉代民间资本提供了结构性流动的渠道和平台，而汉代民间资本在利用这一平台的同时，通过对结构性流动中各个环节的渗透和控制，又逐渐地消减和固化着整个汉代社会的流动性结构，最终至魏晋时期形成了一种相对固化的"寡头政治"③的社会结构。

---

① 王玉喜：《爵制与秦汉社会研究》，博士学位论文，山东大学，2014年。
② 何宁撰：《淮南子集释》卷十一《齐俗训》，中华书局1998年版，第810页。
③ 参见［美］姜士彬《中古中国的寡头政治》，范兆飞、秦伊译，中西书局2016年版。

结 语
汉代民间资本的特征与历史地位

在之前的论述中，本书详细地梳理了汉代民间资本投资的行业结构以及这种结构与汉代经济结构的关系，微观领域汉代民间资本运营的具体方式方法，汉代民间资本的消费情况和特点，汉代民间资本与汉代国家及国家资本的关系，汉代民间资本与整个汉代城乡社会的关系。通过这些研究，本书试图回答关于汉代民间资本的几个基本问题：首先，汉代民间资本投资的整体状况是怎样的，作为汉代经济的重要组成部分，民间资本的投资与汉代整体的经济结构有什么关系；其次，在汉代民间资本运营的过程中，具体是如何操作的，他们赚取的各项收入又是如何消费的，这些可以说是关于汉代民间资本自身的问题；最后，汉代民间资本在投资运营的过程中，不可避免地要与汉代国家、汉代社会发生各方面的互动与联系，在这个过程中，这种互动的路径及其逻辑是什么，又对汉代国家与汉代社会产生了哪些影响？

通过对这些基本问题的探讨，在本书的最后，才能试图总结出：在两汉四百余年的时空中，汉代的民间资本具备了哪些基本的特征；其与国家资本有哪些显著的差异；其与汉代国家互动的特点是什么？以及若将视野放宽至整个古代社会，汉代民间资本的投资结构，和整个古代社会的经济结构有什么样的关系，汉代的民间资本又具备了怎样的历史地位。

第一节　汉代民间资本的基本特征

在全书分析的基础上，笔者认为，汉代民间资本在投资经营以及与国家、社会的互动过程中，主要表现出以下基本特征。

一　投资动机的逐利性

正所谓"天下攘攘，皆为利来；天下攘攘，皆为利往"①，追逐利润是资本的天性，汉代的民间资本自然也不例外。"农工商贾畜长，固求富益货也"，汉代民间资本在不同行业的投资，利润都是其基本的出发点。所以司马迁才说："富者，人之情性，所不学而俱欲者也。"②

在逐利的过程中，民间资本的行为遵循的是经济理性，"它要解决的基本问题是经济资源的有效配置。效用和效率是经济理性的最基本的价值目标"③。以最有效率的方式为自己争取最大的"好处"，是汉代民间资本基本的逐利方式。不论是通过改善产品质量、提高生产效率、把握商业机遇等生产经营的直接手段，还是依附、渗透甚至试图攫取国家权力，最终的目的都是实现更高的利润。

在遵循经济理性逐利的过程中，汉代民间资本的各类行为自然会与遵循政治理性的汉代国家发生联系，这种联系既有合作，也有冲突。政治理性追求秩序与公正，经济理性追求效率与效用，理性的限界与越界，构成了汉代民间资本与汉代国家及国家资本冲突或合作的底层逻辑。

二　市场性与依附性并存

现代经济学中所讲的市场经济，是以市场为主体的、最具经济效率

---

① （西汉）司马迁：《史记》卷一二九《货殖列传》，第3256页。
② （西汉）司马迁：《史记》卷一二九《货殖列传》，第3271页。
③ 常健：《论经济理性、社会理性与政治理性的和谐》，《南开学报》（哲学社会科学版）2007年第5期。

的一种资源配置方式。虽然在汉代的经济环境下,市场配置资源的能力与现在不能相比,也不足以布控全国,但区域性的市场已经有了明显的发育。而汉代的民间资本也同样是以区域性资本为主的。同时,对于民间资本整体来说,在市场规则的约束下,所有的参与者都通过对供求规律的把握,对产品质量的掌控来决定竞争的成败,这同样是最具经济效率的一种方式。汉代民间资本在投资与运营的过程中,也确实将市场作为其活动的基本舞台,表现出相当的市场性特点。

但是,汉代民间资本的决策行为,具有明显的分散决策的特点。虽然从理论上对于民间资本的"总体"而言,市场规则是最符合经济效率的规则。但在实际的行为中,却并不存在这样的一个"总体"。每一个个体的民间资本单元,不论是个人、家庭还是家族,都是依据各自的利益进行短期的分散决策。这种决策的特点使得民间资本的决策会受到较大的环境"干扰"。西汉初年"开关梁,弛山泽之禁",政府较少地干预经济,汉代民间资本就表现出更多的市场性倾向;汉武帝改革之后,政府加强了对经济的干预和对民间资本的控制,汉代民间资本就开始表现出对政治权力的依附性,进而试图渗透和攫取政治权力,与"市场性"渐行渐远。哪怕市场的规则对民间资本的"总体"更加有利。

除此之外,从经济结构上来说,汉代民间资本的这种"依附性"还体现在工商业资本对农业资本的依附上。汉代以农业为主的产业结构,从宏观上限制了非农产业发展规模的上限。这种限制使得农业发展成为了工商业发展的前提条件。也使得在具体的经营层面,在数量最多的基层农村市场上,是如《盐铁论·水旱》中描绘的"农事急,挽运衍于阡陌之间"[①]的形象,工商业资本依附于农业资本而存在;而在工商业资本更为集中的城市市场,由于市场容量的限制,使得工商业资本或集中于消费品、奢侈品的生产,或投向高利贷等非生产性领域,更多的则返回农村投向土地,最终无法形成完整、独立的生产体系。

---

① (西汉)桓宽撰,王利器校注:《盐铁论·水旱》,第430页。

三 内外有别的产权结构

民间资本（Private Capital）是从所有权的角度对资本的一种定义，具体来说是指"一个国家内部或地区内部的非国有资本和非外商资本的总和"①。将概念化用至汉代，便是指在汉代官营国有体系之外的各类资本的总和。而产权角度的"私有性"（Private），更是民间资本的天然属性之一。但是对汉代的民间资本来说，这种"私有性"在民间资本外部与内部，程度并不一样。

在汉代民间资本的对外交往中，不论是生产、经营等经济交往，亦或是与汉代政府、汉代社会的各类互动，民间资本的产权边界是比较清晰的。存世的各类交易契约反映了清晰的产权边界，如：

> 元延元年三月十六日师君兄贷师子夏钱八万约五月尽所子夏若□卿奴□□□□□□□丞□时见者师大孟季子叔②

借贷的时间、金额、债权债务双方、见证人都规定得清清楚楚。这种清晰的私有产权也受到政府的承认与保护。如《史记·高祖功臣侯者年表》记载：汉文帝四年（176年），"侯信坐不偿人责过六月，夺侯，国除"③。即便是王侯，欠债不还超过一定期限也要受到惩罚。这种对外交往中的私有产权观念，一定程度上也形成了汉代社会的普遍意识。总之，汉代民间资本的外部产权边界是比较明确清晰的。

但是，如果将观察的视角透视到汉代个体的民间资本单元内部，如一个家庭、家族或宗族，就会发现在汉代民间资本的内部，并不存在清晰完整的"个人"私有产权，而是一种单元首脑（如户主、家长、族长）所有的集权制的产权结构。

---

① 李含琳：《对民间资本的解读和估量》，《西部论丛》2005年第7期。
② 连云港市博物馆等编：《尹湾汉墓简牍》，第127页。
③ （西汉）司马迁：《史记》卷一八《高祖功臣侯者年表》，第913页。

结　语
汉代民间资本的特征与历史地位

虽然在前述对外交往的契约中，似乎是个体作为缔约主体进行的经济行为，但实际上"只有'户主（家长）'，在法律上才有处理重大财产的权利，才可以代表整个'家'与外界进行重大经济交易行为，履行债务"①。今人在传世文献中看到的汉代大型民间资本的代表，如樊氏、崔氏等，实际上也是以族长代表宗族进行重要的资本处置行为。而汉代政府也认可这种集权制的产权结构，如在处理债务纠纷时，虽然是以债务人个体缔结的契约，但偿还时实际上是以整个家庭的财产执行的，如《合校》中有：

☐石｜石约至九月枲必以即有物故知责家中见在者　　273·12
☐季☐有以当钱少季即不在知责家见在亲☐☐②

这实际上也是整个汉代社会家庭观念在产权结构中的一种体现。

四　风险回避型偏好

不同的投资者对待风险的态度是不一样的。根据投资主体对风险的偏好可将其分为风险回避者、风险追求者和风险中立者。③ 对于汉代的民间资本来说，如果考察具体的民间资本所有者个人，则其风险偏好显然是因人而异的。但如果从整体上考察两汉四百余年间民间资本投资模式的变化，即从西汉初年行业边界相对清晰的专业投资，逐步发展成东汉已降以田庄为代表的综合性经营模式，则可以看出，这种模式的变化体现出汉代民间资本总体上对待风险的态度是趋于风险回避的。

以东汉之后逐渐兴盛的田庄式综合经营来说，田庄经营所面临的风险主要是外部环境的变化导致的。这种环境既有自然环境，也有市场环

---

① 谢全发：《汉代偾法研究——以简牍文书为中心的考察》，博士学位论文，西南政法大学，2007 年。
② 孙家洲主编：《额济纳汉简释文校本》，文物出版社 2007 年版，第 8 页。
③ 刘健、陈剑等：《风险偏好与属性约简在决策问题中的应用研究》，《管理科学学报》2013 年第 8 期。

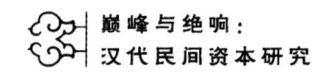

境，还有政治环境。

以自然环境来说，汉代田庄的综合经营，多数情况下还是以农业为主。而在当时的生产力条件下，农业对自然环境的依赖程度是很高的。当遇到自然灾害导致农业减产的时候，涵盖多种行业的综合经营可以在一定程度上保证田庄整体的收益。而市场环境带来的风险也是类似的道理，商品价格的波动可以为民间资本带来"乘时射利"的机遇，但同时也意味着损失的风险。分散经营实际上也是一种应对市场风险的对冲机制。至于政治环境的风险，田庄内部相对完善的行业结构，使得田庄在必要的时候可以切断与外部市场的联系而维系自身的基本运作。而且田庄内部小市场的存在，① 也实现了一定程度上调剂余缺的功能。

故从西汉初期的专业经营，到东汉以田庄为代表的综合化经营，汉代民间资本逐渐建立起一种可进可退的弹性模式。这种模式在不断增强整个系统安全性、稳定性的同时，也反映了其对风险的回避型偏好。

五 汉代民间资本与国家资本的差异

汉代民间资本与国家资本的互动，是本书的重要内容。在这一互动过程中，汉代的民间资本与国家资本表现出诸多方面的差异，主要体现在以下四个方面。

（一）产权结构的差异

如前文所述，虽然在不同的交往情境下有着不同的表现，但汉代民间资本的产权结构始终表现出私有产权的特点，哪怕这样的"私有"表现为家庭、家族而非个人。相比较而言，汉代的国家资本在产权方面则表现出一种"国家所有制表象下的皇帝所有"的形态，是另一种形式的"私有产权"。

汉代国家资本在农业、手工业、商业等领域皆有投资。从投资的执行者来说，不同行业的投资分属不同的政府部门：农、牧等行业的投资主要由大司农主管，《汉书·百官公卿表》中有相关记载，"治粟内史，

---

① 杜庆余：《汉代田庄商业经营探析》，《东岳论丛》2006年第5期。

结　语
汉代民间资本的特征与历史地位

秦官，掌谷货，有两丞。……武帝太初元年更名大司农"；而商业、手工业等行业的投资最初主要由少府主管，"少府，秦官，掌山海池泽之税，以给共养，有六丞。……初，御羞、上林、衡官及铸钱皆属少府"①。但这种分属在两汉的历史进程中表现得并不严格，且少府的职能有逐渐地并入大司农的趋势。关于这一趋势近世学者已多有研究，②兹不赘述。大司农是主管汉代国家财政的机构，这一变化也使得汉代国家资本的产权结构逐渐具备了国家所有制的表象。然而在这层表象背后，实际上体现的是皇帝所有的本质。如《史记·平准书》语："山海，天地之藏也，皆宜属少府，陛下不私，以属大农佐赋。"③ 又如《续汉书·百官志二》载：（禁钱）"世祖改属司农"，整个变迁的过程实际上都是皇帝在背后操控。正如李振宏先生指出的："在二千年的帝制时代，'溥天之下，莫非王土'不是观念性的虚言，而是一种确定不移的事实，天下一切都被打上了皇权的印记。"④

（二）经营目的的差异

汉代民间资本的经营目的比较单一，就是追求尽可能多的经济利润。而国家资本在经营目的方面就比较复杂。

首先，组织财政收入应该是汉代国家资本投资的首要目的。这一点在汉代国家资本对诸多行业的投资中都有着清晰的体现。如以屯田的形式对农业的投资，盐铁官营政策，更不用说直接作用于流通领域的均输平准制度等。

其次，国家资本的投资还是汉代国家履行职能的一种手段。这一目的体现在许多职能上，如出于军事需要大规模兴建的官营畜牧业，《汉

---

① （东汉）班固：《汉书》卷一九《百官公卿表》，第731—735页。
② 参见［日］加藤繁《汉代的国家财政与帝室财政的区别及帝室财政之一斑》，载刘俊文主编《日本学者研究中国史论著选译》（上古秦汉卷），中华书局1993年版；朱德贵《论汉代国家财政与帝室财政管理体制——与加藤繁先生商榷》，《江西师范大学学报》（哲学社会科学版）2006年第1期等。
③ （西汉）司马迁：《史记》卷三十《平准书》，第1429页。
④ 李振宏：《秦至清皇权专制社会说的经济史论证》，《河南师范大学学报》（哲学社会科学版）2016年第6期。

书·食货志》载:"天子为伐胡故,盛养马,马之往来食长安者数万匹";又如基于外交赠与周边势力大量的手工业产品,如张骞曾建议汉武帝"今诚以此时而厚币赂乌孙,招以益东,居故浑邪之地,与汉结昆弟,其势宜听,听则是断匈奴右臂也"①;再如投资兴建大型的社会公共设施,《史记·河渠书》有这方面的记载,"朔方、西河、河西、酒泉皆引河及川谷以溉田;而关中辅渠、灵轵引堵水"等。即便是有财政目的的盐铁官营、均输平准等投资,实际上也同样肩负着"建本抑末,离朋党,禁淫侈,绝并兼之路"②的政治目的。

最后,汉代作为皇权专制社会,③ 国家资本本质上也属于皇帝的私有资本,其投资自然也有着满足皇帝或皇室私人需求的目的。并且这种目的与皇室的规模、皇帝个人的素质密切相关,随着王朝的存续不断扩大。如《汉书·贡禹传》所云:"故时齐三服官输物不过十笥,方今齐三服官作工各数千人,一岁费数巨万,三工官官费五千万,东西织室亦然。"④ 即表现了这一扩张的过程。

(三) 产品流向的差异

汉代民间资本投资生产的各类产品,除了用于资本所有者个人及家庭的消费之外,主要的部分最终要进入流通领域赚取利润。而汉代国家资本的产品流向则比较复杂。

首先,有相当部分的产品被用来维持政权的正常运转。比如以屯田

---

① (西汉)司马迁:《史记》卷一二三《大宛列传》,第3168页。
② (西汉)桓宽撰,王利器校:《盐铁论·复古》,第78页。
③ 关于中国古代社会的社会性质问题,过去百余年间史学界曾多有争论,至今也没有形成统一的认识。近年来李振宏先生曾撰写一系列的论文阐述其"皇权专制社会"说,李振宏《从国家政体的角度判断社会属性》,《史学月刊》2011年第3期;《跳出社会形态思维,从国家政体角度看秦至清社会性质》,载李振宏主编《朱绍侯九十华诞纪念文集》,河南大学出版社2015年版;《秦至清皇权专制社会说的思想史论证》,《清华大学学报》(哲学社会科学版) 2016年第4期;《秦至清皇权专制社会说的法制史论证》,《古代文明》2016年第3期;《从政治体制角度看秦至清社会的皇权专制属性》,《中国史研究》2016年第3期;《秦至清皇权专制社会说的经济史论证》,《河南师范大学学报》(哲学社会科学版) 2016年第6期。笔者无意介入这一问题的争论,同时比较认同李先生的观点,故在此沿用。
④ (东汉)班固:《汉书》卷七二《贡禹传》,第3070页。

结　语
汉代民间资本的特征与历史地位

产量供应往来使者："仓头有田卒数百人，因置使者护田积粟，以给使外国者"①；又如官营畜牧业饲养的战马供应军队，（卫霍北击匈奴）"私负从马凡十四万匹"②；再如外交方面的开支，"是时上方数巡狩海上，乃悉从外国客，大都多人则过之，散财帛以赏赐，厚具以饶给之，以览示汉富厚焉"③；等。

其次，也有部分产品和资金用来满足皇室消费的需要。除了个别以简朴著称的皇帝之外，总体来说汉代皇室的消费是非常奢靡的。东方朔曾描述汉武帝奢侈的生活：

> 今陛下以城中为小，图起建章，左凤阙，右神明，号称千门万户；木土衣绮绣，狗马被缋罽；宫人簪瑇瑁，垂珠玑；设戏车，教驰逐，饰文采，聚珍怪；撞万石之钟，击雷霆之鼓，作俳优，舞郑女。④

又如汉代流行厚葬之风，昭帝大行时，"大司农取民牛车三万两为僦，载沙便桥下，送致方上，车直千钱"⑤，仅运输沙土就花费三千万钱。

最后，也有部分产品会以不同的方式流入市场。如刻有"某市""某工"字迹的陶器等。盐铁官营之后，食盐、铁器等也要通过市场流通到最终消费者手中。此外还有与民间资本合营的方式生产某些手工业商品，如朝鲜出土的蜀郡"西工"出品的漆盘上便书有"卢氏作"等民间工匠的题名。⑥

---

① （西汉）司马迁：《史记》卷一二三《大宛列传》，第 3179 页。
② （东汉）班固：《汉书》卷九四《匈奴传》，第 3796 页。
③ （西汉）司马迁：《史记》卷一二三《大宛列传》，第 3173 页。
④ （东汉）班固：《汉书》卷六五《东方朔传》，第 2858 页。
⑤ （东汉）班固：《汉书》卷九〇《酷吏传》，第 3665—3666 页。
⑥ ［日］梅原末治：《汉代漆器纪年铭文集录》，转引自宋治民《汉代的漆器制造手工业》，《四川大学学报》（哲学社会科学版）1982 年第 2 期。

(四) 经营模式的差异

汉代民间资本的经营模式与市场的关系较为紧密。各种生产资料的获取除了部分自有资料外，大多要从市场上购买。在市场竞争的过程中，汉代民间资本也有着多样化的广告宣传手段，同时积累了比较系统的如"乘时射利"之类的经营理念和方法。而汉代的国家资本，不论从经营目的还是产品流向，多数情况下与市场的联系都不甚紧密，故其经营模式也与民间资本有较大的差异。

首先，从生产要素的获取方式上说，汉代国家资本以使用自有要素为主要方式，辅之以依托国家权力直接占有生产要素的方式。汉代国家掌握了大量的公田和山林川泽等自然资源，这些资源直接构成了国有资本投资中的土地要素，并且为原材料、生产经营场所、生产资料等实物资本要素的供应提供了充足的来源。而对于盐、铁、铸币等"重工业"，汉代国家资本依托政治权力，直接剥夺了民间资本经营的权力。对于生产中投入的劳动力要素，汉代国家资本也是通过国家行为的方式，采用强制、租赁、雇佣等方式获取足够的劳动人手，对此前辈学者都有过详尽的论述。① 至于企业家才能要素，虽然国家资本的经营由官僚机构直接进行，但在具体的工作中毕竟也需要专业的人才，故除了常规的行政委派，也通过选举的方式从商人队伍中吸收了部分专业人士，如孔仅、桑弘羊等人。

其次，从管理、组织方式来说，不同于民间资本依据市场变化独立决策的以私人雇佣制为主的模式，国家资本的经营管理基本上是依据行政命令由汉代官僚机构直接操作的。例如武帝时期建立的均输平准制度，在中央归属大司农下的均输令、平准令管理，在外则有大农部丞作为派出机构以及基层均输官负责具体商品的采购销售工作。又如官营的冶铁业，在中央归属大司农管理，地方上则在各地设立铁官。而铁官依

---

① 参见陈直《两汉经济史料论丛》，中华书局 2008 年版，第 207—208 页；高敏《秦汉时期的官私手工业》，《南都学坛》（社会科学版）1991 年第 2 期；罗庆康《谈西汉官府手工业》，《益阳师专学报》1987 年第 2 期等。

据所辖地的不同，又有大、小的分别。所辖地有铁矿的，主要是负责采矿和生铁的冶炼；所辖地没有铁矿的，则"置小铁官"①。

最后，与民间资本直接与市场对接不同，国家资本的经营依托国家权力，与市场联系较少。其生产的决策，包括质量、定价等行为完全以行政命令为指导，对用户的反馈并不关注。所以国家资本投资的行业，往往有质次价高的问题。同时，由于国家资本可以依托政治权力保证产品销路，所以也没有营销宣传的必要与意识。如盐铁官营之后，即有卜式指出："郡国多不便县官作盐铁，铁器苦恶，贾贵，或彊令民卖买之。"②

第二节 汉代民间资本的权益保障与局限

汉代政府对民间资本的态度不仅仅有打压，也有着保护和利用的一面。汉代政府对民间资本的保护，主要是体现在立法和执法层面。而汉代政府对民间资本的利用，则主要体现在财政和基层公共品的供应方面。汉代政府的立法等保护行为，为民间资本的发展提供了基本的权益保障，而汉代政府对民间资本的利用，一定程度上也为民间资本的发展提供了空间。但需要注意的是，汉代国家对民间资本的保护，是以利用为目的的保护。汉代作为中国古代皇权专制社会建立的时代，不论是出于皇权至上的观念，还是基于维持统治的现实，汉代国家与民间资本之间都是有着根本性的矛盾的。这种根本性的矛盾也导致了汉代民间资本从国家处所能获得的权益保障，有着很大的局限性。而在这种有限度的"保护"之下，汉代民间资本也依据资源占有情况的不同，采取不同的方式与汉代国家展开了博弈。

一 立法的局限性

法律是民间资本保护自身权益的基本武器。汉代政府对民间资本的

---

① （西汉）司马迁：《史记》卷三十《平准书》，第1429页。
② （西汉）司马迁：《史记》卷三十《平准书》，第1440页。

所谓保护，主要也就是通过与契约相关的法律来实现。但汉代的法律本身以及法律的执行，是有着明显的局限的。

首先，汉代的法律缺乏从根本上保护私有产权的精神。翻遍现存简牍材料中汉代的法律条文，通常都是"某某行为处罚若干"的形式，如：

> 盗臧直过六百六十钱，黥为城旦舂。六百六十到二百廿钱，完为城旦舂。不盈二百廿到百一十钱，耐为隶臣妾。①
> 劫人、谋劫人求钱财，虽未得若未劫，皆磔之。②

诚然，这些针对盗窃、抢劫等犯罪行为的法律规定在一定程度上能够起到保护私有财产的作用。但是，由于其未能从法理上明确私有产权不可侵犯的地位，这就导致其对民间资本在产权方面的保护，只是一种基于"工具理性"的制度选择，即保护民间资本对其财产的占有权和使用权，以维持其生产经营的正常运转，并在社会运行中发挥必要的作用，而不是基于"价值理性"对民间资本财产所有权的一种根本上的认可。

其次，汉代的法律本质上是皇权专制社会下为了维持皇权的统治而制定的一套"禁令体系"，实为"法治"而非"法制"。这套法律体系本身就是依附于皇权而诞生的，自然也不可能对皇权有什么制约作用。所以作为两汉最高统治者的皇帝，是否遵守法律完全是存乎一心的事情。故今人在汉代的历史中可以看到很多皇帝直接下令粗暴地剥夺民间资本的经营权或财产权甚至生存权的例子，最典型的莫过于汉武帝的盐铁官营、算缗告缗等一整套掠夺措施了。"纵民煮铸"本是文景故策，民间资本经营盐铁本是合法的生意，汉武帝一纸御令便指为非法，何来

---

① 张家山二四七号汉墓竹简整理小组编著：《张家山汉墓竹简［二四七号墓］》（释文修订版），第16页。

② 张家山二四七号汉墓竹简整理小组编著：《张家山汉墓竹简［二四七号墓］》（释文修订版），第18页。

对法律的尊重呢？而个体的民间资本面对强大的皇权，自然也是毫无抵抗能力，最终落得个"大破"的结局。

二 以利用为目的的保护

汉代民间资本的行为遵循的是经济理性，不论是西汉初年相对自由状态下的市场竞争，还是武帝改革之后逐步对权力的渗透与依附，都是为了实现利润最大化而采取的手段。汉代国家遵循政治理性，稳定的秩序是其追求的根本目标。尤其是对汉代国家相对薄弱的基层控制能力来说，如何将整个社会人、财、物的流动压制在自己可以控制的水平以下，是关乎其统治秩序的重大课题。

然而，民间资本恰恰是汉代社会最不稳定的因素之一。不论是西汉初年的"连车骑，游诸侯"以致"周流天下"，还是西汉武帝之后民间资本的困守与转型，抑或是西汉末至东汉日益发达的田庄模式，汉代民间资本总会因应环境的变化调整自己的逐利方式，同时带来财富、人口和社会流动性的变化。这无疑与汉代国家的秩序目标有着根本性的冲突。可是，汉代国家的统治者也明白，所谓"商不出则三宝绝，虞不出则财匮少"①，士农工商对维持社会的正常运转各有其功能，更何况民间资本手中还有着汉代国家都"眼红"的财富呢？故汉代国家不得不为民间资本提供一定程度的保护，以维持其基本的存续和发展，并尽可能地将其维持在可控的范围内。汉武帝时期吸收商贾进入官僚体系，除了具体岗位人才的需要，实际上也是一种控制民间资本的手段。

三 官方意识形态中的身份性歧视

两汉时期，官方的意识形态中一直存在着对民间资本的身份性歧视。这种歧视在早期表现为正式的制度安排，比如刘邦在西汉建国之初就曾规定"贾人不得衣丝乘车"并且"重租税以困辱之"，之后吕后时

---

① （西汉）司马迁：《史记》卷一二九《货殖列传》，第3255页。

期又有"市井之子孙亦不得仕宦为吏"①的补充规定。虽然这些制度在执行的过程中并不是绝对的一丝不苟，也确实有一些民间资本凭借着手中的财富使得"封君皆低首仰给"②，但作为民间资本的整体，其身份地位在整个汉代都是处于"四民"的底层的。这种对民间资本身份性的贬低，在两汉时期代表官方意识形态的儒生言论中也有着清晰的体现。如董仲舒曾说："虽有富家多赀，无其禄不敢用其财……散民不敢服杂采，百工商贾不敢服狐貉"③，这是从消费方面的身份性限制。又如桓谭甚至向光武帝建议"锢商贾不得宦为吏"④，这是要从制度上直接封死民间资本身份跃迁的道路。再如仲长统批评民间资本："身无半通青纶之命，而窃三辰龙章之服；不为编户一伍之长，而有千室名邑之役。荣乐过于封君，势力侔于守令。"⑤这是对民间资本消费水平的批判，本质上同样是要求贬低民间资本的社会地位。

官方的意识形态最终会变成官方的律令、教化，影响着官方对待民间资本的态度。这也使得民间资本所有者可以从官方获得的保障受到局限。

四　汉代民间资本与汉代国家的博弈

在汉代国家看来，民间资本就好比是"圈养的猪羊"。对汉代国家来说，民间资本有其利用的价值，但也仅仅是利用的价值而已，必要的时候是可以随时宰杀的。而对汉代的民间资本来说，自然也不可能那么心甘情愿地被予取予求。诚然，面对强大的皇权及其掌控的国家机器，多数情况下汉代的民间资本不得不选择妥协与迂回的策略。但是一旦皇权的控制力有所衰弱，民间资本也不会放弃挣扎的机会。

---

① （西汉）司马迁：《史记》卷三十《平准书》，第1418页。
② （西汉）司马迁：《史记》卷三十《平准书》，第1425页。
③ （清）苏舆撰，钟哲点校：《春秋繁露义证·服制》，中华书局1992年版，第223—224页。
④ （南朝宋）范晔撰，（唐）李贤等注：《后汉书》卷二八《桓谭传》，第958页。
⑤ （南朝宋）范晔撰，（唐）李贤等注：《后汉书》卷四九《仲长统传》，第1651页。

在本书的第四章中，笔者以时点案例的形式分析了汉代民间资本与国家的互动模式。依据资源占有情况的不同，汉代民间资本与国家互动的模式是不同的。

当资源处于劣势的时候，面对强势政府的控制与掠夺，汉代民间资本不得不采取妥协的策略。但这种妥协的策略，并不完全是被动和消极的。在制度框架和资源情况的限制下，民间资本也在尽可能地追求利润的最大化。所以，面对汉武帝一系列掠夺式的政策变动，短期看民间资本似乎是无能为力。但是从稍长一点的时段观察，汉代民间资本也在主动地做出适应性的变化，比如将资本向农业等更"安全"的行业转移，渗透、依附于政治权力，甚至努力地成为政治权力的组成部分等。

而当资源处于相对优势的情况下，汉代民间资本则采用更加主动的做法。西汉初年当政府的实力比较弱小的时候，汉代民间资本一方面可以利用政策的空间"周流天下"地追求财富，另一方面更是与地方势力结合增加自己与中央政府博弈的筹码。而当西汉末年中央政府的控制力已经名存实亡的时候，民间资本更是亲自下场逐鹿天下，并最终在重新建立秩序的过程中发挥了重要的作用，也为新秩序下实现自身逐利的目标谋取了更多的话语权。

第三节　汉代民间资本的历史地位

汉代作为中国古代社会的奠基时代，对上延续、完善了先秦、秦朝的发展成果，对下则经魏晋之动荡开启中古唐宋变革之门。单以时间论，两汉四百余年，也占据了中国从秦朝至清朝的皇权专制社会近五分之一的时间。而汉代的民间资本，即以"汉"为名，在整个中国古代历史的宏观视野下，也当有着与其所处朝代相符的历史地位。

一　对东周、秦民间资本的继承与发展

正如本书在第五章结尾处所言，东周时期是西周"封建制"下固化社会结构崩溃的开始。这一崩溃的过程，实际上也就是民间资本从工

商食官制度下分离出来，并逐渐发展壮大的过程。在这个过程中，当时的民间资本购买土地、经营各类私营工商业，并开始在各个国家的政治层面展现自己的力量。春秋战国时期的民间资本，作为当时社会的新兴力量活跃在政治经济的各种舞台上，其带来的私有产权制度等新生事物，随着秦朝大一统政权的建立，被作为阶段性制度变迁的成果而确定下来。

秦朝国祚短促，但其建立的制度性框架为汉代所继承，并在四百余年中得以充实和完善。而汉代的民间资本也在继承前代的基础上有了进一步的发展。这种发展在经济层面的表现在本书的前三章已经做了详细的梳理。概括来说，汉代的民间资本相较于前代，除了资本总量的增长之外，在投资运营的方式上也有了明显的进步。如在财务管理方面有了复式记账法的雏形；又如组织形式方面出现了涉及多种行业的中介机构（节驵侩）、合伙组织（《中舨共侍约》），当然也包括东汉之后逐渐普及的庄园制复合经营模式；再如依托于大一统国家的郡县乡里制度，汉代的民间资本逐渐地形成了遍布全国的结构性流动模式等。

更为重要的是，汉代的民间资本作为一个整体的势力，在继承前代的基础上，继续更加深入地影响着汉代国家和社会的发展与变革。这种影响既表现在短期的时点事件中，如西汉初年民间资本与地方诸侯王势力的结合；汉武帝改革时期应对官方强硬政策的适应性调整；王莽时期直接支持一方势力逐鹿天下并最终问鼎等。同时更表现在长周期内持续不断地进行的，对官方秩序体系的渗透，以及对稳定的权力再生产机制的探索。

二 双重制约与反向强化——汉代民间资本投资与中国古代社会经济结构

汉代以农业为主的经济结构，对民间资本的投资结构有着双重的制约。首先，以农业为主的经济结构决定了汉代社会的国民收入总量，以及由此决定的对非农产业产品的总需求的增速，与农业的增长速度高度相关。而农业的增长速度由于行业特性、周转速度等原因，是低于工商

结　语
汉代民间资本的特征与历史地位

业的增长速度的。所以从整个市场供求的角度来说，工商业产品需求的增速低于供给的增速。这实际上为整个汉代民间资本对工商业的投资规模设定了一个宏观上的上限。其次，农业是一种规模效应明显的行业。以农业为主的经济结构决定了占人口多数的小农家庭对工商业产品的消费能力非常有限。这导致了汉代的工商业产品高度依赖城市市场，市场空间受到很大制约。在这种"双重制约"下，宏观上农业的发展成了工商业投资规模增长的前提条件，微观上也引导着民间资本更多地投资于农业，使得以农业为主的经济结构具备了自我强化的能力，也在长时期内将民间资本对工商业的投资锁定在低水平增长的路径上。

这样一种民间资本投资结构与整体经济结构的关系，实际上不是汉代独有的，也是整个古代社会一种共有的关系。为什么整个中国古代社会中，民间资本对工商业的投资始终无法出现质的突破，甚至在后世某些行业已经出现新的生产关系的萌芽的情况下依然无法顺利取得突破？前辈学者们在关于中国古代社会性质、资本主义萌芽等相关问题的论战中已经提出了非常多深刻的见解。[①] 而在本书对汉代民间资本的研究中，也隐约可以看出，似乎这样一种具备自我强化能力的以农业为主的经济结构，才是导致这一困境的根本原因。田昌五先生在论述他的"三次大循环"理论的时候指出："商业资本的积累是资本主义社会诞生的前提和酵母。官营工商业的积累转入财政，用到其他方面去了。私营工商业的积累则流入土地，难以进行扩大再生产。"[②] 并在田先生的观点启发下继续思考，实际上当农业的发展成为工商业发展的前提条件的时候，官营还是私营都已经不那么重要了。它们都只能被限制在了那层透明的"玻璃天花板"下，随着农业的缓慢增长"行迈靡靡，中心摇摇"而已。而这种具备自我强化能力的稳定结构，一直等到近代之后，在外来的冲击下才逐渐被打破。

[①] 相关研究成果限于篇幅无法一一整理，可以参见肖黎主编《20 世纪中国史学重大问题论争》，北京师范大学出版社 2007 年版。

[②] 田昌五、漆侠总主编，安作璋等主编：《中国封建社会经济史》（第 1 卷），齐鲁书社 1996 年版，第 664 页。

三 "巅峰"与"绝响"——汉代民间资本的历史地位

汉代的民间资本在继承前代的基础上取得了巨大的进步。可以说,自春秋时期登上历史舞台以来,民间资本的发展到汉代形成了第一个巅峰。当今人回望两千余年的中国古代历史,汉代的民间资本无疑对当时以至后世社会都产生了重要的影响。遗憾的是,汉代民间资本在日益强大的皇权的压力下所取得的某些成就,在之后的历史中竟再无人能够超越。最初的"巅峰"竟成为了古代民间资本发展最后的"绝响"。

首先,在经济领域,汉代民间资本继承并延续了自先秦以来私有制经济的发展趋势。通过对以农业为主的各个行业的投资聚集财富,汉代民间资本推动了生产、经营等各方面技术的进步,促进了古代市场的发育和繁荣。纵观整个古代社会,在所有权结构方面,以土地为主要代表的财富总体上表现出从官方向民间流动的趋势。虽然从财富的总量来说,汉代的民间资本不如后世某些朝代,然"筚路蓝缕,以启山林",正是汉代民间资本与国有资本的不断博弈,才为后世的财富"下沉"趋势奠定了基础。

其次,在与汉代国家及国家资本的博弈过程中,面对日益强势的皇权,汉代民间资本并没有一味消极地妥协退让,而是主动地为自己的生存空间努力地挣扎。随着彼此实力的消长,汉代民间资本的挣扎也取得了相当的成就。不论是西汉初年或新莽时期的直接干预,还是武帝之后到东汉时期对官僚体系的渗透和控制,甚至民间资本还以世家大族的身份,在东汉末年至魏晋南北朝时期与皇权分庭抗礼,所有的这些成就在整个中国古代历史中都是空前绝后的。以刘秀为代表的南阳新野民间资本集团,最终甚至拿到了皇位,这在中国历史上是仅有的一次。而站在后世皇权的角度,汉代民间资本的这些成就,也正是其维系统治的教训。故隋唐之后,科举制瓦解了民间资本对社会流动渠道的控制,均田制破坏了民间资本庄园制经营的经济基础,府兵制剥夺了民间资本对抗皇权的军事力量。面对日益强大,尤其是宋代以后日益极端的皇权,① 后世的民间资本纵然在总量上拥有了更多的财富,其独立性却一再丧失,再也没有了左右时局的能力。

最后,在社会结构方面,汉代民间资本推动了自先秦开始的社会结构由固化到柔化的变迁过程,促使汉代国家建立制度化的社会流动体系,为中国古代社会流动性社会结构的形成做出了贡献。但是,汉代民间资本利用这种流动性结构进入权力体系之后,又试图垄断这一流动渠道,一定程度上弱化了社会的流动和活力。但不论如何,纵然有后世门阀政治导致的阶层固化,亦不能否认先秦至汉代,民间资本在增加社会流动性方面取得的成绩。

---

① 关于皇帝制度的演变及其与社会的关系,邢义田进行了精彩的研究。参见邢义田《天下一家:皇帝、官僚与社会》,中华书局2011年版。本书接受他的观点,限于篇幅不再展开论述了。

参考文献

一 古籍文献

（西汉）韩婴撰，许维遹校释：《韩诗外传集释》，中华书局 1980 年版。
（西汉）桓宽撰，王利器校注：《盐铁论校注》，中华书局 1992 年版。
（西汉）贾谊撰，闫振益等校：《新书校注》，中华书局 2014 年版。
（西汉）刘向撰，向宗鲁校证：《说苑校证》，中华书局 1987 年版。
（西汉）陆贾撰，王利器校注：《新语校注》，中华书局 1986 年版。
（西汉）司马迁：《史记》，中华书局 1959 年版。
（东汉）班固：《汉书》，中华书局 1962 年版。
（东汉）崔寔撰，孙启治校注：《政论校注》，中华书局 2012 年版。
（东汉）刘珍等撰，吴树平校注：《东观汉记校注》，中华书局 2008 年版。
（东汉）王充：《论衡》，上海人民出版社 1974 年版。
（东汉）王符著，（清）汪继培笺，彭铎校正：《潜夫论笺校正》，中华书局 1985 年版。
（东汉）徐幹撰，徐湘霖校注：《中论校注》，中华书局 2020 年版。
（东汉）许慎撰，（清）段玉裁注：《说文解字注》，上海古籍出版社 1981 年版。
（东汉）应劭撰，王利器校注：《风俗通义校注》，中华书局 2010 年版。
（东汉）赵岐撰，陈晓捷注：《三辅决录》卷一，三秦出版社 2006 年版。
（西晋）常璩撰，刘琳校注：《华阳国志校注》，巴蜀出版社 1984 年版。
（西晋）陈寿撰，陈乃乾校点：《三国志》，中华书局 1982 年版。

参考文献

（西晋）崔豹撰，牟华林校笺：《〈古今注〉校笺》，线装书局 2015 年版。

（西晋）司马彪撰，（南朝梁）刘昭注补：《后汉书志》，中华书局 1965 年版。

（东晋）葛洪撰，周天游校注：《西京杂记》，三秦出版社 2006 年版。

（南朝宋）范晔撰，（唐）李贤等注：《后汉书》，中华书局 1965 年版。

（北魏）贾思勰撰，石声汉校释：《齐民要术今释》，科学出版社 1957 年版。

（北魏）郦道元著，陈桥驿等译注：《水经注全译》，贵州人民出版社 1996 年版。

（唐）杜佑撰，王永兴等点校：《通典》，中华书局 1988 年版。

（唐）房玄龄等：《晋书》卷三九《荀顗传》，中华书局 1974 年版。

（唐）林宝撰，岑仲勉校记：《元和姓纂附四校记》，中华书局 1994 年版。

（唐）徐坚等：《初学记》，中华书局 1962 年版。

（北宋）郭茂倩：《乐府诗集》，中华书局 1979 年版。

（北宋）李昉编纂，孙雍长等校点：《太平御览》，河北教育出版社 1994 年版。

（南宋）洪适撰：《隶释·隶续》，中华书局 1985 年版。

（南宋）徐天麟撰：《东汉会要》，上海古籍出版社 2006 年版。

（南宋）徐天麟撰：《西汉会要》，上海古籍出版社 2006 年版。

（明）方以智：《通雅》，中国书店影印本 1990 年版。

（清）焦循撰，沈文倬点校：《孟子正义》，中华书局 1987 年版。

（清）钱大昕著，方诗铭、周殿杰校点：《廿二史考异》，上海古籍出版社 2004 年版。

（清）阮元校刻：《十三经注疏》，中华书局 1980 年影印本。

（清）苏舆撰，钟哲点校：《春秋繁露义证》，中华书局 1992 年版。

（清）孙希旦撰，沈啸寰、王星贤点校：《礼记集解》卷五十《坊记》，中华书局 1989 年版。

（清）孙星衍等辑，周天游点校：《汉官六种》，中华书局1990年版。

（清）孙诒让撰，王文锦、陈玉霞点校：《周礼正义》，中华书局1987年版。

（清）王夫之：《读通鉴论》，中华书局1975年版。

（清）王鸣盛撰，黄曙辉点校：《十七史商榷》，上海古籍出版社2016年版。

（清）王先谦撰：《汉书补注》，中华书局1983年版。

（清）王先慎撰，钟哲点校：《韩非子集解》，中华书局1998年版。

（清）严可均揖：《全上古三代秦汉三国六朝文》，商务印书馆1999年版。

（清）赵翼撰，曹光甫校点：《陔馀丛考》卷三九《累世同居》，上海古籍出版社2011年版。

（清）赵翼撰，曹光甫校点：《廿二史札记》上册，上海古籍出版社2011年版。

陈秉才译注：《韩非子》，中华书局2007年版。

何宁撰：《淮南子集释》，中华书局1998年版。

何清谷校释：《三辅黄图校释》，中华书局2005年版。

黄晖撰：《论衡校释》，中华书局1990年版。

蒋礼鸿撰：《商君书锥指》，中华书局1986年版。

黎翔凤撰，梁运华整理：《管子校注》，中华书局2004年版。

李继闵：《〈九章算术〉导读与译注》，陕西科学技术出版社1998年版。

逯钦立辑校：《先秦汉魏晋南北朝诗·汉诗》卷十《古歌》，中华书局1983年版。

石声汉：《氾胜之书今释》，科学出版社1956年版。

陶元珍：《三国食货志》，台湾商务印书馆1989年版。

王明编：《太平经合校》，中华书局1960年版。

许维遹撰，梁运华整理：《吕氏春秋集释》，中华书局2009年版。

杨伯峻：《论语译注·卫灵公篇》，中华书局2009年版。

二　简牍和考古文献

长沙市文物考古研究所、中国文物研究所编：《长沙东牌楼东汉简牍》，文物出版社2006年版。

长沙文物考古研究所等编：《长沙五一广场东汉简牍选释》，中西书局2015年版。

陈直：《居延汉简研究》，天津古籍出版社1986年版。

陈直：《两汉经济史料论丛》，中华书局2008年版。

陈直撰辑：《关中秦汉陶录》，中华书局2006年版。

丁邦友、魏晓明编著：《秦汉物价史料汇释》，中国社会科学出版社2016年版。

甘肃简牍研究中心等编：《肩水金关汉简》，中西书局2011年版。

甘肃省文物考古研究所等编：《居延新简》，文物出版社1990年版。

高文：《汉碑集释·武氏石阙铭》，河南大学出版社1997年版。

国家文物局古文献研究室等编：《吐鲁番出土文书》，文物出版社1981年版。

何双全：《简牍》，敦煌文艺出版社2004年版。

胡平生、张德芳编撰：《敦煌悬泉汉简释粹》，上海古籍出版社2001年版。

胡永鹏编著：《西北边塞汉简编年》，福建人民出版社2017年版。

孔祥星、刘一曼：《中国铜镜图典》，文物出版社1992年版。

李均明、何双全编：《散见简牍合辑》，文物出版社1990年版。

连云港市博物馆等编：《尹湾汉墓简牍》，中华书局1997年版。

林梅村、李均明编：《疏勒河流域出土汉简》，文物出版社1984年版。

裘锡圭：《古文字论集》，中华书局1992年版。

饶宗颐主编、李均明著：《居延汉简编年——居延篇》，新文丰出版公司2004年版。

睡虎地秦墓竹简整理小组编：《睡虎地秦墓竹简》，文物出版社1978年版。

睡虎地秦墓竹简整理小组编：《睡虎地秦墓竹简》，文物出版社 1990 年版。

孙家洲主编：《额济纳汉简释文校本》，文物出版社 2007 年版。

王树枏编：《汉魏六朝砖文》（下），商务印书馆 1935 年版。

魏坚主编：《额济纳汉简》，广西师范大学出版社 2005 年版。

吴礽骧等释校：《敦煌汉简释文》，甘肃人民出版社 1991 年版。

谢桂华等：《居延汉简释文合校》，文物出版社 1987 年版。

邢义田：《地不爱宝：汉代的简牍》，中华书局 2011 年版。

薛英群：《居延汉简通论》，甘肃教育出版社 1991 年版。

张家山二四七号汉墓竹简整理小组编著：《张家山汉墓竹简［二四七号墓］》（释文修订版），文物出版社 2006 年版。

中国画像石全集编辑委员会编：《中国画像石全集》，山东美术出版社、河南美术出版社 2000 年版。

中国科学院考古研究所、甘肃省博物馆编著：《武威汉简》，文物出版社 1964 年版。

中国社会科学院考古研究所编：《居延汉简甲乙编》，中华书局 1980 年版。

中国社会科学院考古研究所编著：《新中国的考古发现和研究》，文物出版社 1984 年版。

走马楼简牍整理组等编著：《长沙走马楼三国吴简·嘉禾吏民田家莂》，文物出版社 1999 年版。

走马楼简牍整理组等编著：《长沙走马楼三国吴简·竹简》（壹），文物出版社 2003 年版。

走马楼简牍整理组等编著：《长沙走马楼三国吴简·竹简》（贰），文物出版社 2007 年版。

三　今人专著

陈业新：《灾害与两汉社会研究》，上海人民出版社 2004 年版。

陈英：《汉代贫富差距与政府控制研究》，中国社会科学出版社 2010

年版。

崔向东:《汉代豪族地域性研究》,中华书局2012年版。

崔向东:《汉代豪族研究》,崇文书局2003年版。

杜常顺、杨振红主编:《汉晋时期国家与社会论集》,广西师范大学出版社2016年版。

樊树志:《中国封建土地关系发展史》,人民出版社1988年版。

高敏:《秦汉史论集》,中州书画社1982年版。

高维刚:《秦汉市场研究》,四川大学出版社2008年版。

葛兆光:《宅兹中国——重建有关"中国"的历史论述》,中华书局2011年版。

郭道扬编著:《会计史研究:历史·现时·未来》,中国财政经济出版社2008年版。

郭道扬编著:《中国会计史稿》(上册),中国财政经济出版社1982年版。

郭浩:《汉代地方财政研究》,山东大学出版社2011年版。

何怀宏:《选举社会——秦汉至晚清社会形态研究》,北京大学出版社2011年版。

何兹全:《中国古代社会》,北京师范大学出版社2001年版。

黄今言:《秦汉商品经济研究》,人民出版社2005年版。

贾丽英:《秦汉家庭法研究:以出土简牍为中心》,中国社会科学出版社2015年版。

姜亮夫:《姜亮夫全集》,云南人民出版社2002年版。

孔祥星、刘一曼:《中国古代铜镜》,文物出版社1984年版。

冷鹏飞:《中国古代社会商品经济形态研究》,中华书局2002年版。

黎明钊:《辐辏与秩序——汉帝国地方社会研究》,香港中文大学出版社2013年版。

李春龙、牛鸿斌点校:《新纂云南通志》,云南人民出版社2007年版。

李恒全:《战国秦汉经济问题考论》,江苏人民出版社2012年版。

李天虹:《居延汉简簿籍分类研究》,科学出版社2003年版。

李孝林等：《基于简牍的经济、管理史料比较研究》，社会科学文献出版社 2012 年版。

李振宏：《居延汉简与汉代社会》，中华书局 2003 年版。

林甘泉：《中国经济通史·秦汉经济卷》，中国社会科学出版社 2007 年版。

刘志远等编著：《四川汉代画象砖与汉代社会》，文物出版社 1983 年版。

卢现祥主编：《新制度经济学》，武汉大学出版社 2004 年版。

吕思勉：《秦汉史》，上海古籍出版社 2005 年版。

马新：《两汉乡村社会史》，齐鲁书社 1997 年版。

牟发松主编：《汉唐历史变迁视野下的社会与国家关系》，华东师范大学出版社 2006 年版。

南开大学历史系中国古代史教研组编：《中国封建社会土地所有制形式问题讨论集》，生活·读书·新知三联书店 1962 年版。

彭卫、杨振红：《中国风俗通史》（秦汉卷），上海文艺出版社 2002 年版。

齐涛主编：《中国古代经济史》，山东大学出版社 2011 年版。

钱穆：《秦汉史》，生活·读书·新知三联书店 2005 年版。

秦晖：《传统十论》，复旦大学出版社 2004 年版。

上海市纺织科学研究院文物研究组等：《长沙马王堆一号汉墓出土纺织品的研究》，文物出版社 1980 年版。

田昌五：《古代社会形态研究》，天津人民出版社 1980 年版。

田昌五、漆侠总主编，安作璋等主编：《中国封建社会经济史》（第 1 卷），齐鲁书社 1996 年版。

王爱清：《秦汉乡里控制研究》，山东大学出版社 2010 年版。

王彦辉：《汉代豪民研究》，东北师范大学出版社 2001 年版。

王子今：《秦汉交通史稿》，中国人民大学出版社 2013 年版。

吴慧主编：《中国商业通史》（第 1 卷），中国财政经济出版社 2004 年版。

吴太昌、武力等：《中国国家资本的历史分析》，中国社会科学出版社

2012年版。

肖黎主编:《20世纪中国史学重大问题论争》,北京师范大学出版社2007年版。

信立祥:《汉代画像石综合研究》,文物出版社2000年版。

邢义田:《天下一家:皇帝、官僚与社会》,中华书局2011年版。

徐扬杰:《中国家族制度史》,人民出版社1992年版。

许俊基:《中国广告史》,中国传媒大学出版社2006年版。

许倬云:《汉代农业——中国农业经济的起源及特性》,广西师范大学出版社2005年版。

许倬云:《求古编》,新星出版社2006年版。

薛志清:《秦汉社会流动研究——以官员为中心》,中国社会科学出版社2016年版。

迅冰:《四川汉代雕塑艺术》,中国古典艺术出版社1959年版。

严耕望:《中国地方行政制度史——秦汉地方行政制度》,上海世纪出版股份有限公司、上海古籍出版社2007年版。

杨海军:《中国古代商业广告史》,河南大学出版社2005年版。

杨联陞:《东汉的豪族》,商务印书馆2011年版。

杨树达:《汉代婚丧礼俗考》,上海古籍出版社2009年版。

杨振红:《出土简牍与秦汉社会》(续篇),广西师范大学出版社2015年版。

杨振红:《出土简牍与秦汉社会》,广西师范大学出版社2009年版。

余耀华:《中国价格史(先秦—清朝)》,经济科学出版社2013年版。

余英时:《士与中国文化》,上海人民出版社1987年版。

臧知非:《土地、赋役与秦汉农民命运》,苏州大学出版社2014年版。

张传玺主编:《中国历代契约会编考释》,北京大学出版社1995年版。

张弘:《战国秦汉时期商人和商业资本研究》,齐鲁书社2003年版。

张仁玺:《契约史买地券研究》,中华书局2008年版。

赵俪生主编:《古代西北屯田开发史》,甘肃文化出版社1997年版。

四 国外论文、译著

中共中央马克思恩格斯列宁斯大林著作编译局编译:《马克思恩格斯全集》(第30卷),人民出版社1995年版。

中共中央马克思恩格斯列宁斯大林著作编译局编译:《马克思恩格斯文集》(第1卷),人民出版社2009年版。

中共中央马克思恩格斯列宁斯大林著作编译局编译:《马克思恩格斯文集》(第8卷),人民出版社2009年版。

[奥]弗·冯·维塞尔:《自然价值》,陈国庆译,商务印书馆1982年版。

[法]谢和耐:《中国社会史》,黄建华、黄迅余译,江苏人民出版社2010年版。

[美]保罗·萨缪尔森、威廉·诺德蒙斯:《经济学》(第18版),萧琛主译,人民邮电出版社2008年版。

[美]道格拉斯·C.诺思:《经济史中的结构与变迁》,陈郁、罗华平等译,上海人民出版社、生活·读书·新知三联书店1994年版。

[美]道格拉斯·诺思:《理解经济变迁的过程》,钟正生、邢华等译,中国人民大学出版社2008年版。

[美]道格拉斯·诺思、罗伯斯·托马斯:《西方世界的兴起》,厉以平、蔡磊译,华夏出版社2017年版。

[美]道格拉斯·诺思:《制度、制度变迁与经济绩效》,刘守英译,生活·读书·新知三联书店1994年版。

[美]姜士彬:《中古中国的寡头政治》,范兆飞、秦伊译,中西书局2016年版。

[美]宋格文:《天人之间:汉代的契约与国家》,李明德译,载高道蕴等编《美国学者论中国法律传统》,清华大学出版社2004年版。

[美]塔尔科特·帕森斯:《社会行动的结构》,张明德等译,译林出版社2012年版。

[美]伊沛霞:《早期中华帝国的贵族家庭——博陵崔氏个案研究》,范

兆飞译，上海古籍出版社 2011 年版。

［日］加藤繁：《汉代的国家财政与帝室财政的区别及帝室财政之一斑》，载刘俊文主编《日本学者研究中国史论著选译》（上古秦汉卷），中华书局 1993 年版。

［日］仁井田陞：「中国法制史研究」（土地法、取引法），东京大学出版会 1960 年版。

［日］尾形勇：《中国古代的"家"与国家》，张鹤泉译，中华书局 2010 年版。

［日］西岛定生：《秦汉帝国——中国古代帝国之兴亡》，顾姗姗译，社会科学义献出版社 2017 年版。

［日］西岛定生：《中国经济史研究》，冯佐哲等译，农业出版社 1984 年版。

［日］佐竹靖彦主编：《殷周秦汉史学的基本问题》，中华书局 2008 年版。

日本中国史研究年刊刊行会编：《日本中国史研究年刊》（2006 年度），上海古籍出版社 2008 年版。

日本中国史研究年刊刊行会编：《日本中国史研究年刊》（2007 年度），上海古籍出版社 2009 年版。

日本中国史研究年刊刊行会编：《日本中国史研究年刊》（2008 年度），上海古籍出版社 2011 年版。

五 学术与学位论文

（一）学术论文

卜宪群：《乡论与秩序：先秦至汉魏乡里舆论与国家关系的历史考察》，《中国社会科学》2018 年第 12 期。

蔡葵：《试论秦汉时期的生产奴隶》，《西北大学学报》（哲学社会科学版）1983 年第 1 期。

长沙市文物考古研究所：《湖南长沙五一广场东汉简牍发掘简报》，《文物》2013 年第 6 期。

常健：《论经济理性、社会理性与政治理性的和谐》，《南开学报》（哲

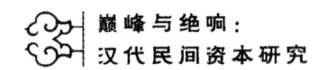

学社会科学版）2007年第5期。

陈昌文：《汉代城市的布局及其发展趋势》，《江西师范大学学报》（哲学社会科学版）1998年第1期。

陈昌文、肖倩：《试论秦汉纺织业中的商品生产》，《南都学刊》1998年第5期。

陈敏、程水金、周斌：《郑韩故城战国牛肋骨会计账考论》，《会计研究》2015年第10期。

成都市文物考古工作队：《成都西郊西窑村M3东汉墓发掘简报》，《四川文物》1999年第3期。

成玉玲：《汉代乡村农业经济管理探析》，《史学月刊》2007年第7期。

邓迪夫：《企业实施并购重组的成本效应分析》，《中国商贸》2011年第23期。

董波：《几面有广告铭文的汉丹阳镜》，《文物春秋》2007年第1期。

杜长煜：《〈僮约〉茶市何处寻？——就〈武都究在何处〉与林漱峰同志商榷》，《中国茶叶》1983年第5期。

杜庆余：《汉代田庄商业经营探析》，《东岳论丛》2006年第5期。

杜庆余：《论汉代田庄的历史地位》，《东岳论丛》2009年第5期。

杜勇：《春秋战国时期商人资本的发展及其历史作用》，《四川师范学院学报》（哲学社会科学版）1996年第1期。

方宇惟、王志伟：《中国古代官商制度经济绩效——从交易成本到路径依赖》，《贵州社会科学》2014年第1期。

傅衣凌：《秦汉的豪族》，《现代史学》1933年第1期。

甘肃居延考古队简册整理小组：《"建武三年候粟君所责寇恩事"释文》，《文物》1978年第1期。

高恒：《汉简中的债务文书辑证》，载韩延龙主编《法律史论集》第3卷，北京法律出版社2001年版。

高敏：《秦汉时期的官私手工业》，《南都学坛》（社会科学版）1991年第2期。

高维刚：《两汉的区域市场》，《四川师范大学学报》（社会科学版）

2008年第3期。

高维刚:《秦汉农村集市及郡县市场》,《西南民族大学学报》(人文社科版) 2008年第8期。

高幸、李百浩、周小棣:《汉代地方城市组群演变研究——以鲁中南地区为例》,《城市发展研究》2015年第1期。

官德祥:《从王褒〈僮约〉探析汉代中叶四川田庄商品经济》,《中国农史》2010年第4期。

韩帅:《秦汉"广告"刍议》,《鲁东大学学报》(哲学社会科学版) 2011年第2期。

胡平生:《木简券书破别形式述略》,载西北师范大学文学院历史系、甘肃省文物考古研究所编《简牍学研究》第2辑,甘肃人民出版社1998年版。

黄今言:《秦汉商品经济发展的主要表征与局限》,《江西师范大学学报》(哲学社会科学版) 2004年第6期。

黄今言、陈晓鸣:《汉代贩运贸易略论》,《中国社会经济史研究》1997年第1期。

黄今言、王福昌:《汉代农业商品生产的群体结构及其发展水平之评估》,《中国社会经济史研究》2003年第1期。

黄盛璋:《江陵凤凰山汉墓简牍及其在历史地理研究上的价值》,《文物》1974年第6期。

季兵:《绵阳市吴家汉代崖墓清理简报》,《四川文物》1994年第5期。

嘉峪关市文物保管所:《玉门花海汉代烽燧遗址出土的简牍》,载甘肃省文物工作队、甘肃省博物馆编《汉简研究文集》,甘肃人民出版社1984年版。

贾玲、甘泓等:《论水资源资产负债表的核算思路》,《水利学报》2017年第11期。

翦伯赞:《关于两汉的官私奴婢问题》,《历史研究》1954年第4期。

翦伯赞:《两汉时期的雇佣劳动》,《北京大学学报》(人文社会科学版) 1959年第1期。

蒋华：《扬州甘泉山出土东汉刘元台买地砖券》，《文物》1980 年第 6 期。

蒋英炬：《略论山东汉画像石的农耕图像》，《农业考古》1981 年第 2 期。

劳幹：《汉代的雇佣制度》，《历史语言研究所集刊》第 23 本上册，1951 年版。

李恒全：《试论汉代农业领域中的商品生产问题》，《中国农史》2005 年第 4 期。

李恒全：《试述汉代官营手工业中的商品生产》，《东南文化》2002 年第 1 期。

李均明：《居延汉简债务文书述略》，《文物》1986 年第 11 期。

李强等：《东汉王逸〈机赋〉中的织机考辨》，《服饰导刊》2014 年第 3 期。

李晓英：《汉代契约研究》，《史学月刊》2003 年第 12 期。

李孝林：《我国复式簿记产生与发展比较研究》，《中国社会经济史研究》2008 年第 1 期。

李孝林：《我国复式记账法溯源》，《安徽财贸学院学报》1982 年第 1 期。

李一鸣：《试论汉代的民间借贷习俗与官方秩序——兼论汉代民间借贷中的"契约精神"》，《民俗研究》2018 年第 1 期。

李一鸣：《制约与反向强化：汉代民间资本投资与汉代经济结构》，《求索》2017 年第 9 期。

李振宏：《从政治体制角度看秦至清社会的皇权专制属性》，《中国史研究》2016 年第 3 期。

李振宏：《秦至清皇权专制社会说的法制史论证》，《古代文明》2016 年第 3 期。

李振宏：《秦至清皇权专制社会说的经济史论证》，《河南师范大学学报》（哲学社会科学版）2016 年第 6 期。

李振宏：《秦至清皇权专制社会说的思想史论证》，《清华大学学报》

（哲学社会科学版）2016年第4期。

李振宏：《跳出社会形态思维，从国家政体角度看秦至清社会性质》，载李振宏主编《朱绍侯九十华诞纪念文集》，河南大学出版社2015年版。

林甘泉：《汉简所见西北边塞的商品交换和买卖契约》，《文物》1989年第9期。

临沂地区文物组：《山东临沂西汉刘疵墓》，《考古》1980年第6期。

刘必忠：《临淄史话》，《历史教学问题》1984年第2期。

刘汉东：《魏晋南北朝林业、渔业考查》，《中国社会经济史研究》1991年第3期。

刘健、陈剑等：《风险偏好与属性约简在决策问题中的应用研究》，《管理科学学报》2013年第8期。

刘磐修：《汉代河套地区的开发》，《中国经济史研究》2003年第1期。

刘庆柱：《汉长安城的考古发现及相关问题研究——纪念汉长安城考古工作四十年》，《考古》1996年第10期。

刘秋根：《关于汉代高利贷的几个问题——与秦晖同志商榷》，《中国经济史研究》1991年第4期。

刘秋根：《中国封建社会农业金融发展阶段初探》，《人文杂志》2007年第2期。

刘秋根、黄登峰：《中国古代合伙制的起源及初步发展——由战国至隋唐五代》，《河北大学学报》（哲学社会科学版）2007年第3期。

刘太祥：《论汉代政治参与机制》，《南都学坛》2008年第2期。

刘心健、陈自经：《山东苍山发现东汉永初纪年铁刀》，《文物》1974年第12期。

卢新建：《汉武帝时期的财经措施与工商业的发展》，《江苏师院学报》1982年第1期。

芦敏：《人口增长与汉代农业发展的新趋势》，《农业考古》2014年第3期。

罗庆康：《谈西汉官府手工业》，《益阳师专学报》1987年第2期。

罗西章：《陕西扶风县官务汉墓清理发掘简报》，《考古与文物》2001年第5期。

马新：《汉唐时代的海盐生产》，《盐业史研究》1997年第2期。

马新：《里父老与汉代乡村社会秩序略论》，《东岳论丛》2005年第6期。

马新：《两汉乡村社会各阶层新论》，《山东大学学报》（哲学社会科学版）1999年第1期。

马新：《论两汉乡村社会中的宗族》，《文史哲》2000年第4期。

马新：《商品经济与两汉农民的历史命运》，《文史哲》1996年第6期。

马新：《试论两汉乡村工商业与高利贷》，《东岳论丛》2001年第2期。

缪坤和：《〈史记·货殖列传〉所展示的分工与商品经济发展论析》，《思想战线》2000年第6期。

慕容浩：《秦汉时期"平贾"新探》，《史学月刊》2014年第5期。

南京博物院等：《海州西汉霍贺墓清理简报》，《考古》1974年第3期。

逄振镐：《两汉时期山东漆器手工业的发展》，《齐鲁学刊》1986年第1期。

秦晖：《汉代的古典借贷关系》，《中国经济史研究》1990年第3期。

秦晖：《郫县汉代残碑与汉代蜀地农村社会》，《陕西师大学报》（哲学社会科学版）1987年第2期。

裘锡圭：《湖北江陵凤凰山十号汉墓出土简牍考释》，《文物》1974年第7期。

山东省博物馆：《山东省莱芜县西汉农具铁范》，《文物》1977年第7期。

施新荣：《试论两汉商业资本之流向及其对汉代社会之影响》，《新疆师范大学学报》（哲学社会科学版）1999年第3期。

石洋：《两汉三国时期"佣"群体的历史演变——以民间雇佣为中心》，《中国史研究》2014年第3期。

石洋：《秦汉时期借贷的期限与收息周期》，《中国经济史研究》2018年第5期。

帅希彭：《彭山近年出土的汉代画像砖》，《四川文物》1991 年第 2 期。

宋治民：《汉代的漆器制造手工业》，《四川大学学报》（哲学社会科学版）1982 年第 2 期。

孙圣民、徐晓曼：《经济史中制度变迁研究三种范式的比较分析》，《文史哲》2008 年第 5 期。

索全星：《河南焦作白庄 6 号东汉墓》，《考古》1995 年第 5 期。

唐光孝：《试析四川汉代葬俗中的商品化问题》，《四川文物》2002 年第 5 期。

万义广：《秦汉农商对立观念及其对乡村社会的影响》，《农业考古》2015 年第 3 期。

王黎琳：《论徐州汉画像石》，《文物》1980 年第 2 期。

王勤金：《江苏邗江胡场五号汉墓》，《文物》1981 年第 11 期。

王勤金等：《江苏仪征胥浦 101 号西汉墓》，《文物》1987 年第 1 期。

王思治：《再论汉代是奴隶社会》，《历史研究》1956 年第 9 期。

王彦辉：《从张家山汉简看西汉时期私奴婢的社会地位》，《东北师大学报》（哲学社会科学版）2003 年第 2 期。

王彦辉：《东周秦汉时期的工商政策与豪民兼并——兼论"以末致财，用本守之"》，《东北师大学报》（哲学社会科学版）1999 年第 3 期。

王忠波：《基本环境质量与地方政府公共服务》，《环境科学与管理》2012 年第 7 期。

王子今：《从"处士"到"议士"：汉代民间知识人的参政路径》，《河北学刊》2007 年第 5 期。

魏学峰：《中国古代茶叶市场考》，《四川文物》1995 年第 6 期。

魏悦：《先秦借贷活动探析》，《中国社会经济史研究》2004 年第 2 期。

温乐平：《汉代城市居民生活消费探讨》，《江西社会科学》2011 年第 5 期。

吴方浪：《丝织品消费与汉代城市经济》，《消费经济》2015 年第 1 期。

吴慧：《古代的商业利润率——〈史记·货殖列传〉两段话的分析》，《社会科学战线》1981 年第 2 期。

谢雁翔：《四川郫县犀浦出土的东汉残碑》，《文物》1974 年第 4 期。

薛小林：《汉代的民间宴饮与乡里社会》，《民俗研究》2020 年第 3 期。

闫桂梅：《近五十年来秦汉土地制度研究综述》，《中国史研究动态》2007 年第 7 期。

严清华、方小玉：《先秦两汉商人分层之变迁及其政策分析》，《武汉大学学报》（人文科学版）2009 年第 3 期。

杨海军：《论广告的起源问题》，《史学月刊》2000 年第 4 期。

杨建宏：《试论东汉的布衣议政》，《求索》2002 年第 1 期。

杨剑虹：《秦汉时期江南的手工业生产》，《江西师范大学学报》（哲学社会科学版）1988 年第 3 期。

臧知非：《汉初货币制度变革与经济结构的变动——兼谈张家山汉简〈钱律〉问题》，《苏州大学学报》2006 年第 3 期。

臧知非：《张家山汉简所见汉初中央与诸侯王国关系论略》，载周天游主编《陕西历史博物馆馆刊》第 10 辑，三秦出版社 2003 年版。

张传玺：《中国古代契约资料概述》，《法律文献信息与研究》2005 年第 2 期。

张弘：《战国秦汉时期商人及商业资本与城市经济的关系》，《理论学刊》2001 年第 1 期。

张弘：《战国秦汉时期商业资本流向略论》，《山东师大学报》（社会科学版）1997 年第 6 期。

张仁玺：《秦汉时期私营工商业的行业类型考述》，《山东师范大学学报》（人文社会科学版）2000 年第 4 期。

张信通：《从石刻文存看汉代基层社会的经济自治》，《中国社会经济史研究》2014 年第 1 期。

赵晋：《关于民间资本和民间金融基本问题的思考》，《中国证券期货》2010 年第 10 期。

赵沛：《两汉的宗族与地方社会自治》，《甘肃政法学院学报》2006 年第 3 期。

郑显文、王蕾：《汉代私有财产权制度的历史演变及法律保护》，《东岳论丛》2021年第1期。

中国人民银行鄂尔多斯市中心支行课题组:《民间资本如何支持资源型城市转型升级之探析——以鄂尔多斯市为例》,《内蒙古金融研究》2013年第10期。

朱德贵:《汉代会计凭证研究》,《会计之友》2008年第10期。

朱德贵:《论汉代国家财政与帝室财政管理体制——与加藤繁先生商榷》,《江西师范大学学报》(哲学社会科学版)2006年第1期。

朱德贵:《秦汉时期市场的多层级性》,《安庆师范学院学报》(社会科学版)2000年第6期。

朱英:《近代中国的"社会与国家":研究回顾与思考》,《江苏社会科学》2006年第4期。

(二)学位论文

鲍一铭:《汉代城市人口研究》,硕士学位论文,东北师范大学,2009年。

陈菁菁:《先秦两汉遣策的会计研究》,硕士学位论文,湖南大学,2014年。

陈克标:《汉晋之际乡里秩序及其维持研究》,博士学位论文,华中师范大学,2017年。

陈树淑:《汉代休闲生活研究》,博士学位论文,山东大学,2022年。

楚琳依:《汉代意识形态管理研究》,硕士学位论文,郑州大学,2020年。

杜庆余:《汉代田庄研究》,硕士学位论文,山东大学,2005年。

段艳康:《东汉中期临湘地区民间债务关系初探——以长沙五一广场东汉简牍为中心》,硕士学位论文,江西师范大学,2021年。

郭海燕:《汉代平民教育研究》,博士学位论文,山东大学,2011年。

黄景春:《早期买地券、镇墓文整理与研究》,博士学位论文,华东师范大学,2004年。

李东泽:《汉代的礼俗与社会控制》,硕士学位论文,山东师范大学,2018年。

李慧:《"春秋决狱"对汉代司法活动的影响》,硕士学位论文,黑龙江大学,2014年。

李一鸣：《汉代借贷关系研究》，硕士学位论文，山东大学，2010年。

林兴龙：《关于汉代社会救济的若干问题》，博士学位论文，厦门大学，2008年。

刘鑫凯：《汉代乡里社会运行研究》，硕士学位论文，西北农林科技大学，2020年。

秦一鸣：《秦汉三国末业税征收探析》，硕士学位论文，南京师范大学，2021年。

孙刚华：《汉代雇佣劳动研究》，硕士学位论文，上海师范大学，2010年。

孙瑞：《长沙五一广场东汉简牍所见临湘县经济生活研究》，硕士学位论文，郑州大学，2020年。

谭光万：《中国古代农业商品化研究》，博士学位论文，西北农林科技大学，2013年。

王春斌：《汉代陶器生产技术研究》，博士学位论文，吉林大学，2013年。

王莉娜：《汉晋时期颍川荀氏研究》，博士学位论文，上海师范大学，2013年。

王新蕾：《秦简所见"债"相关问题研究》，硕士学位论文，华东政法大学，2021年。

王玉喜：《爵制与秦汉社会研究》，博士学位论文，山东大学，2014年。

王越：《汉代城乡关系研究》，博士学位论文，山东大学，2021年。

夏金梅：《区域分工与汉代商品经济》，硕士学位论文，陕西师范大学，2006年。

谢全发：《汉代债法研究——以简牍文书为中心的考察》，博士学位论文，西南政法大学，2007年。

徐艺书：《汉代女性社会经济生产活动研究——以汉代图像资料为中心》，硕士学位论文，江苏师范大学，2018年。

薛志清：《秦汉社会流动研究——以官员为中心》，博士学位论文，河北师范大学，2013年。

张欣：《汉代豪族入仕问题研究》，博士学位论文，南开大学，2011年。

周子洋:《汉代"礼乐教化"舆论应对机制研究——基于对汉乐府诗的分析》,硕士学位论文,兰州大学,2018年。

自兰芳:《汉代陶楼的造物研究》,博士学位论文,江南大学,2018年。

后　　记

呈现在大家面前的这本小书，名为《巅峰与绝响：汉代民间资本研究》。这本书的基础是我在2018年完成的博士学位论文。汉代的民间资本，是我在十余年的学术生涯中关注的主要课题。我对这一课题的关注，最早开始于大学时期。2003年我进入山东大学经济学院，开始经济学的学习。4年的经济学学习对我的影响是深远的，不仅教会了我理论方法，更重要的是也影响了我的问题意识。我开始更加关注现实的经济问题，并由此反观一个经济现象的历史事实和规律。对汉代民间资本这个课题的关注和研究，其实也是这样一种问题意识的结果。

民间资本是近几十年来社会经济运行与研究领域的热点。我带着对这一课题的关注，于2007年投入马新教授门下进行秦汉经济史的学习。我还记得在选定硕士论文题目时老师给我的建议：汉代民间资本这个课题很大，你可以先选择一个侧面尝试一下，到博士阶段再进行系统的研究。老师的建议既为我指明了选题的方向，也让我坚定了继续深造的决心。最终我的硕士论文的题目定为《汉代借贷关系研究》。之后经历了一些波折，我在2018年完成了博士学位论文《汉代民间资本研究》。

从博士毕业到现在又过了5年，5年间我对这一课题的研究始终都在继续。同时这5年间，因为工作的关系，我也接触到了一些面向公众的历史写作。这些经历让我在学术思考和表达方式方面都有了一些新的想法。一方面我在博论的基础上继续深化、充实我的研究。比如在这本书中的民间资本的消费结构、民间资本与阶层流动、代际流转等问题。这些问题其实当年在做博论的时候也有过一些思考，但限于当时的思考

后　记

深度，以及博士论文的篇幅结构，并没有完成。借着这本书出版的机会，也算是弥补了当年的遗憾。另一方面，在近几年的公众科普工作中，我也感觉到传统历史学术写作的某种局限。近几年国内出版机构引进了多种国外"爆款"的历史著作，有代表性的比如《耶路撒冷三千年》《枪炮、病菌与钢铁》等。尤其是《枪炮、病菌与钢铁》，贾雷德·戴蒙德是人类学的大家，美国国家科学院院士，但他的著作在保证思想性的前提下，还能有很好的可读性，这种表达的方式让我很受触动。所以在本书的写作过程中，我也在这方面进行了一些尝试和努力，希望能够在保证我的学术思想的深度和准确性的前提下，尽量让这本书的可读性更好一些，也希望在学界之外，能有更多的爱好者接受这本书。

最后，这本书能够出现在各位读者面前，也离不开许多人的帮助，我需要对他们表达感谢。感谢我的导师马新教授在我硕士、博士期间对我的指导，老师的指导为我奠定了学术研究的基础；感谢中国社会科学出版社胡安然编辑的辛苦工作；感谢我的师妹陈树淑博士帮我进行了部分资料的整理和校对。

感谢我的家人。

李一鸣
2023年8月于山东济南